メンデルスゾーンの形而上学
また一つの哲学史

藤井良彦

東信堂

はしがき

　中島義道氏のカント伝、『カントの人間学』(旧題『モラリストとしてのカントⅠ』)には、「22歳でケーニヒスベルク大学を卒業した彼には、不安定で貧しい長い長いフリーターの生活が待ち構えていた」とある。
　「彼は生活のためにマギスターの学位を得るまでの九年間にわたって、適性の疑わしい家庭教師の地位に甘んじた。その後学位を得て、大学の私講師になったのがようやく1756年、カント31歳のときであった。そしてやっと運命が彼に微笑みかけたかに見えたが、正教授のポストは残酷なほど彼の手をすべり抜けてゆくのであった。彼は常勤の教授になるために、その後たっぷり15年待たねばならなかったのである」。
　ブックという「たいした業績もない同僚」に正教授の座を奪われたカントにめぐってきたのは「王立城内図書館副館長」という「訳がわからない職」であった。しかし、そのカントが46歳にして教授職の座に就いたことは、彼がやはりアカデミズムの成員であったことを物語っている。
　「カントとその周辺」ではない、メンデルスゾーンとその周辺の哲学は、アカデミズムとその外部という緊張関係においてある。同じ図書館員の仕事でも、レッシングがヴォルフェンビュッテルに赴いた理由は何であったか。税関で働き続け倉庫の管理人にまで昇進したハーマンがカントのことを「小さな学士」と呼ぶ時、彼の念頭に浮かんでいたのは何であるか。会計係として工場で働き続けたメンデルスゾーン、扉の外からバウムガルテンの講義に耳を傾けたニコライ——或いはヤコービも含め、彼らがベルリンという大学のない街を中心として繰り広げた出来事は、「研究者」としての立ち位置を相対化できない限り見えてはこないものである。
　研究者が変われば研究対象も変わる。
　もう一年ほど前のことであるが、芹沢俊介氏が「思想としての在野学」(『在

野学の冒険』所収)という一編において、「民間学」(鹿野政直)という用語を紹介された。その説明として引かれているのは、『民間学事典』(1997年)にある鶴見俊輔の定義である。それによると、民間学とは「官学」に対置されるものである。鶴見はそれを「専門家による学問」としているが、その土台が「学校制度」であることからして、端的に「官学」とそれは表現されもする。

　従来、哲学史におけるメンデルスゾーン評価は、「ライプニッツ＝ヴォルフ学派」と「通俗哲学」という二つの概念によって基礎づけられてきた。「アカデミズム」という言葉は和製英語のようである。それと「在野」との対立という構図を彼の生きた時代に読み込むのは時代錯誤であるばかりか、そのような構図を認めること自体が一つの恣意なのだろう。しかし、およそ史観とは後代の恣意であるし、やはりそのような対立を容れた方が「メンデルスゾーンとその周辺」を眺め入るには便利である。

　それは、法学を中心とした官制大学であるハレ大学の設立からベルリン大学の設立へと至るまでの一時期に起こった、「学校哲学」とも訳される講壇哲学と、それがまた形而上学をドイツ語に翻訳するという試みであったことが必然的に招来する哲学の「通俗化」、そして、それがやはり哲学であることからする必然の帰結、その「思想現象」(戸坂潤)としての現出、つまりは在野における思想の形成である。

　「ライプニッツ＝ヴォルフ学派」と「通俗哲学」に関しても、こうした観点からして理解できる。ベックの有名な哲学史には、「ライプニッツ＝ヴォルフ学派」を扱った項目において、当時の大学教授たちの名が列挙されているが、確かに、いわばその実数を挙げる以外にこの「学派」なるものを定義する術はない。それは一つのアカデミズムであった。「通俗哲学」なるものがあったとすれば、それはこれに対する反動である。

　18世紀のドイツには学生数が数十人規模の大学がいくつかあったが、おしなべて19世紀の初頭までに姿を消している。学芸学部を例にすると、学生数がおよそ二倍に増える一方で、卒業率は低下、大学の統廃合が進んだのである。自由学芸の衰退が哲学部の変容を迫ったことも意味深である。就職難が神学部の学生数を上げていたことは、学生たちにとっても「学部の争い」があった

ことを物語っていようか。本書にも何度か登場するズルツァーはギムナジウムの教授であるが、これはさしずめ現代日本における高専の教授といったところか。当時はギムナジウムが大学に昇格した例も多くあったことを付言しておく。

　本書にも一度だけ登場するプレッシングが奉職したドゥイスブルク大学は、17世紀の半ばに設立、学生数は多くて百人程度、1818年に閉鎖されている。同時期に設立されたアルトドルフ大学が二、三百人ほどの学生数を五十名以下へと減らしながら、1809年に閉鎖されていることも銘記しておこう。

　哲学史は大学圏という空間的な布置を容れなくてはならない。

　ラテン語で書き続けた時代遅れのプルケーが、テュービンゲン大学という15世紀末に設立された中世の大学に身を置いていたことは、彼の影響力を測る上での一つの指標である。

　この時期、十を超す大学が統廃合の憂き目に会っているが、それによる人材の移動は教授陣だけではない、学生たちも巻き込んだ動きであったはずである。大学入学試験が制定されたのもこの時期である。公教育制度の拡充が図られる一方で、農村育ちの若者たちはギムナジウム出身の若者たちと差別されるようになる。

　「学位」と「学歴」が重なるのはこれ以後のことである。

　ヴォルフの謳った「哲学する自由」——それがハレ大学に倣いつつも宗教的寛容を深めたゲッティンゲン大学において花開き、ヴォルフを中心とした哲学界にも揺らぎが生じる。官房学講座の導入を俟って、ハレ大学は保守色を強めていく。初期のヴォルフ批判は神学と哲学との対立、つまりは領邦大学が抱え込まざるを得なかった宗教問題として理解できる。それはヴォルフ哲学がライプニッツ哲学と同じ弱点を抱えているという批判であった。

　それに対して、「歴史家」を名乗るゲッティンゲン大学の哲学教授ヒスマンに始まるヴォルフ批判は、むしろそれがライプニッツ哲学の亜流であるという批判であり、いわば哲学という学問における内部批判である。同大学が積極的に他大学からの人材の引き抜きを行っていたことも見逃せない。有名な図書館設備も同大学における哲学史研究の進展を支えた一つの要因であろう。

イエナ大学における批判哲学の受容が始まる前に、ドイツの大学圏は動乱期に突入していたのである。「ライプニッツ=ヴォルフ学派」の凋落はこうした動きと無関係に起こった出来事ではない。

そうした動向を察知し、不安を感じていたのは、ハレ大学の哲学教授エーベルハルトである。しかし、その不安はベルリンのメンデルスゾーンに伝えられたのであった。

通俗哲学に関しては、小谷英生氏の博士論文「ドイツ通俗哲学の理念とカント批判哲学の誕生」が近く刊行の予定であるから、ここで卑見を述べることはしない。ただ、「アカデミズム」との関連からして、一点だけ述べておく。

桑木嚴翼が次のように述べている。「此哲学を単に嘗て存在した哲学として考へること、即ち哲学史中の一部分として考へることと、我々の思想体系の一要素を作るものとして考へること、の二つの見方があって、其間に態度の相違がある。メンデルスゾーンの哲学を研究して自分の今日の思想を作る材料に使ひたいといふ場合と、哲学史の一事件として、自己の考は姑く之を度外視して、公平に一の客観的事実として取扱ふといふ場合と、自ら違ひがある。併しながら是は何れも哲学の専門上から見た研究の仕方であるが、更に全く違った態度がある。蓋し哲学は元来一の文化現象であって、其点に於て他の芸術とか宗教とかいふものと同じように取扱はれ得るものである。(中略)即ち今日の芸術鑑賞の眼から云って極めて価値の低いものであり、或は宗教の理想から云って甚だ迷信的なものであっても、一の文化的産物としては重きを置かなければならぬと同じやうに、哲学を一の文化現象といふ点から見ると、学術的の意味に考へて見て余り価値のないものであっても、一般文化に対する関係といふ所から見て意味のあるものがある。今日の哲学に於ても随分さういふ事がある。一部分の専門家の人のみに喜ばれるやうなものを、私は講壇哲学と名付けて居るが、其講壇哲学は哲学として実際の価値のあるものであるけれども、又一方に言葉は少し当らないが通俗哲学とでも称すべきものがある。専門家から見ると粗雑とか或は基礎薄弱とかいふ非難が出るが、然し其社会上に於ける影響が非常に大きい場合には矢張り之を度外視する事は出来ない、此の如きものを名付けて通俗哲学といふ。而して文化史と

いふ点から見れば、専門学者の間に賞玩される所の講壇哲学よりは一般社会に影響の多い通俗の方に寧ろ重きを置かなければならぬ場合が起る。此の如く哲学史的に見る場合と、文化史的に見る場合との区別が出来るが、其の文化史の上からいふと啓蒙時代の哲学は意味の多いものである」。

　しかし、この「文化史的」な見方が、実は「哲学史的」な事実として当代に読み込めるのである。もう少し言うと、その「客観的事実」なるものが「文化現象」に他ならないのであって、「哲学史の一事件」とはまさにそのようなものでなければならない。この時、桑木が「通俗哲学」に言及していること自体、一つの時代的な「文化現象」なのである。出隆の『哲学以前』の序における用例もそうした現象の一端である。

　哲学史家は、自身「哲学史」の外部に身を置くことはできない。

　なお、本書でも多くを割いた『暁』とも『暁の時』とも訳されるメンデルスゾーンの著作『朝の時間』であるが、桑木はこれを意を尽くして『晨朝の講話』と訳していることを哲学史家の無視してはならない「客観的な事実」として附記しておく。リールの哲学史をひも解き、講義にハーマンの全集を用いたこともある桑木の講義ノートか学生たちの写したノートが一冊でも残されていれば貴重な資料である。その『著作集』はなぜか上の引用文が含まれた第三巻しか出されていない。しかし、宮島光志氏が日本カント協会第 35 回学会 (於新潟大学) での発表で言及されたように、その「理由は不明」である。

　本書の出版に際しては、博士論文の審査に際して副査を務めて下さった松永澄夫先生に出版社をご紹介いただき、同じく副査を務めて下さった村田純一先生には出版前に改めて原稿を丁寧に読み返していただいた。この場を借りて両先生に御礼申し上げます。また、『純粋理性批判』の読みを伝法して下さった指導教授の湯浅正彦先生に感謝申し上げます。お授け下さった口伝を頼りにいつかその文底秘沈を私なりに解いてみせますことをお約束します。なお、出版費用の一部は立正大学大学院文学研究科より受けた助成金により賄われている。出版事情の厳しい中、刊行を引き受けて下さった東信堂の下田勝司様に、この場を借りて御礼申し上げたい。

メンデルスゾーンの形而上学―また一つの哲学史―

目　次

はしがき	i
序　論	3
第一章　メンデルスゾーンの「懸賞論文」（1762年）	**25**
第一節　形而上学の方法について	29
第二節　「豊饒な概念」について	33
第三節　形而上学の明証性について	38
第四節　神の存在の存在論的な証明	40
第五節　デカルト的な証明とデザイン証明	44
第六節　ヘルツの訪問	50
第二章　カントの『証明根拠』に関する書評（1764年）	**59**
第一節　「単に可能的な概念」というパラフレーズ	60
第二節　「或る物が可能的である」という証明根拠	66
第三節　「端的に必然的な或る物が現存する」ことの証明	75
第四節　メンデルスゾーンの反論	81
第三章　ヘルツ宛の手紙（1778年）	**99**
第一節　「ア・プリオリに論証された神の現存在」	100
第二節　ヘルツの反論	109
第四章　メンデルスゾーンのスピノザ解釈	**117**
第一節　『哲学対話』（1755年）におけるスピノザ解釈	119
第二節　ヘーゲル派の哲学史家によるメンデルスゾーン批判について	123
第三節　プラーテン宛の書簡（1769年）におけるスピノザ解釈	125
第五章　『朝の時間』（1785年）	**133**
第一節　『朝の時間』の「予備知識」	140
第二節　「感性的な認識の明証性」について	146

第三節	認識の三重の源泉	149
第四節	論文「蓋然性について」(1756年)	154
第五節	三種の認識	160
第六節	メンデルスゾーンの像論	169
第七節	ランベルトの影響	173

第六章 『朝の時間』第五講～第七講　193

第一節	「或る物」としての「形而上学的な自我」について	194
第二節	「自己を定位する」こと	201
第三節	観念論者との対話	207
第四節	対話の続き	214

第七章 『朝の時間』第八講～第十二講　223

第一節	学としての形而上学	224
第二節	ア・プリオリな証明方法とア・ポステリオリな証明方法	229
第三節	「思弁的な理性」に抗うために	233
第四節	像論の転回	239

第八章 『朝の時間』第十三講～第十五講　251

第一節	「スピノザ主義」論駁	252
第二節	レッシングの「純化されたスピノザ主義」	257
第三節	メンデルスゾーンの自我論的な像論	263
第四節	レッシングの残像	270

第九章 『朝の時間』第十六講～第十七講　279

第一節	第十六講	281
第二節	神の現存在のための「新しい証明」	284
第三節	「新しい学的な証明」の検討	290

結　論　303

参考文献一覧　311

人名索引　323

メンデルスゾーンの形而上学
―また一つの哲学史―

序　論

　神の存在証明とは何か？
　かつて、安藤孝行は、その名著『神の存在証明』において次のように言った。
　「そもそも神の信仰のあるところに、神の存在証明がどうして必要なのか。考えようによっては、証明の必要は信仰の動揺を前提しているようだし、事実そうでないとも言えない。しかし他面信仰ということは、何か不確実な賭という性格を脱しきれないものだし、不信者の説服の一助としても、信仰は証明によって自己を確保しようとするのは自然の勢いである。またすべての存在者の存在の原因としての神、即ち造物主としての神という観念は、キリスト教、或いはその源泉であるユダヤ教に固有のものと言っても過言ではない[1]」。
　確かに、イスラエルの神「ヤハウェ」とは、「在ろうとするものを在らしめる者」を意味している[2]。「在りて在る者」は、また「在ろうとするものを在らしめる者」でもあった。そして、こうした神観念は「ユダヤ教に固有のもの」とされる[3]。
　また、安藤は次のようにも言っている。「「神の存在証明」および「存在の原理としての神」の問題は、中世哲学の中心であることは言うまでもないが、近世の存在論が果たして神を離れて自立しうるか否かということはすこぶる疑問である。ある意味で近世哲学は神を離れて存在を確立しようという要求を持っていたとも言えよう。しかしその企てが成功したかどうか甚だ疑問である[4]」。
　形而上学の危機が叫ばれた18世紀中頃のドイツにおいて、まさしく「近世の存在論」は特殊形而上学とされた自然神学との関係を問い直しつつあった。それは、一面において「神の存在証明」の可能性が問われるということであったが、それはまた「存在の原理としての神」が問われるということでもあった。

神が「存在の原理」であるならば、その存在を証明することも可能だろう。しかし、その存在を証明することが不可能であれば、それは「存在の原理」としての身分を失うことになる。

ここに、「ユダヤ教に固有のもの」とされる神観念は危機に瀕することになる。

こうした状況の下、ユダヤ教徒の哲学者であったモーゼス・メンデルスゾーンが、生涯をかけて神の存在証明という問題と向き合い続けていた、という事実は注目に値するものであろう。

メンデルスゾーンは、『出エジプト記』第三章、14節を次のように訳している。

神はモーセに言われた、「私は永遠なる存在者である」と。
「イスラエルの子たちに言いなさい、
私は永遠であると自称する永遠なる存在者が、
汝のもとへと遣わされたのだ」、
そのように神は言われたのである[5]。
はたして、この「永遠なる存在者」を前にして、
「近世の存在論」は無力だったのであろうか？

では、メンデルスゾーンとは何者であるのか？

それは、彼自身の口を借りて語られよう。「私は、1729年にデッサウで生まれました。私の父は、そこで教師をしており、十戒の筆写者（Sopher）でもありました。当時はデッサウの上級ラビであったフレンケルのもとで、私はタルムードを学びました。後に、この学識あるラビは、そのイェルサレム・タルムードの注解により、ユダヤ人の間で大きな名声を獲ました。1743年頃、彼がベルリンへと招聘されたので、私も同じ年に彼について行きました。ベルリンでは、後に医学博士となったアーロン・グンペルツ氏（何年か前にハンブルクで亡くなりました）と知り合いになり、学問に興味を持ちました。この方からは、いくらか学問の指導も受けました。当地では、裕福なユダヤ人の家の家庭教師となり、その後、その家の方の絹織物工場の帳簿係となり、最終的には工場長となりました。今も私はこの地位に就いています。結婚して

三十三年目になり、七人の子供を授かりましたが、無事に育ったのはそのうちの五人です。それはそうと、私は一度も大学に行ったことがないので、講義というものを聴講したことがないのです。これは、私にとっての大きな障害のうちの一つでした。私は何もかも努めて独力で獲得しなくてはなりませんでした。実際、私は頑張り過ぎたようで、過度の勉学によって、ここ三年来は神経衰弱を患っています。これにより、私はどんな学問的な営みも全くできずにいるのです[6]」。

メンデルスゾーンは自身のことを「絹織物工場の経営者[7]」と名乗ったこともある。就業時間はだいたい朝の八時から昼の二時の間だったそうである[8]。1750年に設立されたこの工場はシュパンダウアー通り沿いにあった[9]。

自身が証言しているように、彼を学問の世界へと導いたのは友人のグンペルツである。二人はヨアヒムスタール・ギムナジウムで哲学史家のハイニウスのもとに学ぶ[10]。

ベルリンの街頭で大数学者のオイラーが名人と謳われていた或るユダヤ人にチェスの勝負で負けたという話が伝えられているが、やはりチェス盤を挟んで一人のユダヤ人と知り合ったという逸話を残したのはレッシングである。そのレッシングと協力してメンデルスゾーンが『ポープ、形而上学者！』を著したのは1755年のことであった[11]。これは、1753年に出されたベルリン・アカデミーの論題に答えたものであったが、正式に提出されることはなく、匿名で出版されたものである。

同年には、また『哲学対話』と『感情について』という単著も出版され、その翌年には「蓋然性について」と題された論文が学術誌に掲載されている。これらは『哲学著作集』(二巻本)としてまとめられて、1761年に再版されることになる。

このうち、単独の著書としては処女作となる『哲学対話』は、メンデルスゾーンの思想形成過程における連続性を捉える上で重要な著作である。ヤコービがスピノザに関する関心を呼び覚まされたのも、この『哲学対話』による影響であった[12]。同様に、レッシングもメンデルスゾーンの『哲学対話』によって、もはや彼にとっては「死んだ犬」であったスピノザに関心を抱いたのであった。

メンデルスゾーンの『哲学対話』は、1780 年代における、いわゆる汎神論論争を予想した著作としても評価されるのである。

ともあれ、何と言っても、メンデルスゾーンという名を世に知らしめたのは、1762 年に書かれ、1764 年に公刊された「懸賞論文」である。この論文は、1763 年の 7 月 2 日に、アカデミーにおいて表彰され、哲学者としてのメンデルスゾーンの名を世に知らしめたのであった。

これは、単に一人のユダヤ人の名が有名となり、例外的にも「保護ユダヤ人」の地位を獲得したということではない。この時まで、メンデルスゾーンの著作は全て匿名で出版されていたし、書評も悉く偽名でサインされていた。つまり、「懸賞論文」が表彰されたことによって、文字通りにメンデルスゾーンという名が初めて世に出たのである。

そこで、この論文が表彰された 1763 年という年は、メンデルスゾーンにとって決定的な意義を持った年であったと言えよう。それは、「講壇哲学 (Schulphilosophie)」と揶揄された大学人たちの時代から、「通俗哲学 (Populärphilosophie)」を標榜した啓蒙主義者たちによる時代への決定的な転換点であった。ここに、ベルリン啓蒙という大学のない街を中心とした新時代が始まる。

また、ユダヤ人の作品がアカデミーにおいて表彰されたことは、1780 年代より本格的に始まるハスカラ運動 (ユダヤ啓蒙主義) の先駆けとして評価される画期的な事件でもあった。モーシェ・ベン・メンデルは、「メンデルスゾーン」というドイツ語名を最初に名乗ったユダヤ人であった。

ところで、この 1763 年という年は、カントにとっても重要な年であった。

例えば、カントの『神の現存在の論証のための唯一可能な証明根拠』の出版は 1762 年の 12 月だが[13]、長らく 1763 年の出版と目されていたことからしても、同書が実際に流通したのは 1763 年のことと考えられる。また、それに引き続いて執筆された『負量の概念』の出版が 1763 年であることや、メンデルスゾーンの論文が表彰された際に、まだ無名であったカントの名も挙げられたことを考えれば、コーヘンによって「最も豊か[14]」と形容された 1763 年は、こうした前批判期を特徴づける一連の作品が世に出た重要な年であったと言える[15]。

その翌年、メンデルスゾーンはカントの『証明根拠』の書評を著している。これには、同じくカントの『三段論法の四つの格』、並びに『負量の概念』についての書評が続いた。これらは、書評という性格からして、主として著作の紹介を目的としている。しかし、『証明根拠』の書評に関しては、かなり批判的なものとなっている。

　カントの『証明根拠』は、1762年の暮れに出版されたものであるが、それに続いて執筆されたのが、論文「自然神学と道徳学の原則の判明性について」である。メンデルスゾーンが懸賞で争ったのもこの論文である。これをきっかけとして、メンデルスゾーンはカントの名を知ったのである。メンデルスゾーンとしては、突如として競争相手となった、それも当時はまだ全くの無名であったカントに強い関心を抱いたことだろう[16]。

　このように、メンデルスゾーンとカントは、1760年代における新進気鋭の哲学者であった。

　哲学史においては、『朝の時間』(1785年)における「すべてを破砕するカント[17]」というメンデルスゾーンの文言が有名である。この一句に、「ライプニッツ＝ヴォルフ学派」の凋落と批判哲学の台頭を読み取ることは通説である。

　しかし、実際には、両者の関係は一貫して穏やかなものであった。ケーニヒスベルクを訪れたメンデルスゾーンが、カントの講義に出席したという話も有名である[18]。カントが『純粋理性批判』(1781年)をメンデルスゾーンに贈呈したのは出版直後のことであるが、この逸話はその評価が芳しくなかったことからしてよく知られている[19]。しかし、その15年も前に、カントは通俗的な著作『視霊者の夢』(1766年)をメンデルスゾーンに送っているのである[20]。『純粋理性批判』の第二版にはメンデルスゾーンの名が見られるが、それは彼が出版人のニコライに送るように頼んだ『フェードン』(1767年)に対する遅まきながらの応答である。

　実のところ、二人の関係は1765年頃に、メンデルスゾーンがカントに宛てて手紙を出したことにより始まっているのである。この時の手紙は残されていないが、おそらくメンデルスゾーンはカントが準備していたスウェーデンボルクに関する著作について尋ねた。それは、メンデルスゾーンの友人であっ

たハーマンから、カントがロンドンで出されたスウェーデンボルクの全集を読んでいることを知らせる手紙が飛んできたからである[21]。1766年の2月7日付けのカントの返信は、メンデルスゾーンが既にこの著作の内容についていくらか知っていたことを示唆している。匿名で出された『証明根拠』の書評ですら、それがメンデルスゾーンによるものであることをカントは知っていたのである。

従って、『純粋理性批判』を読んだメンデルスゾーンが、1785年の段階で「すべてを破砕するカント」とこぼしたとしても、このことから長く続いた両者の関係を推し量ることはできない。この関係が彼らの思想形成に何らかの影響を与えていたとすれば、それはあくまでも1765年頃から、それも間接的には1763年から始まったものとして捉えられなくてはならない。

本書の目指すところは、メンデルスゾーンが、カントの『証明根拠』に対する批判を出発点として、デカルト以後の近代哲学において重要な問題となっていた神の存在証明を独自な仕方で展開していった過程を描き出すことにある。

従来、メンデルスゾーンによる神の存在証明としては、先の「懸賞論文」における証明と、晩年に出版された『朝の時間』における証明の二つが有名であった。例えば、ヘンリッヒによる名著『神の存在論的な証明』（1959年）も、メンデルスゾーンに関しては、この二つの著作における証明のみを扱っている。しかし、後に論じるように、メンデルスゾーンによる神の存在証明は、この二つの証明に限られるものではない。

ヘンリッヒによれば、神の存在論的な存在証明が可能であるかどうか、という近代哲学における大問題は、形而上学の危機、つまりは学としての形而上学の可能性に関する問題とも密接に関連していた[22]。すると、メンデルスゾーンにおける神の存在証明を検証することは、メンデルスゾーンにおける形而上学の可能性を問うことにもなろう。

つまり、メンデルスゾーンの形而上学は「独断的な形而上学」であったのか？ということである。

カントによって、『朝の時間』は「独断的な形而上学の最後の遺産[23]」と評さ

れたのであった。しかし、メンデルスゾーンにおいても、形而上学は「学」でなければならなかった。メンデルスゾーンにおいても、「形而上学の危機」意識は共有されていたのである。

1755年の『哲学対話』においては、登場人物であるフィロポンとネオフィルの間で次のような会話がなされている。

> フィロポン「神様！かつては諸学の女王であった形而上学が衰え蔑まれていることと言ったら何でしょうか！かつては、あれほどドイツ人に愛され崇められた形而上学が、なぜ今日においてこれほど凋落しているのか、私には驚きで何が原因なのかすらもわかりません[24]」。
>
> ネオフィル「何が原因かわからないって？すると、原因は埋もれていて探す必要があるとでも言うのかい？いやいや、君は確かに或る原因を見落としているよ。困ったことに、僕らはそこに諸悪の根源を見るだろうね。それはね、僕らが或る国民を奴隷的に猿真似しているということだ。この国民はね、マルブランシュ以来、ただ一人も形而上学の才がある者を輩出してはいないけれども、どうやら、徹底性（Gründlichkeit）を事としてはいないようなのだ[25]」。
>
> フィロポン「すると、ドイツ人は、いまだ自分たちに固有の価値を知らない、ということだね？ドイツ人は、いつまでも自分たちの金を隣人の贋金と交換するつもりなのかい？[26]」。

「形而上学の危機」とは、また哲学におけるナショナリズムの問題でもあった。ドイツ人はドイツの哲学を持たなくてはならなかった。──ここに、「徹底性」を事とするドイツ哲学が成立する。

メンデルスゾーンは、1759年の段階で次のように述べている。「心配するなよ！君は我々の新しい哲学に通じてさえいれば、今はそれで十分なのだ。学問の凋落という悲劇を眺めていさえすれば、今はそれで十分なのだ。──先般、我々が重要な進展を見せた学問、ドイツが偉大な人物たちを誇ってきた学問、ドイツの定まらぬ国民性に固有の何かを与えたように思われた学問。

かつては謙遜して侍女を自称していた諸学の女王も、今では字義通りに賤女と成り下がってしまった[27]」。

その結果、「今日、人はあらゆる学問を容易に、それもよく言われるように、読者好み (ad captum) に論述するという妄想を抱いている。人は、これにより真理が人口に膾炙し、その内的な価値は増さずとも、少なくともあらゆる面からしてそれは広められると信じているのである。おそらく、こうした先入見 (Vorurtheil) には、ヴォルフ派の面々が少なからず責任を負っているのだろう。しかし、私には、まさに彼らが見つけようとしている学問の王道なるものほど有害なものはないように思われる。ヴォルフは幾何学をユークリッドよりも容易に論述したが、私としては、幾何学をヴォルフから学んでいなければ、と後悔しているのである。自然法の教説や証明を、便宜を図って短くまとめて骨抜きにしてしまったのも、この偉大な哲学者である。彼の支持者のうちの幾人かは、深遠なる真理をヴォルフの哲学によって容易な、わかりやすい (faßlich)、それも神の思召しのままに美しいものとした。しかし、その結果たるやどうであろう？[28]」

メンデルスゾーンにおいて、「通俗性の原則」なるものが認められるとすれば、それは必ずしも「徹底性」と矛盾するものではなかった。もちろん、メンデルスゾーンにおいても、論述には「わかりやすさ」が求められた。しかし、それは「数学的な方法の茨の道 (die dornigsten Wege der mathematischen Methode)[29]」なるものと対比されるものであった。

メンデルスゾーンは言っている。「探究なき認識は、しばしば認識なき探求よりも悪い結果をもたらす。それどころか、命題が自明のものとして認められ、それが拠っているところの諸根拠をさらに検証する必要性が見出されずに、それも通俗化されるや否や、認識は真理の認識ではなくなってしまう[30]」。

さて、メンデルスゾーンは、1762年には、カントと並行して「懸賞論文」を書いており、それが仕上がるや否や、その翌年にはカントの前批判期における代表作の一つである『証明根拠』を手にして、それに素早く書評という形で応答したのであった。

この書評は、批判的にカントの主張を展開したものであるが、いくつかの重要な問題点については、それを提起したメンデルスゾーン自身が、答えられないままに問いを残した形で終わっている。このことは、その問題が神の存在証明をめぐる問題であるために、メンデルスゾーンは、1762年に発表した「懸賞論文」における神の存在証明について、早くもその翌年には見直しを迫られたということを意味している。

　その結果は、まずは『証明根拠』の書評において現れたのであるが、かなり後になってまた別の形で現れることになる。それは、1778年のことになるが、メンデルスゾーンは、「ア・プリオリに論証された神の現存在」と題された、つまりは「懸賞論文」におけるものとは異なった新たな神の存在証明を、書簡により、カントの教え子であったヘルツなどに書き送っているのである。

　この書簡は、20世紀に入ってからアルトマンにより発見されたものであるが[31]、その内容が公刊された諸著作におけるものとは相当に異なったものであるという事情からして、ヘンリッヒのように「懸賞論文」と『朝の時間』の二作品のみを扱う研究手法に疑問を投げかけている[32]。

　しかも、この書簡における神の存在証明を通して見えてくることは、メンデルスゾーンによる証明が、いわゆる存在論的な証明や宇宙論的な証明といった中世後期以来の特殊形而上学における範疇によっては捉えきれず、デカルトによる神の存在証明を敷衍しながらも、カントの『証明根拠』に対する批判的応答として企てられた、全く新しいものである、という事実である。

　この証明は、過渡的で中途半端なものではあるが、それだけに却って重要なものと言える。なぜなら、『朝の時間』で展開された神の存在証明は、あくまでもこの証明を敷衍して企てられたものだからである。

　従って、メンデルスゾーンによる神の存在証明を検討するためには、初期の「懸賞論文」と、この1778年に著された小論「ア・プリオリに論証された神の現存在」、そして最晩年の『朝の時間』、これら三作品を通時的に読み解く必要がある。「懸賞論文」と『朝の時間』におけるメンデルスゾーンによる神の存在証明は、その間にある「ア・プリオリに論証された神の現存在」における証明を参照することで、今までの研究では示されることのなかった新しい姿を

見せることだろう。

　また、こうした三作品の他に、メンデルスゾーンの思想形成過程を追うためには、他の著作のみならず、膨大に残された彼の書簡や書評などが参照されなければならない。わけても、書評は重要である。メンデルスゾーンは、自らレッシングやニコライと共に書評雑誌を刊行していた。彼らが世に送り出した数々の書評雑誌を舞台として、当時のドイツにおける「哲学の共和国」は形成されていたと言っても過言ではない[33]。

　メンデルスゾーンがレッシングと出会ったのは、おそらく1754年のことである。この時、二人はまだ25歳であったが、翌年には、彼らの4歳年下であったニコライも交えて、『美学芸術文庫[34]』の発刊が企画された。ニコライが家業の出版業を継いだのもこの頃である。この時、彼らが目指していたことは、文芸の「批判 (die Kritik)」であった。同誌の発刊を宣言する「巻頭の言 (Vorläufige Nachricht)」は、次のように謳っている。

　「批判だけが、我々の趣向を洗練し、それに上品さと信頼性を与える。批判によって、趣向は作品の美しさと欠点を直ちに看て取るのである。洗練された趣向とは、最善の仕方で批判がなされるその上手に他ならない[35]」。

　まさしく、彼らは「批判の時代」を生きていたのである。

　メンデルスゾーンのようなドイツ啓蒙主義の時代の哲学者は、しばしば「折衷主義者 (Eclectiker)」と言われる。確かに、これは時代の特徴として認められることである。

　しかし、メンデルスゾーンは、或る文芸誌上において次のように述べている。

　「君は、大学出の若者たちが哲学について語るのを驚きをもって聞くことだろう。彼らは、あらゆることを評して、そして何もかも笑い飛ばすのだ。彼らは大胆にも君の面前で、最善の世界などは妄想で、モナドは偉大なるライプニッツの夢か冗談であって、ヴォルフはおしゃべり老人、バウムガルテンは蒙昧な妄想家で、彼らはライプニッツが戯れにもたらしたものを壮大なる体系へと変えてしまうには十分なほど愚かであった、などと言うことだろう。――君にはこの急激な変化が謎に思えるかい？――それで、数編の小論（に

れは君も知っているものだろう、幸運にも懸賞論文として選ばれたものだからね)が、我々の哲学者たちの目を開かせた、ということなのだ。哲学者たちは、遂に党派の軛を脱して、どんな旗も振らない、いわんや理性の旗など絶対に振りもしない折衷主義者となってしまった[36]」。

　ここには、いわば市井における「形而上学の危機」意識がある。折衷主義は、そうした風潮と結び付いた一つの思想形態であった。

　しかし、それはまさしく啓蒙主義の一様態でもあったように思われる。啓蒙主義者たちは、形而上学の体系を壊そうと努めていたのであるから。ドイツ啓蒙主義は、フランスにおけるほどラディカルなものではなかったが、その一形態であるベルリン啓蒙においては、「通俗哲学」という形をとって、やはり或る種の学問的な体系を壊しにかかったのである。

　例えば、代表的な「通俗哲学者」であったガルヴェは、ヴォルフ派の連中を「体系家」としながらもまた「アカデミシャン」と呼んで、彼らを「非通俗的な体系家」とした上で、自らを「通俗的な著作家」と称している[37]。

　メンデルスゾーンも、例えば『イェーナ哲学文庫』(1759-60年)に見られる調子を「学閥の風 (Schuletiquette)[38]」として批判している。そこで、学問における「説教がましい衒学」や「儀礼的な堅苦しさ」を嫌う美学を宣揚する『美学芸術文庫』が創刊されたのであった[39]。

　ここに、「講壇哲学」に対する反動としての「通俗哲学」が成立する。「思想の自由 (libertas philosophandi)」を宣揚したハレ大学が、しかしヴォルフ派の牙城となるにつけて、その理念はむしろ在野である「通俗哲学者」たちのうちで「折衷主義」として開花したのである。

　この点に関しては、ドイツ観念論以前のドイツ哲学において「折衷主義」とはトマジウスを筆頭として、それに続く反ヴォルフ派の面々の学問的な態度を表すものであったことも頭に入れておく必要があろう[40]。これは、ヴォルフが「永遠の哲学」としての体系を志向して「折衷主義」を斥けていたことと比べればまさに対照的である[41]。

　このような背景を考慮すれば、メンデルスゾーンの教え子であったフリートレンダーによる次のような証言も理解されよう。「メンデルスゾーンはヴォ

ルフとバウムガルテンの徒であって、彼らの判明性や数学的な方法を自分のものにしようとしていたのであるが、彼はまた折衷主義者の一人でもあって、彼らの体系から彼にとって最善と思われるもののみを認めたのであった[42]」。

　哲学史は、メンデルスゾーンを「ライプニッツ＝ヴォルフ学派」としながらも「通俗哲学者」とする。しかし、それは同時代的には矛盾した評価なのである[43]。ともあれ、そうであればこそ、そのように評価されもするということは、メンデルスゾーンがこうした時代状況において何を志向していたのかを物語ってもいるわけである。

　メンデルスゾーンの書評では、ライプニッツを筆頭として、ヴォルフ、ビルフィンガー、バウムガルテン、クルージウス、マイヤー、ライマールス親子、シュパルディングなどの著作が評されている。その他にも、その書簡や草稿には、ズルツァー、アプト、ランベルト、ハーマン、ヘルダー、フェーダー、テーテンス、プラトナーといった同時代のドイツの哲学者たちや、カドワース[44]、シャフツベリー、ロック、バークリ、ヒューム、ファーガソン[45]、ハチソン、リード、プリーストリー、ビーティ、ハリスといったイギリスの哲学者たち、或いはルソー[46]、ヴォルテール、ボネ、コンディヤック、エルヴェシウス、プレモンヴァル、メリアンといったフランスの哲学者たちの名が出てくる。これら全ての哲学者たちの影響関係を追うことは困難であるが、可能な限りそれを明らかにすることなくしては、メンデルスゾーンの主張が正当に評価されることはないだろう。

　さて、メンデルスゾーンにおける神の存在証明の展開を追うという本書の目的からして、以下の三点は重要な論点である。

　第一点は、上に述べたように、カントの『証明根拠』に対するメンデルスゾーンの批判の検討である。これは、既に述べたように、『証明根拠』において言われていることが、メンデルスゾーンにとっては、実質的に自身の「懸賞論文」に対する批判のように受け止められ、応答を迫られたという事情に基づいてのことである。メンデルスゾーンが何を『証明根拠』から汲み取ったのか、このことを見定めることなくしては、その思想の形成過程を正確に追うことは

できないであろう。

　ただし、この書評におけるメンデルスゾーンの批判が、カント自身の主張を正確に理解したものであるかどうか、ということには本論では深く立ち入らないことにする。本論においては、むしろこの書評における主張に即して、カントの『証明根拠』を読み解くことで、メンデルスゾーンの思考を再現することを目指す。

　また、同様の理由からして、カントの「就職論文」(1770年)も重要である。ただし、この場合は、この論文の内容というよりも、それを抱えてメンデルスゾーン宅を訪れたヘルツとの議論に意味がある。あの重要な小論、「ア・プリオリに論証された神の現存在」は、このヘルツに宛てられた書簡に同封されていたのである。

　第二点は、メンデルスゾーンによるスピノザ批判の意義を見定めることである。メンデルスゾーンは、1755年の処女作である『哲学対話』において、スピノザとライプニッツの関係を哲学史的な観点から論じている。また、ライプニッツについて述べている1760年代の手紙においても、スピノザに関する言及がある。『朝の時間』は、ヤコービにより火が付けられた汎神論論争に対する応答として、当初の予定を繰り上げて出版され、さらには結果として遺稿となってしまったが『レッシングの友人たちへ』(1786年)が書かれたのであった。

　しかし、この哲学史において有名な論争はさておき、メンデルスゾーンは、既に1755年の時点において、スピノザに言及していたということである。それは、1720年代のハレ大学とその隣国のライプティヒ大学を巻き込んだヴォルフとランゲによる論争のように、無神論という問題設定のもとで「スピノザ主義」を論じたものではなく、予定調和説をめぐるライプニッツとスピノザの関係を主題とした、純粋に哲学的な議論であった。ヤコービとの論争とは関係なく、メンデルスゾーンは一貫した関心をスピノザに抱き続けていたのである。

　この点に関しては、メンデルスゾーンとスピノザは共にユダヤ人であるという単純な事実が考慮されるべきであるかもしれない。メンデルスゾーンは、たった一度だけのことではあるが、スピノザを「私の同胞」と呼んでいる。(第

四章第三節を参照。)

　もちろん、メンデルスゾーンにおいて、「スピノザ主義」が問題とされている場合、それも『朝の時間』において「純化されたスピノザ主義」が問題とされている場合、そこに何らかの「ユダヤ哲学」なるものを読み込むことには慎重でなければならない。それは、「ユダヤ哲学」などと言われるものの意味内容が空虚であるばかりか、そもそもメンデルスゾーン自身によって、そのような言い方がされたことは一度もなかったということ、それどころか、そのような形容はメンデルスゾーンにとってそもそも不可能であった、ということを鑑みれば当然のことであろう[47]。

　確かに、メンデルスゾーンにおいては、ライプニッツとヴォルフが「ドイツ人」であったように、スピノザは「ユダヤ人」であったように思われる。しかし、メンデルスゾーンが「スピノザ主義」を問題とするのは、ヤコービとの論争を俟ってのことである。本書では扱わないが、『哲学対話』の後半部は1740年代以降のモーペルテュイを中心としたアカデミーの再編という事態を背景として書かれている。事情は、「ライプニッツ＝ヴォルフ学派」という「ドイツ人」の哲学を構想する一人のユダヤ人が、やはりスピノザというその同胞を無視するわけにはいかなかったということであろう。

　いずれにせよ、本論において、メンデルスゾーンによるスピノザ解釈を検討することは、ドイツにおけるスピノザ受容という思想史的な観点からなされるのではなく、あくまでもメンデルスゾーンの形而上学におけるスピノザの位置を確かめるためになされる。メンデルスゾーンにおいては、「実体」とその「変様」をめぐるスピノザの形而上学が大きな影響力を持っていた。メンデルスゾーンの形而上学は、一つにはこの汎神論的な体系を批判することにより成立したのである。

　メンデルスゾーンは言うであろう。「わけてもスピノザの『エチカ』には優れた主張が見出されます。もしかすると、それは多くの伝統的な道徳や哲学論におけるものよりも優れたものかもしれません。スピノザの体系は、一般に思われているほど不合理なものではないのです[48]」。

　第三点は、メンデルスゾーンが「像論」とでも言うべき独自の形而上学的な

体系を完成させた、その経緯を明らかにすることである。これがなければ、『朝の時間』の第十六講で展開される新しい存在証明が構想されることはなかった。しかし、それはまたレッシングの「像論」(純化されたスピノザ主義！)を批判することで、「自我論的な像論」とでも言うべき一つの形而上学的な体系が形成されていったその過程である。そして、そこにはまたメンデルスゾーンによるランベルトの「現象学」批判があった。メンデルスゾーンはそれを「仮象の現象学」として批判することだろう。

　ところで、メンデルスゾーンは、1755年の『哲学対話』において、ライプニッツとの哲学史的な関係からスピノザを解釈する際に、「原像 (Urbild)」と「写像 (Abbild)」という概念枠を用いている。メンデルスゾーンによれば、スピノザ哲学を原像として、ライプニッツ哲学は展開されたのである。しかし、『朝の時間』における「像論」もまたこうした概念枠によって成り立っている。メンデルスゾーンにとって、「原像」からの展開というモチーフは重要な意味を持っていたのである。

　この場合、「原像」という言葉における「原 (ur-)」という接頭辞は、メンデルスゾーンの「懸賞論文」において、空間の延長概念が、「第一概念」や「根源的な概念」などと言われながらも、「豊饒な概念」と言われていることにも注意を促す。

　こうした事情は、メンデルスゾーンの主張を理解する上での、この「原」という言葉の意味の重要性を示唆している。そもそも、「豊饒な (urbar)」などという奇妙な言葉を、イディッシュ語を母語とし、ドイツ語で執筆した最初のユダヤ人であるメンデルスゾーンが[49]、アカデミーに提出した論文において用いているという事情は看過されてはならない。このような言葉は、例えば当代における代表的なドイツ語の哲学書であるヴォルフの『ドイツ語論理学』(1712年)や『ドイツ語形而上学』(1720年)などにおいても一度も使われてはいないのである[50]。

　ところが、その用例は意外なところに見つかる。

　メンデルスゾーンによるルソーの『新エロイーズ』の書評を受けて、『最新文芸書簡』に一文を寄せたのはハーマンだが、その翌年には「キマイラ的着想」

という題で『愛言者の十字軍行』(1762年) という著作に収録されるその文中に、この言葉は一度だけ出てくる。この時、ハーマンが発した問い、つまりルソーはフィロゾーフであるかもしれないが、ヴェルトバイスハイトなのか？という問いは、遂にはユダヤ教徒であることと哲学者であることとは両立可能なのか？という問いとなってメンデルスゾーンその人に向けられることになる[51]。ドイツ観念論という時代が「ドイツ人」の哲学を志向したメンデルスゾーンを忘却した理由は、彼が独断的形而上学者であるとか通俗哲学者であるといった評価とはまた別のところにあったのかもしれない。

さて、以上のような三つの論点から、メンデルスゾーン哲学の展開を捉えるならば、メンデルスゾーンが、『証明根拠』におけるカントの主張を踏まえながらも、新たに「原像」と「写像」という、既に最初期の『哲学対話』において、主としてスピノザとライプニッツの関係を解釈するために用いていた概念枠を展開させることで、「像論」という独自の体系を築き上げ、ひいては神の存在証明を新たにしていった、という事態が浮かび上がるだろう。

その結果として、「ライプニッツ＝ヴォルフ学派」の一員として、矛盾律を金科玉条とした古い合理主義の体系に拘泥し続けて、カントの『純粋理性批判』を読んでも、「すべてを破砕するカント」と言うことしかできなかった独断的形而上学者という、従来の哲学史における悲惨なメンデルスゾーン像とは別の姿が、いわば原像としてのその真の姿が現像することだろう。

しかも、メンデルスゾーンとカントの関係を、『純粋理性批判』を軸とするのではなく、『証明根拠』を軸として、主として1763年の前後に起きた出来事から捉えることは、とりもなおさず、まだ若きカントがメンデルスゾーンに与えた影響を浮かび上がらせることでもある。カントの「前批判期」は、カント解釈にのみ意味を持つものではない。この「前批判期」なるものは、「批判期」を予想した一つのフィクションである以上に、同時代的な意味をレアールに持ち得るものなのである。

メンデルスゾーンが、1770年代は宗教的な論争や、聖書の翻訳などで忙しく、それも病の悪化により療養していたということ[52]、また、『純粋理性批判』

の第二版が出る前に、1786年の1月に死んでしまったということや、カントの批判哲学があまりにも新しく、その光彩陸離たることに比べれば、やはりメンデルスゾーンの哲学上の業績は色が薄くなるということなどを勘案すれば、『純粋理性批判』をメンデルスゾーンが読んだのかどうか、或いは同書におけるメンデルスゾーンに対する批判が当たっているのかどうか、ということを主題化すれば、メンデルスゾーンの哲学が正当に評価される機会を失うことになる。

そもそも、カントに「前批判期」なるものがあるならば、メンデルスゾーンにも、やはり何らかの意味で「前期」と呼べる時期がある。例えば、『哲学対話』から「懸賞論文」を経て『フェードン』へと至る一連の過程は「前期」と言えるだろう。この間、1757年から1768年にかけては、メンデルスゾーンが盛んに書評を発表していた時期でもある。とりわけ、1761年から1765年にかけて出された『最新文芸書簡』[53]における書評は、そのほとんどがメンデルスゾーンによるものである。

ところが、メンデルスゾーンは、『フェードン』により哲学者としての名声が高まったために、1769年から、ラーファターによりキリスト教への改宗を迫られ宗教論争に巻き込まれるなど、いろいろと宗教的な仕事に関わる必要性が増えて、表向きは哲学に関わることが少なくなった。家業の方も忙しくなったようである。この頃にもなると、思うように時間が取れなくなったとメンデルスゾーンはぼやき始める[54]。

こうした1770年代の仕事は、『詩篇』の訳（1770年）や、『旧約聖書（モーセ五書）』の翻訳（1779-83年）、マナッセ・ベン・イスラエルの著作の翻訳に付した「序文」（1782年）、それもとりわけ国家論であり宗教論でもある『イェルサレム』（1783年）に結実するが、この時期、遂に哲学書と呼ばれるような書物は出版されなかった。従って、この1770年代は、「前期」と区別して「後期」と言えるだろう。

しかし、これはむしろ「中断」である。宗教的な仕事により中断されていた哲学の仕事は、先に述べた新しい神の存在証明が添付された1778年の書簡を踏まえて、最晩年の『朝の時間』において開花したのであり、この時こそが、哲学者としてのメンデルスゾーンにおける「後期」と言われるに相応しいのである。

メンデルスゾーンは、最後まで哲学を志していた。哲学は、メンデルスゾーンにとって、脊椎後湾症に起因する重度の器質性障害や[55]、稼業であった紡績工場における労務から逃れるための「唯一の慰め[56]」であった。

とまれ、こうした「前期」から「後期」にかけて、一つの大きな問題として繰り返し問い返されていたのが、やはり『証明根拠』の書評において答えられないままに残されていた問題なのである。従って、同書に関する書評を吟味しなければ、ヘンリッヒのように、「懸賞論文」と『朝の時間』のみを並べてみても、メンデルスゾーンの主張を正確に理解することはできない。

また、そもそも『朝の時間』という著作は、ヤコービとの論争から必要に迫られて出版されたという事情からして、単著として解釈するにはいくらか工夫を要するものである。

そこで、『朝の時間』において言われていることを、独立した一書における主張として解釈するためにも、その準備作業として、処女作である『哲学対話』から最晩年の『朝の時間』に至るまでのメンデルスゾーンの思想形成過程を押さえて置く必要がある。それによって初めて、『朝の時間』の第十六講において披露される神の存在証明は正当に評価されることだろう。

以上のような理由から、本論においては、最初に「懸賞論文」における神の存在証明を検討して、『証明根拠』の書評と1778年の小論の検討を経て、最終的に『朝の時間』における神の存在証明の検討へと、時系列に従って論を進めることにする。途中、書評を検討するために、『証明根拠』に関してはいくらか詳しく検討を加えておく。また、『哲学対話』についても、スピノザとの関係を明らかにするために必要な範囲内で言及する。最後に、『朝の時間』については、これまでにその全貌を明らかにする研究がなされていないために、煩瑣を厭わず逐次的に論じていくことにする。

【註】

引用文中、〔　〕は全て引用者による補足である。
なお、メンデルスゾーンの全集は *JubA* と、カントの全集（アカデミー版）は *Werke* と略記する。また、メンデルスゾーンの手紙に関しては全集の第11巻から第13巻に収められているものを典拠とした。同様に、カントやハーマンの手紙に関してもそれぞれの全集や書簡集を典拠とした。ただ、メンデルスゾーン宛のヤコービの手紙に関しては、メンデルスゾーンが何を読んだのか、ということが重要であるため、あくまでもメンデルスゾーンの全集に収録されているものを典拠としている。

1　安藤孝行『神の存在証明』公論社、1979年、9頁。傍点は引用者による。
2　以下を参照した。手島佑朗『出エジプト記』ぎょうせい、1992年、72頁。
3　山田晶なども次のように指摘している。「存在はギリシア哲学において、たしかにいつも中心問題であったが、神が「在る者」であるということは、イスラエルの啓示におけるように明白には、いかなるギリシア哲学者によっても述べられていないのである」。『在りて在る者』創文社、1979年、4頁。
4　安藤『神の存在証明』、9頁。傍点は引用者による。
5　*JubA*, Bd. 9-1, p. 219.
6　Von M. Mendelssohn an J. J. Spiess, März 1, 1774.
7　Von Mendelssohn an E. Reimarus, Aug. 27, 1782.
8　cf. Von Mendelssohn an G. E. Lessing, Mai 6, 1756.
9　F. Nicolai, *Beschreibung der Königlichen der Residenzstädte Berlin und Potsdam*, 3te völlig umgearbeitete Auf., Bd. 2, 1786, p. 516.
10　ハイニウスについては以下を参照。C. Bartholméss, *Histoire philosophie de l'academie de Prusse depuis Leibniz jusqu'a Schelling*, Paris, 1851, tome 2, pp. 117-123.
11　この著作においてメンデルスゾーンが問うたことは、詩人にも形而上学者と同じような「体系」があるのかどうか、ということであった。cf. P. Michelsen, Ist alles gut? Pope, Mendelssohn und Lessing. Zur Schrift "Pope ein Metaphysiker!" in: *Mendelssohn Studien*, Bd. 4, 1979.
12　これは、ヤコービ自身が語っていることであるから事実である。cf. F. H. Jacobi,*Wider Mendelssohns Beschuldigungen betreffend die Briefe über die Lehre des Spinoza*, Leipzig, 1786, p. 35.
13　cf. I. Kant, *Werke*, Bd. 2, p. 470.
14　H. Cohen, *Die systematischen Begriffe in Kants vorkritischen Schriften nach ihrem Verhältniss zum kritischen Idealismus*, Berlin, 1873, p. 6.
15　カントの思想が、いわゆる前批判期から批判期へとかけて、どのように「展開」してきたのか、ということに関しては、フィッシャー以来、様々に議論されてきた。本論は、あくまでもメンデルスゾーンの思想展開を追うものであり、カントの思想がどのように展開していったか、ということを主題とするものではない。ただ、例えばミヒェーリスによって、カントの前批判期における「全盛期（Höhepunkt）」と形容された1762年から1763年にかけては、メンデルスゾーンにとっても重要な意味を持った時期であった、と主張するのである。cf. F. Michelis, *Kant vor und nach dem Jahre 1770*, Braunsberg, 1871, p. 1.

16 「カントは1763年まで外国では無名であった。明証性についての懸賞論文によって初めて彼は外地での名声を得たのであった」。R. Leicke, *Beiträge zu Immanuel Kants Leben und Schriften*, Königsberg, 1860, p. 21.
17 *JubA*, Bd. 3-2, p. 3.
18 1777年の7月24日から30日と、続く8月10日から20日にかけて、とある旅路の途上、メンデルスゾーンはケーニヒスベルクを訪れたのであった。その折にメンデルスゾーンと再会したのは税関局で税関倉庫管理人をしていたハーマンである。ハーマンはメンデルスゾーンのもとを毎日のように訪れた。cf. Von J. G. Hamann an J. C. Lavater, Jan. 18, 1778.「昨日の午後四時頃、メンデルスゾーンは街を離れベルリンへの帰途に就いた」と報じた『ケーニヒスベルク学術政治新聞』の記事(8月21日付け)は、おそらくハーマンによるものだろう。帰り道、メンデルスゾーンを見送ったのもまたハーマンであるから。「この夏、ケーニヒスベルクの城壁の外へと出かけて行ったのは、この時ただ一度きりのことです」。Von Hamann an J. F. Reichhardt, Nov. 23, 1777.
19 カントから送り届けられた『純粋理性批判』をメンデルスゾーンが受け取ったことは確かであるし、読んだことも事実である。しかし、メンデルスゾーンの死後に作られた蔵書リストには同書が含まれていない。おそらく、これはマイモンの手に渡ったのである。その『自伝』(1793年)にあるように、マイモンはメンデルスゾーンの本棚を自由に使うことができた。参考までに挙げれば、同リストに掲載されているカントの著作は、『視霊者の夢』と、『美と崇高の感情に関する考察』、『プロレゴメナ』、『道徳形而上学原論』、そしてボロウスキーがカントの著作とし、ヤコービなどもそう思っていた『諸力の基礎、並びにこれについて判断を下すために理性が使用できる方法についての考察』(1784年)の五冊である。なお、このリストには全部で1089冊もの書名が載せられている。cf. H. Meyer (hg.), *Verzeichniß der auserlesenen Büchersammlung des seeligen Herrn Moses Mendelssohn*, Berlin, 1786.
20 この『視霊者の夢』が書かれた頃のカントの著作に関しては、次のように指摘されたことがある。「カントは、真に通俗的な、つまりは素朴に自然的な叙述の能力を少なからず備えていた。カントは、この能力を多くの著作において、それも特徴的なことに、1762年から1766年における著作群において発揮している。この頃、カントはイギリスの哲学者と関わり合い、自然性の提唱者であったルソーとは精神的な交流を持っていた」。A. Riehl, *Der Philosophische Kriticismus*, Bd. 1, 1876, p. 163.
21 cf. Von Hamann an Mendelssohn, Nov. 6, 1764.
22 cf. D. Henrich, *Der ontologische Gottesbeweis*, 2te unveränderte Auf., Tübingen, 1967, pp. 5-6.
23 Von I. Kant an C. G. Schütz, Nov., 1785.
24 *JubA*, Bd. 1, p. 348.
25 ibid., pp. 348-349.
26 ibid., p. 349.
27 *JubA*, Bd. 5-1, p. 11.
28 ibid., p. 12.
29 ibid., p. 283. なお、この表現はライマールスの『自然宗教の真理』(1754年)を批判した箇所において使われているものだが、同書こそはエーベルハルトによって

「徹底性」と「通俗性」を兼ね備えたものと評価されているものである。J. A. Eberhard, *Versuch einer Geschichte der Logik und Metaphysik*, Bd. 1, Halle, 1794, p. 287.
30　*JubA*, Bd. 3-2, p. 11.
31　cf. A. Altmann, *Moses Mendelssohn*, Alabama UP, 1973, pp. 322 f.
32　そもそも、ヘンリッヒはこの事実を知らなかった。この点を最初に指摘したのもアルトマンである。cf. A. Altmann, Moses Mendelssohn's Proofs for the Existence of God, p. 140 (n. 66), in: his *Essays in Jewish Intellectual History*, New England UP, 1981, pp. 119-141.
33　cf. M. Kuehn, *Scottish common sense in Germany, 1768-1800*, McGill-Queen's UP, 1987, pp. 49-50.
34　*Bibliothek der schönen Wissenschaften und der freyen Künste*, 1756-1759.
35　ibid., Bd. 1, 1stes Stück, Leipzig, 1757, p. 3.
36　*JubA*, Bd. 5-1, p. 11. なお、ここで、「懸賞論文」として挙げられているものは、1747年に表彰されたユスティの論文と、1755年に表彰されたラインハルトの論文を指す。J. H. G. ユスティ (1720-71年) と A. F. ラインハルト (1726-83年) はそれぞれライプニッツのモナド論と最善観を批判した。とくに、後者に関しては、ヴァッサーとヴィーラントの『1755年にベルリン・アカデミーの懸賞を獲得した論文について』という匿名の著作 (1757年) を評して、「ラインハルトもその反対論者もライプニッツの考えを正しく理解していない」と評した草稿が残されているし、それと同じ年に出された論文のドイツ語訳を手にしていたことも知られる。この二人の論文が表彰されたことは、モーペルテュイ時代のベルリン・アカデミーの状況を象徴している。メンデルスゾーンがこうした動向に無関心ではなかったことに注意。
37　C. Garve, Von der Popularität des Vortrages, p. 351, in: his *Vermischte Aufsätze*, 1ster Theil, Breslau, 1796, pp. 331-358.
38　*JubA*, Bd. 4, p. 182.
39　cf. *Bibliothek der schönen Wissenschaften und der freyen Künste*, Bd. 1, 1stes Stück, p. 3.
40　cf. H. Holzhey, Philosophie als Eklektik, pp. 22 f., in: *Studia Leibnitiana*, Bd. XV, 1983, pp. 19-29.
41　M. Albrecht, *Eklektik*, Stuttgart-Bad Cannstatt, 1994, p. 526.
42　*JubA*, Bd. 23, p. 420.
43　cf. M. L. G. F. v. Eberstein, *Versuch einer Geschichte der Logik und Metaphysik bey den Deutschen von Leibnitz bis auf gegenwärtige Zeit*, Bd. 1, Halle, 1794, pp. 50-53.
44　ヘンリッヒの『神の存在論的な証明』では過小評価されているが、カドワースの『宇宙の真なる知的体系』(1678年) のラテン語訳 (1733年) は『フェードン』執筆に際してメンデルスゾーンが重用した資料の一つでもあり、当時はわりと広く読まれていた。
45　1770年の11月のことだろう、旅行中のグライムとヤコービがメンデルスゾーン宅を訪れた。彼らが再び旅立つと知ったメンデルスゾーンは、その時はファーガソンの本をヴォルフェンビュッテルにいるレッシングに届けてもらうよう頼んだ。しかし、彼らは何日か後、何も言わずに旅立ってしまった。なお、このヤコービとはあのヤコービの兄で詩人のヨーハン・ゲオルグ・ヤコービである。メンデルスゾーンとヤコービはその『冬の旅』(1769年) の書評を残している。

46 メンデルスゾーンは『学問芸術論』の第二部を訳している。これはおそらく1755年のことである。この翻訳は、その翌年にレッシングによって出版されている。
47 cf. F. Niewöhner, ≫ Es hat nicht jeder das Zeug zu einem Spinoza ≪ . Mendelssohn als Philosoph des Judentums, in: M. Albrecht, E. J. Engel, N. Hinske (hgg.), *Moses Mendelssohn und die Kirise seiner Wirksamkeit*, Tübingen, 1994, pp. 291-313.
48 Von Mendelssohn an E. Reimarus, Aug. 16, 1783.
49 「ギリシア語とラテン語を読み純粋なドイツ語を話すユダヤ人といったものは、当時に在っては決して見られない現象でした」。D. Friedländer, *Fragmente von ihm und über ihm*, Berlin, 1819, pp. 16-17. 傍点は原文強調。
50 どちらの著作もヴォルフの生前に版を重ね、数千部を売りさばいたものである。間違いなく、メンデルスゾーンはどちらも読んでいる。cf. *JubA*, Bd. 3-1, p. 305.
51 cf. Von Hamann an Lavater, Aug. 29, 1783.; von Hamann, an J. F. Hartknoch, März 14, 1784.; von Hamann an F. H. Jacobi, Jan. 16, 1785.
52 メンデルスゾーンは、幼時よりの脊椎後湾症に起因する神経系の病により苦しんでいた。とりわけ1771年より1777年にかけては、極度に疲弊し療養を続けていた。cf. Altmann, Moses Mendelssohn, pp. 268-271.
　ニコライが、メンデルスゾーンの病状が悪化した原因として、1769年より始まったラーファターとの論争による心理的な影響を示唆したことは有名である。cf. J. Hinemann (hg.), *Moses Mendelssohn Sammlung theils nach ungedruckter, theils in andern Schriften zerstreuter Aufsätze und Briefe von ihm, an und über ihn*, Leipzig, 1831, pp. 4 f.
　なお、メンデルスゾーン自身による証言としては以下を参照。Von Mendelssohn an Lessing, Apr. 9, 1771.; von Mendelssohn an einen Bibelforscher, Feb. 8, 1774.; von Mendelssohn an Wilhelm Graf zu Schaumburg-Lippe, Feb. 11, 1775.; von Mendelssohn an A. Hennings, Sept., 1775.; von Mendelssohn an K. F. v. Dalberg, Sept. 5, 1777.; von Mendelssohn an E. u. J. A. H. Reimarus, Nov. 18, 1783.; von Mendelssohn an J. v. Sonnenfels, Jan. 21, 1785.
53 *Briefen, die neueste Litteratur betreffend*, 1759-1765.
54 cf. Von Mendelssohn an Graf zu Schaumburg-Lippe, Mai 17, 1767.
55 ニコライによれば、メンデルスゾーンは「だいたい10歳の頃から背骨が曲がり始めた」。F. Nicolai, Etwas über den Tod Moses Mendelssohns, p. 624, in: *Allgemeine deutsche Bibliothek*, Bd. 65, 2tes Stück, Berlin-Stettin, 1786, pp. 624-631.
56 *JubA*, Bd. 3-2, p. 3.

第一章
メンデルスゾーンの「懸賞論文」(1762年)

　まずは、メンデルスゾーンによる神の存在証明の初期的な形式として、「懸賞論文」におけるものを考察しよう。この「形而上学の明証性について」と題された論文は、1761年に出されたアカデミーの論題に答えて書かれたものである。その論題とは、「形而上学的な真理一般は、とりわけ自然神学や道徳学の第一原理は、数学的な真理と同様の明証性を持ち得るかどうか。持ち得ない場合は、そうした学問の確実性の本性とはどのようなものか？また、それはどれ位の確実性を獲得することができるのか？そして、この確実性は確信を得るために十分であるか？[1]」というものであった。

　この論題に、メンデルスゾーンは友人のアプトと共に挑戦したが、挑戦者は総勢で30名にも及び、その中には、まだ無名のカントやランベルトなどの姿もあった。論文の提出の締め切りは、1763年の元日であった。アプトなどは友人のオイラー（有名な数学者の息子）を通じてアカデミーの秘書であるフォーメイに論文を渡してもらうことにしたようだが[2]、メンデルスゾーンはどうしたのであろうか？受賞者の名が発表されたのは7月2日のこと、それは辛くもカントとの接戦を制したメンデルスゾーンであった。

　この時のことは、翌々日の土曜日に出された新聞が次のように報じている。
　「木曜日にアカデミーは公開で会議を開きました。賞を獲得したのはその著作によりよく知られている当地のユダヤ人、モーゼス・メンデルスゾーンです[3]」。

　それにしても、ここでメンデルスゾーンの名が「ユダヤ人 (Jude)」と紹介されていることは皮肉である。事実上、フリードリヒ大王が総裁を務めていたアカデミーにおいて、メンデルスゾーンがズルツァーなどによってその「正会員」に推挙されるも許可されなかった理由はただ一つ、彼がユダヤ人であった

からである[4]。大王が彼に与えたものは、工場を拡張するための資金、二万ターラーであった。

　ところで、この頃のカントは、『三段論法の四つの格』や『証明根拠』などを著しており多忙であった。このことは、カントの論文が、まさに12月31日に受理されていることからも窺える[5]。この「短い急いで仕上げられた論文[6]」は、およそ一箇月の間に書かれたのであった。その一方で、メンデルスゾーンは、1762年の初頭には論文の第三節までを既に書き上げている[7]。レッシングも少し手伝ったようだが[8]、1月22日にハンブルクでの結婚式を控えていたことがメンデルスゾーンをせかしたのだろう。

　メンデルスゾーンの受賞が決定したのは翌年の3月26日に開かれた思弁哲学部門の会議でのことであるが、後に同部門の部長を務めることにもなるズルツァーの意向が最終的に受賞者の選考を決定づけたようである。カント宛のズルツァーの書簡は残されていないが、ズルツァーがカントに何か言わなくてはならなかったことは確かである。

　ズルツァーはヴォルフ派の美学者であった。そこで、モーペルテュイを総裁としたアカデミーは彼をメンバーとすることに躊躇したようである[9]。モーペルテュイ没後のアカデミーにおいてヴォルフ哲学の再評価が求められていたのは決して偶然のことではない。それも、受賞論文の出版を心待ちにしていたのが例えば青年ヤコービであったように、問われていたことはまた形而上学の再考でもあった[10]。

　バウムガルテンが死んだのが1762年であることも象徴的である。

　その神学者である兄の家に下宿していたこともあるアプトは『バウムガルテンの生涯とその性格』（1765年）という小著を著しているが——、そもそもバウムガルテンの死など書くに価するのか？とアプトに尋ねたのはメンデルスゾーンである。「学問について口を利くものは私の敵である」と言ったこの人間嫌いならぬ言論嫌いをメンデルスゾーンは許すことができなかった[11]。

　この発言がいつなされたものなのかは定かではないが[12]、メンデルスゾーンは二度ほどバウムガルテンに会っている。その時の模様はレッシング宛の手紙に記されている。「フランクフルトのバウムガルテン教授が来ていますが、

第一章　メンデルスゾーンの「懸賞論文」（1762年）　27

どうやら病気のようです。彼のもとを訪ねましたが、この人が頑固な形而上学者であることは間違いないようです。（中略）彼は実際に伝統的な人なのですか？それともそう振る舞っているだけですか？この点、ズルツァーと折り合いは付くのでしょうか？形而上学が私たちの偏見を取り除けないのであれば、それは真の哲学とは言えません[13]」。

アプトはリンテルン大学の教授職には不満も多かったらしく[14]、バウムガルテンの席を継げると思っていたようであるが、その話は何カ月待っても来なかった。ハレ大学の数学教授の座をオファーされた時にはかなり喜んでいるが[15]、結局は誘いを受けたビュッケブルクのシャウムブルク＝リッペ侯の城に住み込んで執筆に専念することになる。メンデルスゾーンは懸賞論文の公刊を控えてアプトに意見を求めているが、1786年に単著として新版を出したこの論文の末尾にある重要な加筆箇所に、その影響を見ることはできるのだろうか。そこでは、はっきりと次のように言われているのである。「或る哲学者たちは、数学の原理における優れた明証性の根拠を、ただその方法のうちに求めた。つまり、彼らはこの方法を導入することで哲学的な諸学問においてもそれと同様の明証性が得られるという希望を抱いたのであった。その結果が乏しいものであったことは言うまでもない。しかし、本論において考察したように、数学の優れた点をその方法にのみ求めることがそもそも不合理なことである。そこで、続く節においてはこの点を詳しく述べて、数学的な方法の有用性を正確に規定しようと思っていた。しかし、方法は内的な確信のためには必ずしも求められず、その方法を応用することは誤用によってほとんど笑うべき結果をもたらしたのであるから、この論文を書き続ける必要はもうないはずである[16]」。

さて、受賞者が発表された席で、メンデルスゾーンの論文を評して最後に次のように述べたのはメリアンである。「それにしても、私はこれほどエレガントな形式の論文を見たことがない。これはドイツの最も優れた著作家によるものである[17]」。

以後、このメンデルスゾーンの論文に関しては、哲学史的な観点から一般

に次のような仕方で評価されてきた。例えば、「当時、アカデミーの哲学部門の代表者であったズルツァーはヴォルフ主義者であったから、形而上学的な学問には数学的な学問と同等の判明性やわかりやすさを帰するが、同等の明証性を帰することはない、慎重に進められ見事に著された論文を採用した。今日においては、メンデルスゾーンの論文は、問いの深みに踏み込んでもいなければ、諸原理を批判的な鋭さで探求してもいないが、その反対に、カントは、その論文において、ヴォルフ派の哲学における独断主義に対して致命的な打撃を与えた、ということには何の疑いもない[18]」。

或いは、「これほど明瞭に、ライプニッツ＝ヴォルフ学派の認識論を論述した著作は他にはない。伝統のあらゆる強みは、説得力をもって提示され、あらゆる誤りは期せずして露呈されている。敗れたカントの論文が手探りのもので、所々が不明瞭であることに比べれば、なぜアカデミーがメンデルスゾーンの論文を選んだのかは見易い道理である[19]」。

こうした評価は、そもそもメンデルスゾーンの著作全般に関する一般的な評価でもある。

例えば、「メンデルスゾーンは、デカルト、スピノザ、ライプニッツ、ヴォルフと続く合理主義者の形而上学的な伝統の最後の登場人物である。彼の形而上学的な著作はよくこの伝統に則っている。著作は見事な文体を備え、表現は明瞭、厳密、かつ優雅であり——カントはメンデルスゾーンの作品を哲学的な正確さのモデルと看做した——、つまりは哲学的な啓蒙であって、合理主義者の伝統における根本的な諸理念を説くものである[20]」。

このように、メンデルスゾーンの著作は、一般に形式のみが評価されてきたのである。そして、こうした評価は、メンデルスゾーンの論文がアカデミーに選ばれたのは、それが形式においてカントの論文よりも勝っていたからだ、という解釈に繋がっている。

しかし、形式に限ってではあっても、メンデルスゾーンの論文がカントの論文よりも優れていた理由としては、メンデルスゾーンが合理主義の伝統に則っていた、ということよりも、単純にカントよりも長い時間をかけて執筆したという事情を挙げた方が、当時の状況を知る上でも有意義である[21]。

また、当然ながらメンデルスゾーンの論文には、以下において示すように、内容の上からしてもカントの論文にはない特徴がある。それは、一つには学問観であり、とりわけ哲学と数学を方法の上からして区別するその視点である。神の存在証明もまたこうした学問観の上に打ち立てられている。

とはいえ、神の存在証明そのものに関しては、この論文は当時の合理主義的な論をただ反復しているだけのように思える。そこで、このことに限って言えば、哲学史における先のような評価は必ずしも間違ってはいないのである。しかし、そこで無視されていることは、三度にわたる投票の末、辛くも賞を獲得したメンデルスゾーンが、敗れたとはいえ「次席[22]」を獲得したカントの著作を手にすることで、神の存在証明の可能性を考え直すことになったという事実である。従来の哲学史におけるメンデルスゾーン評価は、この事実を無視した上に成り立っているのである。

第一節　形而上学の方法について

この論文は、基本的には、数学と幾何学に対する形而上学の特異性を述べたものである。

論文の第二節において、メンデルスゾーンは次のように述べている。

「哲学者にとっては、数学者のように、主語とその述語との必然的な結び付きを示した、ということでは不十分である。哲学者は、それ以上になおも、主語の現存在か述語の非存在を疑いのないものにしなければならない。これにより、前者の場合には述語の現存在が、後者の場合には主語の非存在が推理される[23]」。

メンデルスゾーンの基本的な見解としては、数学や幾何学は概念間の結び付きにのみ関わる。しかし、形而上学は、概念からさらに現存在を推理する。これは単純な区分だが、メンデルスゾーンにおいては、終生、変わることなく維持されたものである。この区分は、当然ながら神の存在証明においても重要な意味を持つものである。

一般に、メンデルスゾーンはヴォルフ派の一員と看做されているが、この

ようにして数学と形而上学が区分されていることを考えれば、むしろリューディガーやクルージウスといったいわゆる反ヴォルフ派の面々と並べられる余地もあるということになろう。実際、メンデルスゾーンは、1759年に出された或る書評において次のように述べているが、それと似たようなことはクルージウスによっても言われているのである[24]。

「数学的な諸概念の誤用は、多くの人をして、そうした概念とは矛盾するように思われる哲学的な諸根拠を認めさせない。とうにジョルダーノ・ブルーノは、連続的なものを無限に小さな諸部分へと現実的に分割することは、自然学や哲学における誤謬の尽きることなき源泉である、と指摘していた。こうした無限の分割性とは、数学的な概念なのである[25]」。

そこで、メンデルスゾーンは次のように結論するのである。

「数学における反駁の余地のない明証性は、数学の諸原則の普遍的な真理性については何も証明しない。そうした原則は、疑い得ないものではあるが、それは、ただ数学の領域においてのみ厳密な真理性をもって妥当するに過ぎない或る種の仮定に則っている限りでのことでしかない[26]」。

それでは、どのようにして概念から現存在が推論されるのだろうか？

問題は、その方法であろう。カントやランベルトなども、この頃から形而上学の方法を問題としていたものである。メンデルスゾーンにおいて、形而上学の方法とは、概念から現存在を推理する方法のことである。これには、「哲学においては、現実性へ達するための二つの異なった方法がある[27]」と言われているように、二通りの方法がある。

まず、第一の方法は次のようなものである。「それは、実践数学におけるように、経験命題を基礎とするものである。しかし、その経験命題とは、私は考えるという、我々が、それは決して単なる現象ではない、と確信しているような命題であり、私が内的な確信を抱くところの命題である。この命題においては、後に見るように、いかなる疑いもなく、そこから、故に私は存在するということが確実に推理される[28]」。

この「私は考える」という「経験命題」は「単なる現象ではない」ということ

の意味は、次のように説明される。つまり、「感官が外的な事物について認めることは疑わしい。ただ、この私は考えるという唯一の内的な感覚（einzige innerliche Empfindung）のみが、後に示されるように、それに関する全き確実性でもって、それは決して単なる現象ではなく、真なる実在性である、と言えるような特権を持っている[29]」。

　これは、優れてデカルト的な主張である。「私は考える」という「経験命題」においては、それは「単なる現象ではなく、真なる実在性である」という「内的な確信」に基づいて、「私は存在する」ということが確実に推理される。とはいえ、メンデルスゾーンにおいては、「私は考える」ということが、あくまでも「経験命題」とされていることに注意すべきであろう。それも、それは「唯一の内的な感覚[30]」と言われているのである。

　次に、第二の方法は次のようなものである。「幾何学において、例えば、等辺三角形は同じ長さの辺を持っているという命題と、等角三角形は同じ大きさの角を持っているという命題が、不可分に結び付いているように、必然的な存在者は可能的であるという命題と、必然的な存在者は現実的であるという命題は、互いに強くほどき難く結び付いている。従って、必然的な存在者は可能的であるということが証明できれば、その存在者の現実性も論証される[31]」。

　理由は後で述べるが、メンデルスゾーンによる神の存在証明は第二の方法による。もちろん、デカルトにおいては、こうした第一の方法と第二の方法は密接に関係していたであろうが、メンデルスゾーンは、あくまでも両者を区別して語っているし、メンデルスゾーンは、第一の方法に関しては、これ以上に多くのことを語りはしないのである。このことは、当時のデカルト受容の在り方とも関係しているのかもしれない。しかし、メンデルスゾーンはデカルトの『方法序説』を読んでいるし[32]、カントと同様に『省察』も読んでいるのである[33]。メンデルスゾーン自身、「こうした可能性から現実性への二本の渡り道は、我々がデカルトに負うものである[34]」と述べている。

　問題は、それらがあくまでも方法であることに求められる。

　「デカルトよりも先の時代においては、哲学においても経験命題を根拠と

するのが常であった。そのため、人は懐疑論者に弱みを晒していたのである。実際に、独断論者は、懐疑論者によって感官の証が疑われ、それにより自身の非常に堅固な体系がキメラの王国に追放されるや否や、完全に打ちのめされたのである。こうした時代において、自然学においてア・プリオリに推論し、哲学においてア・ポステリオリに推論しようなどとは、何とも奇妙なことであった。ベーコンは、自然学においては感官の証が、哲学においては知性の証が最も正当なものであると指摘した。そして、デカルトは、その神に関する教説の体系を、敢えて懐疑主義者の根拠そのものの上に建てた。しかし、容易に理解されようが、こうした証明方法は、いずれも特有の困難を持っており、望まれるほど明瞭に論述されることは不可能なのである。私の考えでは、このことこそが、哲学的な確信を非常に難しいものとし、明証性を阻害している原因である。確かに、こうしたことは事柄そのもののうちに存している困難であるのかもしれない。しかし、主体にとっては、つまりは哲学的な真理について確証すべき人間にとっては、見過ごされてはならない重要な障害である[35]」。

　これは、まず「私は考える」ということが、「経験命題」と言われていたことの説明になっている。つまり、メンデルスゾーンにおいては、「私は考える、故に私は存在する」という推理は、「私は考える」という「経験命題」から「私は存在する」という結論を導き出すア・ポステリオリな推理なのである。しかし、メンデルスゾーンにとって神の存在証明はア・プリオリな推理でなければならない。

　また、この引用箇所の後半においては、メンデルスゾーンの論文の構想そのものが示されている。つまり、形而上学においても数学や幾何学と同様の明証性を得ることが可能か、というアカデミーの論題に対して、メンデルスゾーンは、それが困難なことであるとしたら、その原因は事柄そのものというよりも、人間という哲学する主体のうちに見出される、と言うのである。

　これは、そもそもメンデルスゾーンの基本的な学問観でもあった[36]。

　メンデルスゾーンは、レッシング宛の書簡において次のように述べている。「主体における世間的な粗雑な先入見を伴っていないようないかなる哲学も

ないし、そもそもそんな学問はないのです。誰でも自分に知られている真理をできる限り自分の大事な先入見と折り合いがつくような仕方で求めるものです。そうやって長い間、自分の世界に浸っていれば、いつしか自分の体系はしっかりとした根拠に基づいて打ち立てられていると思うようになるのです[37]」。

そこで、メンデルスゾーンは、いったい「どんな学問が我々に先入見と闘うことを教えるのか？[38]」と問うのである。先入見は、あくまでも「主体」のうちにあるのであって、「学問」のうちにあるのではない。メンデルスゾーンにとって、哲学という学問は「思想の自由」をユダヤ人ならぬ哲学する主体に約束するものでなければならなかった[39]。

メンデルスゾーンにおける思想展開は、この「主体」が形而上学という学問のうちに入り込んでいく過程においてこそ見られる。その過程において、この「主体」は「哲学する主体」から「思考する主体」へと姿を変えていくことになる。ここに、「主体」は、形而上学という学問を修める学び手から、それに内在した形而上学的な思考を遂行する主体へと変化していったのである。

第二節 「豊饒な概念」について

以上のような前提のもとに、メンデルスゾーンは、論文の第三節において神の存在証明を展開する。この証明は、論述の仕方からして、いくらか独特である。それは、「存在するもの」からではなく、「存在しないもの」から始まる。

まずは、基本的な事柄として、次のように言われる。「神とその諸属性に関する諸概念は、驚くべき力を持っている。そうした概念は、神の属性をただ一つだけ前提すれば、最高度の存在者について認識し得るあらゆることが、そこから導き出されるほどに、内的に互いに結合している。推理の一条の連鎖が、この豊饒な存在者のあらゆる完全性を結び付けている。その自存性や無限性、広大無辺さ、その最も完全なる意志、限りない知性や力、知恵、予知、正義、神聖さなどが、こうした属性のどれもが他のあらゆる属性なくしては矛盾を含んでしまうほどに、こもごも互いのうちに基礎づけられているので

ある[40]」。

　そこで、「神は、こうしたあらゆる完全性を制限なく所有しているから、無限であり、従って唯一である。また、神は自身の現存在の根拠を、いかなる有限な事物のうちにも持つことができないが、神を除いては、いかなる無限の事物も現存し得ないのだから、神は自身の現存在の根拠を自己自身のうちに持っている。従って、自存的であり、かつ必然的でもある[41]」。

　こうしたことは、従来の神の存在証明を概説したものであって、メンデルスゾーン自身の見解を披歴したものではない。しかし、隠された仕方で、メンデルスゾーン自身の主張を含んでもいる。それは、「豊饒な」という言葉によって密かに言い表されている。メンデルスゾーンにおいては、神は「最も完全な存在者」であると同時に、「豊饒な存在者」でもあるのだ。

　この言葉の意味に関しては、論文の第一節を参照しなくてはならない。というのも、この自然神学が論じられている第三節の冒頭において、メンデルスゾーンは次のように述べているからである。「先に見たように、我々のあらゆる概念は無限に豊かなものである。どの概念も、そこから否定し難い原則によって導かれ展開され得る多くの帰結を含んでいる[42]」。

　ここで、「先に見たように」と言われているが、これは、第一節における論述を指している。第三節においては、「最も完全な存在者」が「豊饒な存在者」と言われているが、第一節においては、空間という概念が、まさしく「豊饒な概念」と言われているのである。そして、この「豊饒な」という言葉により言い表されている事柄の内実が、「我々のあらゆる概念は無限に豊かなものである」ということなのである。

　そうした意味では、上で「豊饒な存在者」である「最も完全な存在者」について語られたことは、あくまでもそうした存在者の概念について語られたことである。従って、繰り返し、「現存在の根拠」という言い方がされていたのである。

　ともあれ、いったん第一節を振り返って、「豊饒な」と言われている事柄について検討しよう。

メンデルスゾーンにおいては、数学と幾何学は共に矛盾律に基づいている。しかし、前者の対象は量であり、後者の対象は延長である。もちろん、延長とは外延量のことであるとすれば、結局はどちらも量を扱っていることに変わりはない。ところが、メンデルスゾーンにおいて、延長はあくまでも概念である。このことからして、両者の間には、いくらかの違いが生じる。

　まず、数学に関しては次のように言われる。「この学問においては、AはBである、というようなあらゆる命題が二つの仕方で証明される。つまり、Aという概念が展開されて、AはBである、ということが示される、或いはBという概念が展開されて、非Bは非Aでなければならない、ということが導き出される[43]」。

　ここで言われていることは、平凡な矛盾律による分析判断である。

　しかし、幾何学に関しては次のように言われるのである。「幾何学には、延長から抽象された概念しか根拠として存していないが、この唯一の源泉から幾何学のあらゆる帰結は導き出されるのである。それも、幾何学において主張されるあらゆることは、矛盾律によって豊饒な概念と必然的に結び付いている、ということが判明に認識されるような仕方で導き出されるのである。従って、延長の概念のうちには、あらゆる幾何学的な真理が包み込まれている（eingewickelt）はずであって、幾何学はそうした真理を展開して（entwickeln）我々に教えるのだ、ということには何の疑いもない[44]」。

　なぜなら、「一体、どんなに難しい推理であっても、概念を分析すること、つまりは不分明なものを判明にすること以外に何かをしているのか？概念のうちに見出されないものは、推理されることができない。従って、容易に理解されるように、そうしたものは矛盾律によって導き出されることもない。例えば、延長の概念には、空間は、三本の直線によって、そのうちの二本が直角をなすような仕方で制限されるという内的な可能性が存している。というのも、延長には様々な制限が可能であるが、こうした仕方で延長の平面が制限されることにはいかなる矛盾も含まれてはいない、ということは、延長の本質から理解されることだからである。こうして想定された制限には、つまりは直角三角形という概念には、斜辺の自乗は云々、という概念が必然的

に結び付いている、ということが結論において示されるのであれば、こうした真理は根源的に、それも暗に（implicite）延長という第一概念のうちにあった、そして、そうでなければ矛盾律によってはいかなる真理も導き出され得ない、ということでなければならない[45]」。

先の引用箇所においては、延長という概念が「豊饒な概念」と言われていたが、ここでは、延長の「本質」であるとか、延長という「第一概念」と言われており、別の箇所では、また「根源的な概念[46]」とも言われている。メンデルスゾーンにとって、概念分析とはこの延長という概念が制限される仕方を明かすことである。

その説明として、メンデルスゾーンはプラトンの『メノン』を引いている。子供に語りかけるソクラテスは、「延長という単なる概念しか前提していない。ソクラテスは、子供に対して、いかなる定義も公理も公準も教えてはいない。ソクラテスは単に質問することによって、その都度、根拠として存している概念の一端に注意を向けさせているのであって、子供をして、段々と幾何学的な命題を論証と共に発見させているのである[47]」。

こうしたことは、プラトンにおいては、いわゆる想起説によって説明されていたが、これは、メンデルスゾーンにとっては、「奇妙な思い付き[48]」、或いは「オリエントの賢人による或る種の神秘的な主張[49]」である。「魂が現存していながら、いかなる表象をも持ってはいない、ということは明らかな矛盾である[50]」とライプニッツ主義者であれば言うだろう。しかし、現代的な仕方でプラトンの主張を解釈することができるのもライプニッツ主義者ならではのことである。

「これは、現代の哲学者たちの言葉で言えば、学ぶことによっては、予め心のうちになかったような新しい概念は決して心のうちには現れない、ということである。というのも、推理とは、それも数学的な推理とは、感性的な諸印象の分析、或いはそうした諸現象から抽象された諸概念の分析に他ならないからである。そのために、推理は不分明なものを判明にし、包み込まれているもの（Eingewickelte）を解き明かすこと（aufwickeln）はできるだろうが、端的に新しいものを心のうちにもたらすことはできない。例えば、延長という

感性的な印象のうちには、幾何学的な諸真理の総体が存在しているのであるから、推理はただこうした諸真理を明るみのもとにもたらすだけである[51]」。

そこで、「人間の心は、あらゆる幾何学的な真理を暗に表象しているのでなければ、決して延長を知覚することはできないのである。従って、心のあらゆる表象がこうした性質を持っているにも拘わらず、心自身は、例えば眠りのうちにあるように、そうしたことに気付いていない、ということは十分にあり得ることである[52]」。

こうしたことが、延長という概念が「豊饒な概念」と言われていることの意味である。メンデルスゾーン自身の言葉では、こうしたことは、「副次的な考察 (Nebenbetrachtung)[53]」であり、第二節の主題ではない。しかし、メンデルスゾーンの哲学体系においては「展開」という概念が重要なものであったことを知るためにもこうした論述は無視できない。また、こうした考えは彼の学問観とも無関係ではなかったのではないかと思われる。

例えば、もともとは『パイドン』の翻訳として企てられた有名な著作『フェードン』について、ライプニッツの教え子であったラファエル・レヴィが問いを発した時、メンデルスゾーンは次のように答えているのである。

「私は何らかの体系を引き合いに出すことはできませんでした。読者は決して形而上学者ではないのだと想定しなければならなかったのです。しかし、読者は健全な人間知性をそなえており、よく頭を働かせることでしょうから、第一対話では彼らがだんだんと形而上学的な諸概念に親しめるようにしたのです。最も大切なことは、彼らが連続律を、つまりは自然においては何も飛躍しないということを理解することでした。このことは、何がしかの形而上学の体系から定義を引いてこなくとも可能なことのはずです。そこで、私はいかにして現象が生じるのかということから始めて、分析的に真なる定義が導き出せるようにしたのです[54]」。

メンデルスゾーンにおける「健全な人間知性」(良識)は理性と矛盾するものではない。それはコモン・センスではなく、ボン・サンスだからである。この点はまた『朝の時間』において問われることになろう。

第三節　形而上学の明証性について

　さて、上のような前提を踏まえて、メンデルスゾーンは次のように言う。「こうした自然神学の基礎は、完全な確実性を持ち、幾何学的な諸真理とほぼ同様の (beinahe) 明証性を持つ。しかし、それは幾何学におけるのと同様に、〈概念の結合に留まり、概念から現実性へと推理することなく、単に概念相互の関係性を示す限りにおいて〉のことである[55]」。

　確かに、先の箇所においては、慎重に神の「現存在の根拠」と言われていた。しかし、神の存在証明において証明されるべきことは、あくまでも神の「現存在」である。

　従って、これからは端的に現存在が問題となる。この問題は、先に言われていたように、形而上学と数学、ないしは幾何学を隔てる分水嶺ともなっている。メンデルスゾーンは言う。「これまでは、神についての教説は幾何学の基礎と共に歩んできた。しかし、ここに両者が別離する地点がある。つまり、前者には、数学において要求され得ることよりも多くのことが、要するに学の対象 (Object) が現実に現存する、ということの根本的な確信が求められるのである[56]」。

　もちろん、ここで言われている「学の対象」とは、神の現存在のことである。この現存在を証明する方法は、やはり先に挙げられた二通りの手段に準ずる。「前節において、哲学一般において、可能性から現実性へと移行する二つの方途を語ったが、同じことが自然神学にも妥当する。つまり、必然的な存在者の可能性から、その現実性を推理する。或いは、私は考えるという疑い得ない直観命題から、私の現実性を推理し、この私の現存在から、充足根拠律を介して必然的な存在者の現実性を推理する[57]」。

　理由は定かではないが、メンデルスゾーンは後者の方が「疑いなく容易[58]」であると言いながらも、「最高度の存在者の可能性[59]」が問題となっている場合には、前者の方が「正当性」を誇っていると言う。事情は先と同様で、「私は考える」という「経験命題」、ないしは「直観命題」から、私の現存在のみならず、神の現存在をも推理するということに関しては、なぜかメンデルスゾー

ンは多くを語らないのである。

　おそらく、このことは既に述べたように、メンデルスゾーンが、「私は考える、故に私は存在する」という推理をア・ポステリオリな推理と看做していた、ということからして説明されよう。そうすると、この点は、「懸賞論文」が執筆された頃からして、メンデルスゾーンは神の存在を証明するためのア・プリオリな方法を求めていたことを示してもいるわけである。

　また、留意すべきは、前者の推理、つまり「必然的な存在者の可能性から、その現実性を推理する」方途は、あくまでも「必然的な存在者」に限ってのみ用いられるもの、とメンデルスゾーン自身が述べていることである。

　そうした理由からして、「この推理は、多くの人にとっては理解されない。しかし、この困難は、事柄そのものというよりも、論述のうちに存しているのかもしれない[60]」とメンデルスゾーンは言うのである。先にも同じようなことが言われていたが、この一文には「懸賞論文」におけるメンデルスゾーンの基本的な問題意識が反映されている。

　そもそも、メンデルスゾーンは論文の冒頭で次のように述べている。

　「我々の世紀においては、形而上学の第一根拠を誤りのない法則によって、数学の第一根拠と同様の不変的な土台のもとに定立する試みがなされてきた。当初、こうした努力に掛けられた期待たるや大きなものであった。しかし、結果としては、これを達成することがいかに難しいかということが示されたのであった。形而上学の諸根拠を確実、かつ反駁し得ないものと看做している人たちでさえも、遂には、そうした概念には今のところ数学的な証明の明証性は与えられてはいない、そうでなければ、これほど多くの矛盾が見出されるということはあり得ない、ということを認めざるを得なかったのである[61]」。

　つまり、「真理の明証性には、確実性の他にも、わかりやすさが必要である。証明を一度でも理解した者であれば誰でも、直ちに真理を完全に確信し、この真理を認めることには何の抵抗も感じられないほどに納得していなければならない、ということである[62]」。

　そこで、メンデルスゾーンは次のように言う。「形而上学的な諸真理は、幾何学的な諸真理と同様の確実性を得ることはできるが、それと同様のわかり

やすさは得られない、と主張したいのである^63」。

なぜなら、先に言われていたように、形而上学は、「概念の結合に留まり、概念から現実性へと推理することなく、単に概念相互の関係性を示す限りにおいて」、数学とほぼ同様の「明証性」を得るのであるが、このことは、言い換えれば、前者は後者と同様の「確実性」を得ることはできても「わかりやすさ[64]」を得ることはできない、ということだからである。しかも、このことは、「限りにおいて」と条件付きで言われていることである。

従って、メンデルスゾーンの論文に関して、例えば次のように指摘されるとしたら誤りである。曰く、「カントが、形而上学の方法を数学的な方法から鋭く区別したのに対して、メンデルスゾーンは、合理主義の精神のもとで、合理的な方法の一性を信じ、哲学的な基礎づけに関しても、数学的な証明に劣ることのない明証性を要求した[65]」。

メンデルスゾーンは、形而上学と数学を方法からしても真理性からしても区別した上で、「必然的な存在者の可能性から、その現実性を推理する」方法を模索していたのである。

第四節　神の存在の存在論的な証明

さて、「最も完全な存在者」の現存在を証明する方法は、上に言われたように、「必然的な存在者」の可能性から、その現実性を推理するものであるが、メンデルスゾーンの論述に従えば、この推理には二種類ある。第一の推理は、「最も完全な存在者」が「現実的に現存する」ことを証明し、第二の証明は、それが「必然的に現存する」ことを証明する。

まずは、その前提として、「偶然的な事物」、或いは「単に可能的な事物[66]」の現存在について次のように言われる。「存在しないものは、不可能であるか、単に可能的であるか、そのどちらかである。第一の場合は、その内的な諸規定が矛盾していることになる。つまり、同一の述語が同一の主題に対して、同時に肯定され、かつ否定もされる。しかし、第二の場合においては、その内的な諸規定はいかなる矛盾も含まない。とはいえ、なぜ事物が存在しない

のではなく、むしろ存在すべきなのか、ということは、そうした述語からは理解されない。或る述語は、他の述語と同様に、事物の本質的な部分 (wesentlicher Theil[67]) と共に存立できる。こうした理由から、事物は可能的であると言われる[68]」。

ここで、メンデルスゾーンが、「存在しないもの」から論述を始めているのは、おそらくバウムガルテンの『形而上学』(1739年) における論述形式に倣ったことである。同書の第一章は、「或る物 (aliquid)」ではなく、「存在しないもの (nihil)」の説明から始まっている。もっとも、それは単に論述の仕方に関わる形式的な問題ではないだろう[69]。とはいえ、ここで言われていることは、「単に可能的な事物」の定義である。

「そうした事物の現存在は、事物の内的な可能性や本質、或いはその属性にも属していない。そのため、それは単なる偶然性(様態)であるから、その現実性は他の現実性から理解され得るものに他ならない。というのも、偶然性とは、単なる可能性から導き出される規定でも理解され得る規定でもなく、その現実性が他の現実性から説明されるしかないものだからである。——かくして、こうした現存在は、依存的であって自存的ではない。このことに関しては、これ以上の証明は必要ない[70]」。

このように、「単に可能的な事物」の現存在が「単なる偶然性(様態)」と言われるのであれば、メンデルスゾーンは合理主義的なバウムガルテンの体系から確実に逸脱していることになる[71]。メンデルスゾーンの論述は「存在しないもの」から始まっているが、それを「不可能なもの」として「可能的なもの」としての「或る物」について論じるという論理展開は見られない。矛盾律を存在原理とする「可能的なもの」が現実的に存在するためには「現実化する原因」が必要である。これはヴォルフの存在論、或いはクルージウスの存在論が則っている基本的な構図である。

次に、こうした前提を踏まえて、「最も完全な存在者」の現存在について次のように言われる。「最も完全な存在者には、こうした〔「単なる偶然性」、或いは「様態」としての〕現存在は属さない。というのも、そうした現存在は、この最も完全な存在者の本質と矛盾するからである。誰でも、非依存的な現存在には、

依存的な現存在よりも、より大きな完全性があることを認めるだろう。そのため、最も完全な存在者が偶然的な現存在を持っているという命題は、明らかな矛盾を含んでいる。——かくして、最も完全な存在者は、現実的であるか、矛盾を含んでいるか、そのどちらかである。というのも、そうした存在者は、既に証明したように、単なる可能性としては存在し得ないからである。そのため、そうした存在者には、現実性か不可能性しか残されていないのである[72]」。

　ここでは、「本質」、「属性」、「様態」という三分法による伝統的な形而上学の体系が堅持されている。この体系においては、単に可能的な事物の現存在は、つまりは「偶然的な現存在」は事物の「様態」に過ぎない、と言われることになる。それに対して、「最も完全な存在者」の現存在は、その「内的な可能性」としての「本質」から導出される「属性」ということになる。従って、「偶然的な現存在」は「依存的な現存在」、「最も完全な存在者」の現存在は「非依存的な現存在」となる。

　証明されるべき現存在は、もちろん後者の現存在であるが——、メンデルスゾーンの証明において重要なことは、その証明が「存在しないもの」から、つまりは「偶然的な現存在」から始まっているということである。その上で、「最も完全な存在者」の現存在は、そうした存在者の現存在とは異なっているということが言われるのである。

　ここからして、以下の二種類の証明が導き出される。

　まずは、「最も完全な存在者」が「現実的に現存する」ということが証明される。
　「最も完全な存在者という概念が、矛盾を含んでいるならば、そうした存在者に妥当するところの諸規定においては、或る物が同時に肯定され、かつ否定されるということになる。あらゆる規定は、実在性か欠如〔＝否定性〕である。前者は肯定し、後者は否定する。かくして、或る事象に、実在性のみならず、欠如や制限も帰されるという場合でなくしては、それどころか、私がその事象に関して、実在性と、それと相反して定立された欠如とを帰するという場合でなくしては、いかなる矛盾も生じない。さて、最も完全な存在者に対して、あらゆる実在性が肯定され、あらゆる欠如が否定されるとすれば、そうした

存在者の概念には、いかなる矛盾も存し得ない。最も完全な存在者は矛盾を含む、と言う者は、主語はあらゆる欠如を否定するが、述語は欠如をいくつか肯定すると言っているのだから、自己矛盾している。しかし、〈最も完全な存在者は、その概念のうちに何も矛盾するものを含まないから〉、既に明らかにしたように、この存在者は現実的に現存しなければならない[73]」。

　ここで問われていることは主語と述語の関係である。先に言われていたように、「偶然的な現存在」に関しては、「なぜ事物が存在しないのではなく、むしろ存在すべきなのか、ということは、そうした〔偶有的な〕述語からは理解されない」。それに対して、「最も完全な存在者」は矛盾を含まない。つまり、そうした存在者が「存在しない」という否定性（≠実在性）を含むことはない。従って、そうした存在者は現存在という実在性を述語として含んでいる。そこで、そうした存在者の現存在はその述語から理解できる。そのため、この証明は形式的には矛盾律に基づいている。

　しかし、この証明は先に言われていた「単に可能的な事物」に関する論述とは関係なしに理解できるものである。それは、「存在しないもの」から「実在性の総体」としての「最も実在的な存在者」へと至るバウムガルテンの形而上学そのものである[74]。

　次に、「最も完全な存在者」が「必然的に現存する」ということが証明される。つまり、「現実的に存在しないものは、規定不可能であるか、或いは無規定である。前者の場合は、矛盾が含まれているから不可能である。〈後者の場合には、いかにして、或いはなぜ、他の仕方ではなく、むしろこのような仕方で規定されるべきなのか、ということが理解される根拠が欠けている〉。つまり、それによって可能的な事物がもたらされるところの現実化する原因が欠けている。というのも、現実化する原因とは、それによって、或る可能的な事物が、現実的な現存在へと導かれるところの、あらゆる諸規定を獲得するものに他ならないからである。ところで、最も完全な存在者は、それにより自身が現実化されるような、いかなる外的な規定も含まない。そのため、そうした存在者は、自身の内的な本質によって十分に規定されているか、規定

され得ないかのどちらかである。つまり、それは必然的に現存するか、或いは端的に不可能であるかのどちらかである。先に述べたことから、そうした存在者が不可能であることはない。そのため、それは必然的に現存する[75]」。

この証明が先の証明と異なっている点は、証明の前提となっている「存在しないもの」に関して求められる。先の前提においては、単に可能的な事物に関して、「なぜ事物が存在しないのではなく、むしろ存在すべきなのか、ということは、そうした述語からは理解されない」ということが言われていたが、ここでは、無規定な事物に関して、「いかにして、或いはなぜ、他の仕方ではなく、むしろこのような仕方で規定されるべきなのか、ということが理解される根拠が欠けている」ということが言われているのである。そこで、この証明は一見して充足根拠律に基づいているかのように思われる。

しかし、この証明においては、「存在しないもの」が、つまりは無規定な事物が現実的なものとなるために必要な「現実化する原因」が問題とされているのであって、その「現実化する原因」とは、実はクルージウスの言うところの「実在根拠」に相当するものである。それは、充足根拠律を「観念根拠」とするクルージウスの主張そのものである。この点は、メンデルスゾーンの論文を読み進めていけば明らかとなることだが、主題から外れるためにここでは扱わない。

メンデルスゾーンの証明は、証明そのものというよりも、その出発点となる「単に可能的な事物」や「無規定な事物」について言われている存在論的な前提において特徴的である。それは、合理主義的な形而上学の影響を色濃く残しているが、詳しく見てみると、いくらかそこからずれてもいるのである。ただし、そうした違いこそあれ、これら二つの証明がカントの言うところの「存在論的な証明」であることは間違いない。「懸賞論文」におけるメンデルスゾーンによる神の存在証明は、「最も完全な存在者」という概念からその存在を導き出すものなのである。

第五節　デカルト的な証明とデザイン証明

以上のような論述を踏まえて、メンデルスゾーンは、結論として二つの原

則を認める。

　第一の原則は、「現存しないものは、矛盾を含んでいるか、いかなる規定根拠をも持ってはいないかのどちらかである。つまり、我々の定義に従えば、規定不可能であるか、無規定である。最高度の存在者は、規定不可能でも無規定でもあり得ない。というのも、そうした存在者は、いかなる矛盾も含んではいないし、自身に適合できるものは、自身の内的な可能性によって必然的に規定されているからである。従って、最高度の存在者は必然的に現存する[76]」。

　そして、第二の原則は、「偶然的な事物は、間接的に、自身の現存在の根拠を必然的な存在者のうちに持っていなければならない。私は偶然的な事物である、云々。小前提は、私は現存する、私は偶然的な存在者である、という二つの言表を合わせて定立されている。これら二つの言表の真理根拠は、いかなる懐疑主義者によっても疑い得ない、とデカルトは言った。というのも、疑う者は現存しているし、あらゆることを確実には知らない者は、偶然的な事物だからである[77]」。

　ここでは、「私は偶然的な事物である」と言われている。確かに、デカルトにおいても、「私」は事物であると言われていた[78]。しかし、デカルトにおいては、「私」は必然的な事物であった。

　いずれにせよ、上で第一原則として挙げられたものは、先に言われていた二つの論証の簡潔なまとめとなっているが、第二原則に関しては、ほとんど問題とすらされていなかったことである。

　以下において、メンデルスゾーンはこの第二原則を問題とするのである。

　まずは、この第二の原則が、ライプニッツの影響のもとで解釈され再構成される。これは、「私は偶然的な事物である」と言われていることからしても察せられることであろう。また、それに伴って、今度は神の存在ではなく、その属性が問題とされることになる。存在のみならず、属性をも証明することが、メンデルスゾーンによる神の存在証明の特徴である。

　「懐疑論者は、我々の外の事物は、我々がそれを表象するがままに存在する

のか、或いは単にそう見えているだけではないのか、と疑うことだろう。しかし、我々がそれを表象している、或いはそれが然々の仕方で我々に見えている、ということには、どんな疑いも成立し得ない。こうしたことは、理性が頼りにできるところの最も否定し難い経験なのである。そこで、この唯一の・根・本・経・験から武器を鋳造するならば、感性の加勢を得ずとも、理性が負けることはないだろう[79]」。

ここで、「我々が表象している」、或いは「我々に見えている」ということは、「私は考える」ということと同じ意味で使われている。メンデルスゾーンにおいては、「私は考える」ということは、かなり広い意味で解釈されているのである。この点は、後に見るように、とりわけ『朝の時間』の第五講における論述において顕著である。

さて、こうしたことを踏まえた上で、次のように言われる。

「なおも、理性はこうした・根・本・経・験から、神とその諸属性の教説において甚だ有用なものである重要な諸帰結を導き出すことができる。我々は、我々の外の諸事物の諸属性について、それらが諸々の・実・在・性なのか、或いは単なる・現・象であり根本的には・否・定・的なものに基づいているものなのか、ということを確実に知ることはできない。それどころか、いくつかの属性に関しては、それが単なる現象である、と信じる根拠すらある。そのため、我々はそうした諸属性を最高度の存在者に帰することはできないし、いくつかの属性については端的に否定しなければならない[80]」。

このことは、角度を換えてまた次のようにも言われている。

「この推理をひっくり返すこともできる。最高度の存在者に適合しないものはいかなる現実性でもない。というのも、そうした存在者に対しては、あらゆる可能的な現実性が最高度に適合するからである。このことから、延長や運動、色などは単なる・現・象であって、・実・在・性ではない、ということが極めて自然に帰結する。というのも、それらが実在性であれば、最高度の存在者に帰されなければならないからである。哲学史は、様々な哲学者たちが、最高度の存在者に最も完全な延長を帰するという誤謬に陥ったことを、それも幾人かに至っては、最も完全な形をそうした存在者に帰そうとした、というこ

とを示している[81]」。

　ここで批判されているのは、直接的にはスピノザかマルブランシュであろう[82]。

　しかし、それをここで決する必要はない。

　「一体、我々が確信をもって、現実的な実在性である、と言い得るような諸事物の属性とは何か？それは、我々の心の諸機能に他ならない。例えば、我々の認識能力が現象である、ということはあり得ない。というのも、現象とは、その性質が部分的には我々の認識の無能力から説明されなければならないような概念に他ならないからである[83]」。

　従って、「我々の表象能力そのものや、そこから導き出されるあらゆる様々な能力は、その根拠を表象能力の諸制限のうちには持ち得ないから、真なる実在性である。我々は、あらゆる我々の認識能力を、それが被っている諸々の欠如や不完全性を捨象さえすれば、正当にも最高度の存在者に帰することができる。そこで、そうした存在者において、測り知れない理性や知恵、正義、寛大さ、そして慈悲深さなどを賛美できるのである[84]」。

　確かに、神の属性として認められるものは、「単なる現象」ではなく、「実在性」でなくてはならない。ここで「実在性」とは、バウムガルテンの形而上学におけるように実在的な述語のことではない。それは、現象を基礎づけている「表象能力」のことである。それに対して、物体の諸属性は「単なる現象」に過ぎないから「実在性」とは言われ得ない。この点において、メンデルスゾーンは、バウムガルテンの存在論とは一線を画していると言えよう[85]。

　メンデルスゾーンは、或る草稿において次のように述べている。

　「ライプニッツ、ヴォルフ、バウムガルテンが、それぞれ実在性ということで何を理解していたのか、それを知らなくてはならない。そうでなければ、誰もが別々の定義から推理することになり、争いがやむことは決してないだろうから[86]」。

　もちろん、ここでメンデルスゾーンが論じている実在性とは、ライプニッツにおける実在性のことである。そこで、メンデルスゾーンはその定義について次のように述べている。「ライプニッツは、世界における我々の身体の

状態には関係なく、我々の外の事物に対して適合するものを実在性と呼んだ。実在性には現象が対置される。なぜなら、現象とは、事物に対して現実的に適合するものではなく、ただ我々の身体が何らかの性質を持っている限りにおいてそれに適合するものであるから。ライプニッツによれば、実在性としては、我々の心や単純な事物のあらゆる力が挙げられ、現象としては、合成物の色や運動などのあらゆる属性が挙げられる。偶然的な事物においては、こうした実在性には制限が加えられている。そこで、この制限を捨象した実在性を完全性とライプニッツは呼ぶのである[87]」。

　この理解においては、実在性は現象の対概念となる。

　この点において、メンデルスゾーンはライプニッツの主張を引き継いでいるのである。

　しかし、また次のようにも言われている。「別の側面からすると、我々が物体的な諸事物について持っている諸現象は、或る種の実在性に基づいていなければならない。この実在性は、我々にとっては不正確に表象される。なぜなら、単に否定的なものに関しては、いかなる概念も形成されないからである。延長そのものは現象であるから、こうした実在性はいかなる延長でもあり得ない。かくして、そうした実在性は単純である。しかし、それはどんな属性を持っているのか？それは、我々にとって唯一、実在性として知られている表象能力という属性を持っている、とライプニッツは言った。ライプニッツは、この実在性の混沌（Verwirrung）から、我々が諸物体について持っている現象が発生する仕方を解明できると信じていた[88]」。

　ここで、「単に否定的なもの」とは、現象ならざるもの、翻っては実在性のことである。しかし、この実在性とは、現象が基づいているところの「或る種の実在性」であり、「表象能力」という属性を持っているもの、或いは、先の引用箇所における表現を用いれば、「表象能力そのもの」のことである。そこで、これはいわば現象の後景に退く「或る物」なのであるが——、これが「変様の主体」、或いは「思考する主体」として主題化されていく過程においてこそ、メンデルスゾーンの思想展開は見られる。そこにあるのは、「或る物」という存在論の概念が意識「主体」を表すメルクマールとして姿を変えていく過程で

ある。しかし、ここではまだ「表象能力そのもの」という「表象する主体」が主題化されることはない。

　ところで、第三節の終わりにおいて、メンデルスゾーンは、いわゆるデザイン証明を問題としている。その理由は、次のようなものである。「私は、これまでただ神の現存在に関する二つの証明方法について語り、それらが完全に論理的な確証力を持つことを証明した。しかし、私の意図は、そのために、様々な哲学者たちによって喜ばしい成功を収めている他のあらゆる証明方法を斥ける、ということでは決してない。というのも、神についての教説は、確証させるのみならず、感動させるものでもなければならないからである。そこには、人心を動かし、人をしてこの教説に応じた行いへと向かわせる、ということがなければならない。従って、単に論証的な証明根拠では不十分であって、認識の生気が多くの説得的な証明根拠によってかき立てられるということでなければならない。この点で、実践的な確証は、単に理論的な確証とは区別されるのである[89]」。

　こうした理由からして、メンデルスゾーンは、神の存在証明の一つとして、デザイン証明を認めるのである。しかし、デザイン証明には欠点が二つある。

　一つは、それがいわゆる「無からの創造」を説明できない、ということである。

　もう一つは、それが「最も確からしい推理[90]」よりも以上のものではない、ということである。つまり、この論証は「理論的な確証」を得るためには不十分である。そこで、メンデルスゾーンとしては、次のように言わざるを得ない。「高次の存在者の現存在についての証明は、蓋然的な仕方で我々の無知に基づいており、自然における諸々の働きについての、より確かな研究やより深い洞察によって、消え去ってしまうようなものなのではないかと思う[91]」。

　さりとて、奇跡に訴えるわけにもいかない。「しばしば、人は原因がはっきりとしない異常な自然界の出来事から、高次の力の直接的な働きを推理するが、そうすると、人は脆弱な根拠に頼っていることになる。なぜなら、奇跡だけではなく、そもそもあらゆる自然界の出来事が、その原因を蓋然的な仕方で持っているに過ぎないからである[92]」。

とはいえ、メンデルスゾーンは神の存在証明の一つとしてデザイン論証を認めてはいるのである。

その理由としては、第二節の冒頭において、そもそも次のように言われていることに注意すべきかもしれない。つまり、「ここで私が意図していることは、無神論者に対して、その主張が無根拠であることを確信させることではなく、真の哲学者たちの集まりを前にして、我々が神の現存在とその諸属性を理性に基づいて認識する際の確実性を見積もることである。従って、自然神学におけるあらゆる証明方法を既知のものとして前提した上で、それについて一般的な考察を加える、ということにしたいのである[93]」。

なぜ、メンデルスゾーンは、神の存在証明を検討するに際して、「一般的な考察」を加えるという程度のことに留めたのであろうか？それは、おそらく「懸賞論文」執筆の時点では、メンデルスゾーンは既存の神の存在証明に対して、とくに疑いを持ってはいなかったからである。そこで、実践的にはデザイン証明なども認められ、理論的な証明としては、いわゆる存在論的な証明とデカルト的な証明が、どちらも等しく認められていたのだろう。つまり、この時点におけるメンデルスゾーンの証明は、当時において知られていた諸証明を「既知のもの」として認めた上で、それらにいくらか手を加えた程度のものなのである。

しかし、こうした考えは、カントの『証明根拠』を前にして、それも以下に取り上げるようなヘルツとの議論を通して揺らぐことになる。時代は、カントの言うところの「あるゆることを定義し論証する形而上学の企てにただ不安と不信をもって挑むしかないような時代[94]」に入りつつあった。

第六節　ヘルツの訪問

1770年、ヘルツという一人のユダヤ人が、カントの「就職論文」を携えてベルリンにあるメンデルスゾーン宅を訪れた。その時の模様は、ヘルツ自身がカントに報告していることからして知られる。「私は最初にメンデルスゾーン氏を訪れました。私たちは四時間もの間、貴方の論文の内容について話し合

いました。いろいろな哲学者がいるものですが、メンデルスゾーンは一語一句バウムガルテンに従っています。ですから、メンデルスゾーンは、バウムガルテンの考えと一致しないという理由で、論文中の何点かについて私と同意しないのだ、という印象を何度か受けました[95]」。

これに続けて、ヘルツは次のように言っている。「私は小論を著して、神の現存在のア・プリオリな証明の誤りを彼に示して見せるつもりです。メンデルスゾーンは、この証明をいたく気に入っていますが、それはバウムガルテンによって認められているものなのですから、驚くことではありません[96]」。

ここで言われている「神の現存在のア・プリオリな証明」なるものが、「懸賞論文」における存在証明のことであるのかどうかは定かではない。というのも、後に見るように、メンデルスゾーンは1778年に「ア・プリオリに論証された神の現存在」と題された新しい神の存在証明を書簡によってヘルツなどに送っているからである。

いずれにせよ、ヘルツはそもそもそうした証明の可能性を否定していた、ということである。ヘルツにとっては、メンデルスゾーンは神の存在証明などに拘っている古いタイプの哲学者に見えたことだろう。この時、ヘルツはカントの忠実な教え子であったし、「批判哲学」の好敵手となったマイモンがメンデルスゾーンのもとを訪れるのはまだ先のことである[97]。

ヘルツは、1766年から1770年にかけてケーニヒスベルク大学で医学を学んでいた。彼がベルリンに戻ってきたのは、経済的な理由により学業を中断せざるを得なかったからである。その頃に書かれた著作『思弁哲学からの考察』(1771年)には、「私に理性の使い方を教えてくれたカントとメンデルスゾーン[98]」とある。

カントの論文については、ハーマンもメンデルスゾーンに見せようとしたようだが、どうやらヘルツが論文を携えてメンデルスゾーンのもとを訪れることを知っていたようだ[99]。しかし、その一年後にハーマンは次のようにこぼしている。「マルクス・ヘルツは私のことを完全に忘れてしまったようです。彼は『考察』を送ってこないのですから。一冊、盗んでやらなくてはなりません[100]」。

ヘルツがケーニヒスベルクで受けた教養科目にはカントによる哲学の講義が含まれていた。カントが「就職論文」の公開討論に際してヘルツを「抗弁者（Respondent）」に任命したことは、彼に対するカントの高い評価を物語っている。しかし、それはまた大学におけるユダヤ人の地位というものを考えた場合に画期的な出来事でもあった。それについては、ヘルツの学友であったフリートレンダーが証言している[101]。貧家の生まれのヘルツが医学を修めることができたのは、裕福な商家であったフリートレンダー家の援助によるものであった。

ヘルツ宛のカントの書簡は有名である。ヘルツが、「批判哲学」の形成過程を見届けていた重要な証人であることは間違いない。しかし、ヘルツはまたメンデルスゾーンの教え子でもあった。ヘルツは、それも医者としてメンデルスゾーンの臨終を看取ったのである。ヘルツの著作『医学の基礎』(1782年)は、メンデルスゾーンとの議論を踏まえて書かれたものである。また、ヘルツによるマナッセ・ベン・イスラエルの『ユダヤ人の救済』の翻訳に「序論」を寄せたのはメンデルスゾーンであった[102]。

フリートレンダーにしても、雑誌に掲載された「モーゼス・メンデルスゾーン」(1818年)は、オイヒェルの伝記と並んで、彼の生涯についての重要な資料である。フリートレンダーはヘルツに従ってベルリンに来たようだが、メンデルスゾーンのもとを訪れたのはその翌年のことであった。

ヘルツにせよフリートレンダーにせよ、カントのもとで教わっていた者たちが、メンデルスゾーンと非常に近い所にいたという事実は看過されてはならないことである。

メンデルスゾーンはカントに宛てた手紙において次のように述べている。

「ヘルツ氏が貴方の真に哲学的な心性について教えてくれなければ、それも貴方がこのようなあけすけな態度を悪く思う人ではないということを請け合ってくれていなければ、誉れ高き貴方の著作〔＝「就職論文」〕をこのような率直さでもって評するような思い切ったことはしなかったでしょう[103]」。

カントの「就職論文」がメンデルスゾーンに与えた影響も指摘されているが[104]、メンデルスゾーンがそれをどう解釈したか、ということは、ヘルツの存在を抜きにして考えることはできない。ヘルツの著作『思弁哲学からの考察』が少

なくともその意図するところでは「就職論文」におけるカントの立場を代弁したものであることを思えば、この点は無視できない。

メンデルスゾーンはこのカントの論文を評して次のように述べている。

「この小編がどんなにか長い省察の賜物であるかということ、そして、これが著者に固有の教説の体系の一部であり、著者はこれをただ試みにいくらか示して見せたに過ぎないということが看て取れます。所々に見られる不可解に思われる点ですらも、慣れた読者にはいまだ提示されてはいない全体との関連を開示することでしょう。とはいえ、残念にも！今や没落し切っている形而上学のために、貴方の省察の成果をあまりいつまでも隠してはおかないで下さい[105]」。

【註】

1　A. Harnack, *Geschichte der Königlich Preussischen Akademie der Wissenschaften zu Berlin*, Berlin, Bd. 2, 1900, p. 306. なお、以下において指摘されているように、この論題は『ベルリン通信』の75号（7月23日）に掲載されたドイツ語訳において、「明証性」を「判明な証明」と、「数学的な真理」を「幾何学的な真理」としている点において異なっている。W. Vogt, *Moses Mendelssohns Beschreibung der Wirklichkeit menschlichen Erkennens*, Würzburg, 2005, 128（n. 113）.

2　Von T. Abbt an Mendelssohn u. Nicolai, Dec. 26, 1762.

3　cf. M. Kayserling, *Moses Mendelssohn: Sein Leben und seine Werke*, Leipzig, 1862, p. 141.

4　cf. A. Harnack, *Geschichte der Königlich Preussischen Akademie der Wissenschaften zu Berlin*, Berlin, Bd. 1-1, 1900, p. 470. Anm.

5　cf. Von Kant an J. H. S. Formey, Jan. 28, 1763.

6　Kant, *Werke*, Bd. 2, p. 308.

7　cf. Von Nicolai an Abbt, Juli 2, 1762.

8　cf. Von Lessing an Mendelssohn, Apr. 17, 1763.

9　cf. Harnack, *Geschichte der Königlich Preussischen Akademie der Wissenschaften zu Berlin*, Bd. 1-1, p. 451.

10　メンデルスゾーンの論文に関して、『ディヴィッド・ヒューム』（1787年）におけるヤコービの読後感想は有名であるが当てにならない。なぜなら、同書はいわゆる汎神論論争の最中に書かれたものだからである。メンデルスゾーンの論文をめぐる二人の接点については、むしろ次のような指摘が参考になる。ここで引き合いに出されているスフラフェサンデの著作『哲学叙説』（1737年）のドイツ語訳（1755年）は、メンデルスゾーンの論文「蓋然性について」（1756年）において参照されているものである。同書において、スフラフェサンデは「数学的な明証性」と

並んで「道徳学的な明証性」を認めている。「ヤコービは、ベルリン学術アカデミーが形而上学的な諸学における明証性に関する問題で公募した懸賞の結果を心待ちにしていた。この論題は、彼にとっては既にジュネーブにいた頃からとくにスフラフェサンデの著作『叙説』によって気を惹かれていたことであった」。K. Christ, *Jacobi und Mendelssohn. Eine Analyse des Spinozastreits*, Würzburg, 1988, p. 21.

11   Von Mendelssohn an Abbt, Feb. 9, 1764.
12   以下においてもこの発言は引かれているが、その典拠としてはこの手紙しかない。cf. R. Bezold, Baumgartens Tod, in: *Prägnanter Moment. Studien zur deutschen Literatur der Aufklärung und Klassik*, H-J. Schings et al.（hgg.）, Würzburg, 2002.
13   Von Mendelssohn an Lessing, Dec. 26, 1755. なお、二度目の訪問は数学者のヤコービと共になされている。cf. Von Mendelssohn an Lessing, März 9, 1756.
14   故郷のシュヴァーベンの大学と比較しているのがおもしろい。cf. Von Abbt an Segner, Wintem 12, 1763. この手紙ではプルケーについての印象も述べられているが、1764 年、アプトはその『論理計算法』(1763 年) の書評を『最新文芸書簡』誌上に載せている。メンデルスゾーンはバウムガルテンも同じような試みをしていたと言ったが、アプトはそうではないと言って同書を彼の許に送っている。cf. Von Mendelssohn an Abbt, Nov. 20, 1763.; von Abbt an Mendelssohn, Jen. 11, 1764.
15   f. Von Abbt an Mendelssohn, Oct., 1765.
16   *JubA*, Bd. 2, pp. 329-330. なお、事情は不明だが、この箇所は 1843 年から 1845 年にかけて出された七巻本の全集には収録されていない。そのためもあってか、我が国ではわりと一般に用いられていたブラシュ編集による二巻本の『哲学著作集』(1880 年) にも、この箇所は収められていないので注意が必要である。cf. Altmann, *Moses Mendelssohns Frühschriften zur Metaphysik*, Tübingen, 1969, p. 261 (n. 38).
17   M. Merian, Précis du Discours, qui a remporté le Prix, p. xx, in: *Dissertation qui a remporté le prix proposé par l'académie royale des sciences et des belles lettres de Prusse sur la nature, les espèces et les degrés de l'évidence*, Berlin, 1764, pp. iii-xx. なお、引用した文章に限っては以下に再録されている。H. M. Meyer, *Moses Mendelssohn Bibliographie*, Berlin, 1965, p. 38.
18   Harnack, *Geschichte der Königlich Preussischen Akademie der Wissenschaften zu Berlin*, Bd. 1-1, p. 411.
19   L. W. Beck, *Early German Philosophy*, Harvard UP, 1969, p. 332.
20   F. C. Beiser, *The Fate of Reason*, Harvard UP, 1987, p. 93. 傍点は原文強調。
21   カントは論文の出版に際して、フォーメイに加筆修正の許可を申し出ている。cf. Von Kant an Formey, Jan. 28, 1763.
22   アカデミーの懸賞では、しばしば受賞論文と並んで「次席」とされる論文が選ばれ共に出版された。例えば、ラインハルトが受賞した 1755 年の懸賞では、三本の論文が「次席」とされ一冊にまとめられて出版されている。
23   *JubA*, Bd. 2, p. 293.
24   C. A. Crusius, *Entwurf der nothwendigen Vernunft=Wahrheiten, wiefern sie den zufälligen entgegen gesetzet werden*, 3te Auf., Leipzig, 1766, § 353.
25   *JubA*, Bd. 5-1, p. 16.
26   ibid., p. 18.
27   *JubA*, Bd. 2, p. 294.
28   ibid. 傍点は原文強調。

29　ibid. 傍点は原文強調。
30　この単数形で使われている「感覚」の意味については、例えばクルージウスによる以下の用法を参照。「懐疑主義者が、何らかのものが真であるのかどうか、と疑っている間も、或る種の事柄は不可避的に真なるものとして表象される、ということに抗うことはできないのである。そうした事柄の第一のものは、彼自身が思考する、という内的な感覚である」。C. A. Crusius, *Weg zur Gewißheit und Zuverläßigkeit der menschlichen Erkenntniß*, Leipzig, 1747, § 425.
31　*JubA*, Bd. 2, p. 294. 傍点は原文強調。
32　しかし、おそらくラテン語版（1644 年）による。cf. *JubA*, Bd. 3-1, p. 305.
33　cf. *JubA*, Bd. 4, p. 121.
34　*JubA*, Bd. 2, p. 294.
35　ibid., pp. 294-295. 傍点は引用者による。
36　cf. M. Albrecht, Moses Mendelssohn über Vorurteile, in: G. Frank（hg,）, *Aufklärung als praktische Philosophie*, Tübingen, 1998, pp. 297-315.
37　Von Mendelssohn an Lessing, Apr. 29, 1757.
38　Von Mendelssohn an Lessing, Nov., 1757.
39　「フリードリヒの治世下、思想の自由は共和主義的な美しさでもって咲き誇りましたが、貴殿もご存知のように、私の同信の者たちが広く国の自由化に与れることはまれなのです。偏見が私たちに押し付けている市民的な抑圧は、いわば精神の羽を致命的なまでに押さえ付けては、自由民として高く飛び上ることを許さないのです」。Von Mendelssohn an I. Iselin, Mai 30, 1762.
40　*JubA*, Bd. 2, pp. 297-298.
41　ibid., p. 298. 傍点は引用者による。
42　ibid., p. 297. 傍点は引用者による。
43　ibid., p. 273.
44　ibid. 傍点は原文強調。
45　ibid., pp. 273-274. 傍点は引用者による。
46　ibid., p. 274.
47　ibid., p. 275.
48　ibid.
49　ibid., p. 276.
50　ibid.
51　ibid., p. 275. 傍点は引用者による。
52　ibid., p. 276. 傍点は引用者による。
53　ibid., p. 277.
54　Von Mendelssohn an R. Levi, 1767（?）.
55　*JubA*, Bd. 2, p. 298. 傍点と〈　〉は引用者による。
56　ibid., p. 299. 傍点は引用者による。
57　ibid.
58　ibid.
59　ibid.
60　ibid., p. 300.
61　ibid., p. 271.
62　*JubA*, Bd. 2, p. 271.

63 ibid., p. 272. この引用箇所からして、次のように結論されるとしたら誤りである。「メンデルスゾーンの言明は、形而上学的真理に対して数学的真理の把捉性〔=わかりやすさ〕を拒否することによって、一見両学の相違を述べているかの如くに思われるが、しかし、両学の真理は、別種ではなく「同一の確実性」(dieselbe Gewißheit) であるとすることによって、むしろ同学の原理的な内通性を、ひいては数学的真理への哲学的真理の依存関係を帰結している」。石川文康「カントとメンデルスゾーン」、123 頁。(『東北学院大学論集 一般教育』68 号、82-126 頁。)

64 この言葉はしばしばバウムガルテンの用語の訳語とされているが、例えばアプトのバウムガルテン伝に次のような用例があることからしても、むしろ形而上学の体系はその論述のあり方と無関係にあるものではない、という問題意識に則って使われている言葉ではないかと思われる。「ヴォルフは、深遠な探求をわかりやすく、単に自然的な知性にもスコラ的な述語を用いずに論述するということを約束しただけで当初から大きな称賛を得ていた」。T. Abbt, *Alexander Gottlieb Baumgartens Leben und Character*, Halle, 1765, p. 29.

65 W. Röd, *Geschichte der Philosophie*, Bd. 8, München, 1984, p. 292.

66 「単に可能的な事物」は、それとして一つの術語である。例えば、バウムガルテンの『形而上学』第 54 節における mere possibile という言葉は、その第三版の訳書において、マイヤーによって eine bloß mögliche Sache と訳されている。もっとも、メンデルスゾーンはそれを「可能的な事物」と区別して使ってはいないようである。cf. *Alexander Gottlieb Baumgartens Metaphysik*, Halle, 1766, p. 16.

67 この用語は、ヴォルフ派の哲学用語である「本質性 (essentialia)」の訳語と指摘されている。cf. JubA, Bd. 2, p. 422. Anm. ただし、マイヤーは essentialia を die wesentlichen Stücke と訳している。cf. *Alexander Gottlieb Baumgartens Metaphysik*, p. 14.

68 *JubA*, Bd. 2, p. 300. 傍点は引用者による。

69 この点は、「ライプニッツ=ヴォルフ学派」とされるヴォルフ主義者たちの存在論とライプニッツのそれとを区別する重要な指標であるのかもしれない。cf. W. Hübner, *Zum Geist der Prämoderne*, Würzburg, 1985, pp. 86 f.

70 ibid. 傍点は引用者による。

71 もっとも、必ずしも逸脱しているとは言えないのかもしれない。バウムガルテンによる現存在の定義にはもう一種類あると指摘されているからである。cf. G. B. Sala, *Kant und die Frage nach Gott*, Berlin, 1990, p. 113.

72 *JubA*, Bd. 2, p. 300. 傍点は引用者による。

73 ibid., pp. 300-301.〈 〉と傍点は引用者による。

74 ただし、バウムガルテンにおいて、「最も実在的な存在者」は「最も完全な存在者」であるが、メンデルスゾーンにおいては、「最も完全な存在者」が「最も実在的な存在者」と言われることはない。なぜなら、「最も実在的 (allerrealst)」という事柄が、メンデルスゾーンにおいては認められないからである。つまり、メンデルスゾーンは完全性を一つの実在性 (述語) と看做してはいないのである。バウムガルテンの形而上学については、「特筆すべきことに、この存在論はただ存在の術語のみを論じている」という指摘が示唆的である。M. Wunt, *Die deutsche Schulphilosophie im Zeitalter der Aufklärung*, Tübingen, 1945, p. 221.

75 *JubA*, Bd. 2, p. 301.〈 〉と傍点は筆者による。

76 ibid., pp. 308-309. 傍点は原文強調。

77 ibid., p. 309.

78 この箇所は以下を参考にした。小泉義之『デカルト＝哲学のすすめ』講談社現代新書、1996年、78-81頁。
79 *JubA*, Bd. 2, p. 309. 傍点は引用者による。
80 ibid. 傍点は引用者による。
81 ibid. 傍点は引用者による。
82 メンデルスゾーンはマルブランシュの『真理の探究』のドイツ語訳（三巻本、1776-78年）の書評を書いている。なお、メンデルスゾーンが所持していた『真理の探究』の原書は、1749年に出された四巻本の第八版である。
83 *JubA*, Bd. 2, p. 310.
84 ibid., pp. 310-311.
85 この点は、バウムガルテンにおいて、「最も完全な存在者」が「最も実在的な存在者」であり、「実在性の総体」とされていたことを考えれば重要な意味を持ってくる。先に述べたように、メンデルスゾーンにおいては、「最も実在的な存在者」という表現は認められない。
86 *JubA*, Bd. 2, p. 160.
87 ibid. 傍点は原文強調。cf. *JubA*, Bd. 1, p. 118.
88 *JubA*, Bd. 2, p. 311. 傍点は原文強調。
89 ibid.
90 ibid., p. 312.
91 ibid., pp. 313-314.
92 ibid., p. 314. この箇所、ライプニッツの『弁神論』第一部、54節を参照。
93 ibid., p. 297. 傍点は引用者による。
94 Kant, *Werke*, Bd. 2, p. 66.
95 Von Herz an Kant, Sept. 11, 1770.
96 ibid.
97 ヘルツがカントから離反していく過程においてはマイモンの影響が見られる。cf. M. L. Davies, Gedanken zu einem ambivalenten Verhältnis. Marcus Herz und Immanuel Kant, in: V. Gerhardt, R-P. Horstmann, R. Schumacher (hgg.), *Kant und die Berliner Aufklärung. Akten des IX. Internationalen Kant-Kongresses, Band V, Sektionen XV-XVIII*, Berlin, 2001.
98 M. Herz, *Betrachtungen aus der spekulativen Weltweisheit*, Königsberg, 1771, p. 153.
99 cf. Von Hamann an Nicolai, Sept. 12, 1770.
100 Von Hamann an Nicolai, Sept. 22, 1771.
101 cf. D. Friedländer, Kand und Herz. An Bibliotheker Biester, pp. 150-151, in: *Neue Berlinische Monatschrift*, 13, 1805, pp. 149-153.
102 この「序文」については以下に詳しい。渡邉直樹「モーゼス・メンデルスゾーンのユダヤ啓蒙主義―人間の権利と宗教的権力との対立―」『芸文研究』91-2号、慶應義塾大学芸文学会、2006年。
103 Von Mendelssohn an Kant, Dez. 25, 1770.
104 cf. C. W. Dyck, Turning the Game against the Idealist. Mendelssohn's Refutation of Idealism in the Morgenstunden and Kant's Replies, in: *Moses Mendelssohn's Metaphysics and Aesthetics*, R. Munk (ed.), Springer, 2011.
105 Von Mendelssohn an Kant, Dez. 25, 1770.

第二章
カントの『証明根拠』に関する書評（1764年）

　メンデルスゾーンによるカントの『証明根拠』の書評は、匿名で雑誌『最新文芸書簡』に掲載されたものである。書評といえども、誌上における頁数は、メンデルスゾーンの全集版における頁数で換算すれば、33頁にも及ぶ。これは、同じくカントの『視霊者の夢』に関する書評が一段落分の分量に過ぎないことに比べれば長大なものであり、カントによる神の存在証明に対するメンデルスゾーンの関心の高さを示している。

　この書評においては、『証明根拠』の第一考察を対象とした箇所が重要である。カントは、この第一考察において、現存在は事物の「述語」ではなく「絶対的な定立」である、と主張した。また、この箇所においては、まさに神の現存在の「存在論的な証明」——これはカントによって初めて用いられた名称であるばかりか、カントにおいてこそ意味を持ち得るものである——が批判的に論じられており、同書における中心的な主張が展開されている。書評には、こうしたカントの主張に対するメンデルスゾーンの批判的な見解が見られる。

　ヘルダーなどは、この書評に関して、「モーゼスは神の現存在のカントの証明からしてカントのことを理解しなかった[1]」と述べている。この評価については、メンデルスゾーンの書評を検討する第四節からの論述を参考に判断してもらいたいが、ここでは、この発言が匿名で出された書評の著者をヘルダーが知っていたということの証言になっていることに注意されたい。

　この書評については、その執筆者をメンデルスゾーンではなくレーゼヴィッツとする向きもあるようだが[2]、少なくともカント自身はもとより、ヘルダーでさえもそれをメンデルスゾーンによるものと認識していたことは重要な史実である。1805年に出されたブーレの『近代哲学史』の第七巻第二部においても同様の認識が見られることからしても[3]、このことは同時代的にはいくらか

知られた事実であったのではないかと推測される。

以下においては、『証明根拠』の第一考察から第四考察までを通観し、その後で書評におけるメンデルスゾーンの批判を検討することにする。つまり、ここで『証明根拠』を読解するのは、あくまでもメンデルスゾーンの書評を検討するためである。従って、その解釈は多かれ少なかれ書評におけるメンデルスゾーンの主張を前提としている。それは、メンデルスゾーンが『証明根拠』を読んだであろう、その仕方をなぞらえるものである。

それにしても、この1764年という年は、旅の途上、ハーマンが再びベルリンに立ち寄った年でもある。その時、メンデルスゾーンは旅を急ぐようにとハーマンに旅費を貸したようであるが[4]、二人がカントについて話すこともあったかもしれない[5]。

第一節 「単に可能的な概念」というパラフレーズ

最初に、「現存在一般について」と題された第一考察において、カントは次のように述べている。「私が現存在の形式的な定義から始めるとは期待しないでいただきたい。そうしたことは、それが果たして正確に定義されているのか不分明な場合には決して行わない方が無難であるし、そうした場合は意外に多くあるものである。私は、定義を探究する者として、まずは人が定義の対象について――未だその詳細に規定された概念がどこに見出されるのか知らずとも――確実に肯定的、ないしは否定的に言い得ることを確証する者として振る舞おう[6]」。

このように、カントの論述は現存在の定義から始まるのではない。しかし、それは現存在の定義をしないということではない。論述の途中において、ヴォルフやバウムガルテンによる現存在の定義が批判されている以上、カントが自分なりの仕方で現存在を定義しようと試みていることは間違いないのである。定義せずに論を進めると言っても、現存在について語ることを目的としていることは間違いない。

しかし、論述の目的は現存在を定義することではなく、あくまでも神の

現存在をア・プリオリに証明することであるから工夫が必要である。そこで、論述は「現存在」に代えて「或る物」という概念を立てて進められる。

さて、この第一考察は三つの節からなる。

まず、「現存在は何らかの事物のいかなる述語でもなければ規定でもない」と題された第一節において、カントはカエサルを例に挙げて、この主張を説明している。カエサルに関する述語を全て集めたところで、このカエサルが現存するかどうかは別問題である。従って、「現存」、或いは「現存在」を事物の述語として数えることはできない。なぜなら、「可能的な事物が現存する場合に、それが述語を一つ多く持つ、ということはあり得ない。というのも、事物の可能性においては、その汎通的な規定からしていかなる述語をも欠きようがないからである[7]」。

以下の議論を先取りして言えば、「可能的なもの（das Mögliche）」が現実に存在するとしても、それに関する述語の数は変わらない。言い換えれば、或る主語概念が「現存する或る物（etwas Existirendes）」として絶対的に定立されるとしても、それについての「思考可能的なもの」に関する、つまりは主語概念に関する述語が一つ増えるわけではない。つまり、主語概念は、関係的に定立される限りでは「可能的なもの」としての一面を、しかし、絶対的に定立される限りでは「現存する或る物」としての一面を見せる、ということである。以下におけるカントの論述においては、こうした二重性が巧みに語られる。

ともあれ、「現存在という表現は述語として用いられるのであり、それも絶対的に必然的な現存を証明しようとする場合に常になされるように、単に可能的な概念から現存在を導き出す、ということをしない限り、確実に深刻な誤謬もなく用いられることができる。というのも、絶対的に必然的な現存を証明する場合には、そうした可能的な存在者の諸述語の間を無駄に探すことになるが、それらのうちに現存在が見つからないことは間違いないからである[8]」と、カントは言う。

それはなぜか？「現存在は、日常的な語法において述語として表れる場合には、事物そのものの述語ではなく、それに関する思考の述語である。例えば、

海棲一角獣には現存が帰属するが、陸棲一角獣には帰属しない。このことは、次のようなことしか意味しないだろう。海棲一角獣の表象は経験概念である。つまり、それは現存する事物の表象である。そのため、そうした事象の現存在に関する命題の正当性を論証するためには、主語概念のうちを探すのではない。というのも、主語概念においては、単に可能性の述語が見出されるのみであるから。そうではなくて、それについて私が持っている認識の出所のうちを探すのである。つまり、「それを見た」と人が言っている、或いは、「それを見た人から聞いた」など。そのため、〈海棲一角獣は現存する動物である〉という表現は、あまり正確なものではない。その逆に、〈現存する或る種の海棲動物には、私が一角獣において合わせて思考するところの述語が帰属する〉という表現が正しい。自然のうちには〈正六角形が現存する〉と言うのではなく、蜂の巣や水晶のような自然における〈或る種の事物には、六角形において付随的に思考されるところの述語が帰属する〉、と言うのが正しい[9]。

つまり、日常的には、「○○が現存する」と言っても問題ないのだが、「単に可能的な概念[10]」から現存在を導く場合は、つまりは神の現存在をその概念から導き出す場合には、「○○が現存する」というような言い方は誤りの原因となる、ということである。そのような場合には、「現存する或る物には、それについて思考される述語が帰属する」と言わなければならない。「現存する」のは、あくまでも述語が帰属するところの主語概念、それも正確には「或る物」と言われているところのものである。これが、「現存在は何らかの事物のいかなる述語でもなければ規定でもない」、ということの意味である。

このように、カントは、「○○が現存する」という言い方を日常的な言語使用とした上で、「現存する或る物には云々」という哲学的な言語使用と区別しているのである。誤解を生じない場合には、前者を「技巧化し制約する[11]」必要はないが、「高尚な考察という稀な場合には、こうした区別を付ける必要がある[12]」とカントは言う。

このことからして、「或る物」として、etwas を強く訳す必要性も説明されよう。つまり、いわば学術的な言語使用として、「現存する或る物には云々」という言い方が用いられているのだから、ぎこちなくとも「或る物」について語る

必要があるのである。「現存する或る物」を、「或る現存するもの」などと平たく訳してしまうと、議論の筋が見えなくなる[13]。

　次に、続く第二節においては、あの「現存在は事物の絶対的な定立である」というテーゼが出される。現存在とは、判断の繋辞ではなく、あくまでも事物そのものの定立である。まず、カントは「定立という概念は、まったく単純で、一般に存在という概念と等しい[14]」と言う。
　しかし、こうした判断の繋辞としての存在、つまりは「論理的な存在」は、「本来的な現存在」とは区別される。ＳはＰである、という場合の「である」は、事物とその徴表との関係を定立する「関係概念」としての「存在」、つまりは関係的な定立であるが、あくまでも「或る物」が「現に存在する（da sein）」という場合の「存在」は、事物そのものの定立、つまりは絶対的な定立である。
　第一節との関連から言えば、「或る物が現存する」というのは判断ではない。それは、「或る物」の「絶対的な定立」である。判断において定立されるものは、つまりは関係的に定立されるものは「可能的なもの」である。
　これに続けてカントは、主語概念の現存が「前提されて（vorausgesetzt）」いなければ、それも「予め定立されて（voraus gesetzt）」いなければ[15]、述語が「現存する主語概念」に属しているのか、「単に可能的な主語概念」に属しているのかを決めることはできないと言っている。なぜなら、「主語が現存する〔もの〕として既に予め（schon als existirend）定立されていなければ、述語とその主語とのいかなる関係も、決して現存する或る物を指示しない[16]」からである。従って、主語概念が「現存する或る物」として予め定立されている場合にのみ、この概念は、絶対的に定立されている、と言われる。そうでなければ、それはただ関係的に定立されているに過ぎない。
　しかし、カントの論述からは、先に出された一角獣の例のように、経験を引き合いに出す以外には、或る概念が「現存する或る物」に該当するものなのかどうかは決められないということになろう。
　それに、後にまた三角形の例が出されるが、カントの論述では、一角獣や蜂の巣、或いは幾何学の図形との間に存在論的な違いが見出されていた

め、概念が絶対的に定立されている、という事柄の意味がわかりにくくなっている。

おそらく、そもそもカントの論述は、「関係的な定立」と「絶対的な定立」という区分に向けられているのだから、あくまでも概念が定立される仕方が問題なのであって[17]、概念そのものが必然的な仕方で存在しているのか、偶然的な仕方で存在しているのか、という概念の本質に基づいた区分は、そもそも想定されていないのである[18]。そのため、一見して合理主義的な議論でありながらも、一角獣の例において言われていたように、無造作に経験が引き合いに出されるような事態を招いてしまっているのだろう。

カントは、前節における主張を踏まえて、「神が現存する」というのではなく、「現存する或る物は神である」という言い方が正しいと言う。つまり、「〈神は現存する事物である〉と言うならば、述語と主語の関係を表現しているかのように思われる。しかし、この表現には間違ったところもある。正確に言うならば、〈現存する或る物は神である〉と、つまり〈或る現存する事物には、我々が神という表現によって合わせて思い描くところの述語が帰属する〉と言うべきである。こうした述語は、関係的な仕方で、この主語に基づいて定立されているが、事物そのもの（das Ding selber）は、あらゆる述語と共に、端的に〔＝絶対的に〕定立されている[19]」。

一角獣の場合は、それが経験概念であるとされる限りにおいて、「一角獣は現存する動物である」と言っても問題なかった。しかし、神の場合は、経験的に確証されることのないものであるから、正確な言い方をしなければ無用の混乱が生じる、とカントは言っているのである。そこで、「神は現存する事物である」と言うのではなく、「現存する或る物は神である」と言わなくてはならない。

とはいえ、一角獣や六角形に関しても、本来的には「現存する或る物は○○である」と言う方が正しいとされているのだから、これでは神と一角獣との区別が付かなくなってしまうのではないだろうか？

最後に、第三節においては、まず「何が定立されているのか」と「いかに定

立されているのか」の二種類の定立の仕方が区別される。前者は「単なる可能性」に関わるが、後者は「現実性」に関わる。要するに、前者は論理的な判断に過ぎないが、後者は事物そのものの絶対的な定立である。

ここで、三角形を例に挙げて、カントは次のように述べている。「三角形が存在する (ist) ならば、三つの辺や、囲まれた一つの空間、三つの角などが存在する。或いは、より良く言えば、こうした諸規定と三角形のような或る物 (Etwas) との関係は、単に〔＝関係的に〕定立されている。しかし、三角形が現存する (existirt) ならば、こうしたことは全て絶対的に、つまり事物そのものが、こうした諸関係と共に、従ってより多くのこと (mehr) が定立されている[20]」。

しかし、「三角形が現存する」とはどういうことなのか？

確かに、これを説明してカントは次のように言っている。「〈現存するもの〉においては、単に可能的なものにおける〔もの〕以上の何物も定立されない。(この場合は現存するものの諸述語が問題であるから。) しかし、〈現存する或る物〉によっては、単に可能的なものによる〔もの〕以上のものが定立される。というのも、このことはまた事象そのものの絶対的な定立にも関わるからである[21]」。(この箇所は、メンデルスゾーンの書評において、ほぼ正確に引用された上で批判されているために重要である。)

この第三節で言われていることは、第一節と第二節で言われたことの集約に過ぎない。ただし、注目すべきは、やはり「現存する或る物」という言い方がされていることである。それも、この引用箇所においては、「現存するもの」と区別されて、「現存する或る物」と言われているのだから、両者の違いはそのものとされるこの「或る物」に求められるしかないだろう。

結局、絶対的な定立とは、この「現存する或る物」の定立である。すると、問題は、「単に可能的なものによる〔もの〕以上のもの」とされている「或る物」とは何か？ということである。

おそらく、この「或る物」は、何であるかと問われれば、「可能的なもの」、つまりは「主語概念」であるが、いかにあるかと問われれば、「現存する或る物」、つまりは「事物そのもの」となる。ここには、言うならば「或る物」における二重性がある。この点は、後にメンデルスゾーンの書評を検討する際に重要な

意味を持ってくる。メンデルスゾーンが問題としたのは、まさにこの「或る物」であった。

第二節　「或る物が可能的である」という証明根拠

　第二考察の第一節は、判断における形式と実質が区別されている。判断の形式は矛盾律である。これは「思考可能なもの (das Denkliche)[22]」相互の論理的な関係である。カントにおいて、「可能的なもの」はヴォルフにおけるように矛盾律を存在原理とした「事物」ではない。カントはそれを認識原理とすることで、「可能的なもの」を「思考可能なもの」として、つまりは概念としたのである。そこで、その実質がまた別に問われる必要が生じたのである。しかし、それはヴォルフにおけるように「可能的なもの」に付け加わる「より以上のもの (was mehreres)」としての「或る物」ではない[23]。

　判断の実質とは、「それ自体として或る物[24]」であるとか、大文字で「思考される或る物 (das Etwas, was gedacht wird)[25]」とされるところのものである。この「思考される或る物」とは、「思考可能なもの」、つまり概念ではない。「思考できる」と「思考される」とは区別されている。前者は「可能性」、つまりは概念であり、後者は概念の実質であるところの「或る物」である。

　そこで、この大文字の「或る物」は、「与えられたもの (datum)」、或いは「実在的なもの (das Reale)」とも言い換えられる。「思考可能なもの」が「論理的なもの (das Logische)」とも言われていることからして、この術語が、「或る物」の、つまりは「実在的なもの」の対概念として考えられていることは明らかである。つまり、「論理的」と「実在的」とが、「思考できる」と「思考される」という区分と対応する仕方で対になっているのである。

　ところで、ことさらに大文字で書かれている「或る物」について——これは第一考察でも問題となっていたが——、この第二考察の第一節では、さらに興味深い言及がなされている。カントは、「四つの角を持った三角形」という例を出して、このような三角形は「端的に〔＝内的に〕不可能である」と言う。しかし、ここで思考されている「三角形」と「四つの角を持った或る物 (Viereckictes etwas)」は、共に「それ自体そのものとして或る物 (Etwas) である[26]」と言われるのである。

　なぜなら、カントによれば、「こうした不可能性は、専ら、一方の徴表が他方の徴表とはなり得ない、という思考可能なもの同士の論理的な関係に基づいている。同様に、あらゆる可能性のうちにおいては、思考される或る物と、この或る物において同時に思考されているもの同士の矛盾律による一致は区別されなければならない[27]」。

　ここに至って、「或る物」についての言及が深まっていることは明らかである。

　第一考察では、第三節における一部の用例を除いて、「或る物」は etwas として小文字で書かれていたが、第二考察においては、das Etwas として大文字の「或る物」が登場する。このことは、単に表記上の問題ではなく、この「或る物」が主題化されたことを意味している。実際に、第二考察の主眼は、判断の可能性は、まさにこの「或る物」、つまりは「判断の実質」であるところの「与えられたもの」、或いは「実在的なもの」に基づいている、という点にある。

　こうした主張は、さらに第二節において展開される。つまり、第一節において言われたことからして、カントは次のように言うのである。「論理的な不可能性としての内的な矛盾が見出される場合のみならず、思考のための実質、或いは与えられたものが何も現に存在しない場合にも可能性は消え去る。というのも、その場合には、何も思考可能なものが与えられないのだが、あらゆる可能性は思考され得る或る物であり、矛盾律に則った論理的な関係はこれに帰属するからである[28]」。

　従って、「あらゆる現存在が棄却されるならば、何も端的には定立されず、そもそも全く何も与えられていないのだから、何らかの思考可能なもののためのいかなる実質もなく、あらゆる可能性が完全に消え去ってしまう[29]」。

　つまり、カントによれば、判断の実質である「或る物」がなければ、判断の可能性が、つまりは矛盾律に基づいた判断がそもそも成り立たなくなる。従って、あらゆる現存が棄却されれば、何も絶対的に定立されなくなり、判断そのものの可能性が消えてしまうことになる。

しかし、なぜそうした「或る物」がなければ矛盾律に基づいた判断が成り立たなくなるのか？

　これに関して、カントは次のように述べている。「あらゆる現存の否定には、いかなる内的な矛盾もない。というのも、その内的な矛盾のためには、或る物が定立されると同時に棄却されなければならないが、この場合は全く何も定立されていないのだから、当然ながら、この棄却が内的な矛盾を含んでいると言うことはできないのである。しかし、何らかの可能性がありながらも、全く何も現実的なものがない、ということは〔別の意味で〕矛盾している。なぜなら、何も現存しないならば、思考可能なものも全く与えられないのだが、それにも拘らず、〈或る物が可能的である〉ということが欲せられるならば、それは自己矛盾しているからである[30]」。

　そもそも、「思考される或る物」が、「思考可能なもの」の実質として与えられていなければ、何らかの可能性を矛盾律に基づいて判断することはできない。従って、判断の形式である矛盾律には、その実質として「思考される或る物」が先行していなければならない。もちろん、この「思考される或る物」とは、「現存する或る物」のことであるから、端的に言うと現存在のことである。

　第一考察において言われていたことは、判断はあくまでも「単に可能的な概念」に関わるのであり、主語概念が現存するかどうかは述定認識ではなく、いわば存在認識であって、「述語概念による関係的な定立」ではなく、「現存在による絶対的な定立」に関わる事柄である、ということであった。

　それに対して、この第二考察の第二節においては、判断は絶対的に定立されるということがなければ、そもそも成立しないと言われているのである。

　さて、いったん以上をまとめてカントは次のように言う。「現存在という概念を分析することで、存在、或いは端的に定立されている、という言葉は主語に対する述語の論理的な関係を表すために用いられるのでなければ、現存在と全く同じ意味を表している、ということがわかった。従って、何も現存しない、と言うことは、全く何も現存しない、ということを意味しているが、にも拘らず、〈或る物が可能的である〉と付け加えるのであれば、それは明らかな矛盾である[31]」。

カントの論述は、この一文を持って一段落する。なぜなら、『証明根拠』の締め括りにおいて、カント自身が、「我々が与える神の現存在の証明根拠は、専ら〈或る物が可能的である〉ということにのみ基づいている[32]」と述べているからである。まさしく、カントによる証明の根拠は、この「或る物」という概念に秘められているのである。矛盾律を認識原理として「或る物」についての「思考可能なもの」の形式としたことにより、その実質としての「或る物」がなければそれについての「思考可能なもの」も何もないことになる、という結論が導かれる。
　これを根拠として、論述は証明へと進む。
　なお、この第二節は、「あらゆる事物の内的な可能性は、何らかの現存在を前提している[33]」と題されている。

　続いて、第三節においては、「それによって、あらゆる可能性が悉く棄却されるようなものは、端的に不可能である。というのも、そうしたことは同義的な表現であるから[34]」と言われる。
　こうしたことは、矛盾律によっては説明されない。自己矛盾するものは論理的に不可能だが、これはあらゆる現存在が剥奪される場合ではない。しかし、そうした場合には、そもそもいかなる可能性もないのだから、「あらゆる現存の否定には、いかなる内的な矛盾もない」、ということは前節で証明された。そこで、あくまでも問題は、なぜ「全く何も現存しないということは、端的に不可能である[35]」のか、ということであった。
　これに関して、今度は次のように言われている。「しかし、それによってあらゆる可能的なもののための実質や所与が棄却されるようなものは、またそれによってあらゆる可能性が否定されるものでもある。さて、こうしたことはあらゆる現存在の棄却によって生じるのだから、あらゆる現存在が否定されるならば、あらゆる可能性も棄却される、ということである。従って、全く何も現存しない、ということは端的に不可能である[36]」。
　そうすると、判断の実質として、やはり「何らかの現存在」が現存しなければならない、ということになる。この第三節で言われていることは、事柄と

しては、先の第二節で言われていたことと同じである。しかし、いわばアスペクトが違う。

つまり、第二節で言われていたことは、「論理的な不可能性としての内的な矛盾が見出される場合のみならず、思考のための実質、或いは与えられたものが何も現に存在しない場合にも可能性は消え去る」ということである。これは、何もなければ矛盾する、ということである。それに対して、この第三節で言われていることは、「それによって、あらゆる可能性が悉く棄却されるようなものは、端的に不可能である」ということである。つまり、今度は角度を変えて、何かがなければ矛盾する、と言われているのである。

続く第四節においても、あらゆる可能性は「現実的な或る物」を前提としている、と言われる。しかし、ここではさらに、可能性が現存在と関係する仕方には二通りあると言われる。「可能的なもの」の実質、つまりは「思考される或る物」は、それが「それ自体で現実的である」のか、「他のものにより現実的である」のか、そのどちらかである。そして、カントは、「他のものの内的な可能性を与える根拠としての現実的なもの[37]」は、そうした「他のもの」の「第一の実在根拠」である、と言う。これは、矛盾律が「第一の論理根拠」であるということと対をなしている。

しかし、このために、カントの主張はいささか形式的なものとなっている。つまり、「第一の論理根拠」とされる矛盾律に対して、現存在が「第一の実在根拠」として立てられている印象を拭えないのである。おそらく、こうした区分は、クルージウスの主張に則っているのだろう。クルージウスによれば、矛盾律は判断の「形式原理」であり、その実質として与えられたものは判断の「質料原理」である[38]。

ともあれ、カントの主張においては、「他のものにより現実的である」ということと、「それ自体で現実的である」ということの区別が何に基づいているのか明らかではない。それは、先ほどから述べているように、主語概念の「絶対的な定立」ということの意味がそもそもよくわからないからである。

カントの主張は、単純に、「単に可能的な概念」が現実化する、つまりは現存するとしても、その概念に関する述語が一つ増えるわけではない、という

こと、そして、現存在は述語として概念に付け加わるのではなく、あくまでも主語概念の「絶対的な定立」であり、その概念に関する判断が矛盾律により関係的に定立されるための実在根拠に過ぎない、ということである。

　しかし、この現存在とは、先にも言われたように「思考可能なもの」における「思考される或る物」であるが、繰り返し「或る物」と言われていることからして、それ自体としては何のことなのか不明である。少なくとも、それが何であるのかは伏せられたままである。おそらく、そもそも現存在は概念ではないのだから、それが何なのか語ることはできない。カント自身、第一考察の第二節において、次のように言っている。「我々の全認識は究極的には分析できない諸概念に辿り着く、ということを洞察すれば、ほとんど分析できない諸概念が、つまりは徴表が何ら事柄そのものよりも明らかではなく単純でもないような諸概念がある、ということもまた理解されよう。これが、まさに現存を定義する我々の場合なのである[39]」。

　ともあれ、こうした不明をそのままに、「それ自体により現実的である」と、「他のものにより現実的である」という区分を導入したために、「絶対的な定立」とは何なのか、さらにわかりにくくなっている。なぜなら、この区分は、「思考される或る物」における区分だからである。つまり、言われていたように、「他のものの内的な可能性を与える根拠としての現実的なもの」とは、「他のもの」と言われているところの「現存する或る物」一般とは区別されたものとして、「現実的なもの」としての「何らかの現存在」について語ることに他ならないのである。

　言ってしまえば、こうした論述のわかりにくさは、カントの意図的な論述方法が招いたものである。カントは、基本的には神について語らずに、上のような議論を展開しているのである。例えば、「それ自体により現実的である」ものは、明らかに神であり、「他のものにより現実的である」ものは、これも明らかに被造物のことである。しかし、カントは、こうしたことは言わずに論を進めている。そのために、わかりにくい論述となっていると考えられる。とは言っても、神という概念を持ち出さずに、神の現存在を論理的に導き出すというのが、カントが目指している神の現存在のア・プリオリな証明であ

るから、上のような論理展開は仕方のないものである。

　もっとも、カント自身、次のように断ってはいる。「ここではまだ、適当な実例を挙げることはできない。主題の本性が、つまりは、こうした考察において例として挙げることのできる唯一のものの本性が、何よりもまず考量されなければならないのである[40]」。

　しかし、この点は却って、カントの論証の欠陥でもある。なぜなら、こうして証明されることになる「それ自体により現実的である」ところの存在者とは神である、ということが別に、つまりはア・ポステリオリに証明されなければならないからである。（後に見るように、これはメンデルスゾーンによって批判される点である。）

　いずれにせよ、カントは続けて、「内的な可能性においてさえも、つねに根拠として存している現存在[41]」について説明する。この「つねに根拠として存している現存在」とは、上の区別で言えば、明らかに「それ自体により現実的である」ものであろう。カントは、この「それ自体により現実的である」ということを説明するために、まずは「他のものにより現実的である」ものを例に挙げて、次のように述べている。

　「可燃的という述語と物体という主語の矛盾律による合致は、そうした概念が現実的な事物であれ単に可能的な事物であれ、やはりそうした概念そのもののうちに存している。物体も火も現実的な事物であるとは限らない、ということは認められようが、それでも燃える物体は内的に可能的であろう。しかし、私はさらに次のように問うのである。では、物体そのものはそれ自体として可能的なのか？[42]」。

　なぜなら、「延長という概念には何も矛盾がない、ということを示すために、それをより単純な与件へと分解するということが、もはやできないとすれば——というのも遂には必ずその可能性が分析され得ないような或る物に辿り着くに違いないから——、ここに、空間、または延長〔という概念〕は空虚な言葉なのか、それとも或る物を指示しているのか、という問いが生じる。この場合、矛盾がない、ということでは答えにならない。——空虚な言葉は決し

て矛盾する或る物（etwas Widersprechendes）を指示してはいない。そこで、空間が現存しない、或いは少なくとも現存する或る物によって帰結として与えられていないのであれば、空間という言葉は何も意味しないのである[43]」。

従って、「可能性を矛盾律によって証明しようとする限り、思考可能な事物のうちに与えられているものに基づいて、ただこの論理的な規則に則った結合のみを考察することになろうが、一体、そうしたものはいかにして与えられているのか、と考えるならば、結局、それは一つの現存在に基づいてのことでしかない、ということである[44]」。（ここに、「何らかの現存在」は明確に「一つの現存在」と言われた。）

しかし、この例によって、「それ自体により現実的である」と、「他のものにより現実的である」という区分が説明されているようには思われない。また、この箇所は、先に出された一角獣の例における、経験を引き合いに出した主張を無効にするものでもある。もはや、経験を頼りにして、或る概念に現存在を定立することはできない。

おそらくカントは、この例によって次のようなことを考えている。「物体は可燃的である」ということは、論理的に可能なことであり、それは物体という概念を分析すればわかることである。だが、このようなことを考えることができるのは、物体という概念が、究極的には「一つの現存在」により、つまりは「他のものにより現実的である」ことができる、つまりは「絶対的に定立される」ことができるからである。そうでなければ、物体が燃えるかどうかを判断することは、そもそも成立しない。なぜなら、判断そのものは、その主語概念が現存できるのでなければ成立しないからである。判断は、主語概念が現存できる、ということによって、「絶対的に定立される」、つまりは実在根拠を持つのである。「物体」という概念が「矛盾する或る物」を指示しているのであるならば、「物体は可燃的である」という判断はそもそも成り立たない。

こうしたことは、「他のものにより現実的である」ものの説明であろう。しかし、そうだとしても、このことからして、あらゆるものは「それ自体により現実的である」ところの「一つの現存在」に与ることによって現存している、ということになるのだろうか？これでは、万物は神の現存在という「或る物」

によって定立されている、という汎神論的な事態を思わせよう[45]。

この疑問を払拭するためには、先に述べたように、まずは神という概念を一角獣や三角形という概念から区別する必要があるが、それよりも先に一角獣と三角形を概念的に区別すべきであろう。しかし、カントの論述においては、これは成功していないように思われる。

従って、「それ自体により現実的である」ところの「或る物」が「一つの現存在」であるとしても、「他のものにより現実的である」ところの「或る物」は、本来的にはどれも「単に可能的な概念」に過ぎない、ということになる。このことは、少なくとも概念に関して言えば、それが偶然的な概念なのか必然的な概念なのかという区分を無効にすることになる。

もっとも、これはカントが「デカルト的な証明」を斥けるために主張していることでもある[46]。必然的な概念であるからと言って、その概念に現存在が述語として含まれているとは言えない。カントの論述は、概念と現存在を峻別することから始まる。そして、それは、神という概念からその現存在を存在論的に導き出すものではない。しかし、それはやはりア・プリオリな証明なのである。

ところで、こうした文脈において、カントはあくまでも「存在一般」を問題としているのだ、と言われることがある。これは、カントが「絶対的な定立」と言う場合に、その主体を神と考えているのか、人間と考えているのか、という問題とも関係して提起される問題である。とりわけ、批判期におけるカントの主張を考えた時、この点は重要になってくる[47]。

この場合、定立の主体に関して言えば、概念の「関係的な定立」というのは、いわば唯名論的な定立であって、「絶対的な定立」とは実在論的な定立である、と考えれば、定立の主体が神であるか人間であるか、という問い掛けは、そもそもあまり意味を持たないように思われる[48]。むしろ、カントにおいては「定立の主体」が問題とされていない、ということこそ問われるべきであろう。(この点は、メンデルスゾーンの書評における重要な点である。)

また、「絶対的な定立」に関しては、それが意味していることがわかりにく

いのは、ここでは現存在が概念分析によって考察されているということに原因を求める解釈もある[49]。つまり、この時期のカントは、直観という手掛かりを得ていないために、概念一辺倒の議論をせざるを得なくなっている、と言うのである。

確かに、カント自身、現存在、或いは現存とは、「単なる明晰な共通概念[50]」であるとか、「極めて単純な、よく知られた概念[51]」であると言っている。従って、先に引用したように、「ほとんど分析できない諸概念が、つまりは徴表が何ら事柄そのものよりも明らかではなく単純でもないような諸概念がある」と言われたのである。ただし、こうしたことは、そもそも「序文」において、「概念の分析は未だ定義ではない[52]」と言われていることからして説明されよう。

実際に、「現存在は何らかの事物のいかなる述語でもなければ規定でもない」というテーゼからして、現存在の定義にはなっていないのである。そこで、「現存在は事物の絶対的な定立である」と言われたのであるが、これが定義として認められるためには、「絶対的な定立」ということで何が言われているのか説明されなければならないだろう。

しかし、とりあえずはカントの論述を最後まで追うべきであろう。

カントは、以下において、あの「一つの現存在」について、つまりは「思考可能なものにおいて根拠として存している第一のもの」について、その概念を「適用すること」によって、「よりわかりやすく（faßlicher）[53]」すると言う。

第三節 「端的に必然的な或る物が現存する」ことの証明

第三考察の第一節では、「端的に必然的であること」には二つの側面があると語られる。一つは、反対が不可能という意味での、「唯名的な必然性」である。もう一つは、或る事物の非存在が不可能であるという意味での、「実在的な必然性」である。唯名的な必然性、つまりは「単に可能的な概念の述語における必然性」は論理的な必然性であり、「現存在の必然性」は絶対的かつ実在的な必然性と言われる。カントが問題としているのは、当然ながら後者の必然性である。

また、先に矛盾律は第一の論理根拠と言われていたが、ここでは、あらゆる思考可能なものにとっての「究極の論理根拠」と言われる。同様に、現存在は、あらゆる思考可能なものにとっての「究極の実在根拠」と言われる。今までは、可能性が問題となっていたが、ここからは必然性が問題となってくる。そこで、第三考察は「端的に必然的な現存在」と題されている。
　ここでは、「実在的な必然性」について次のように言われている。
　「なぜ、矛盾しているもの〔＝矛盾する或る物〕は端的に無であり不可能であるのか？　それは、それによって、あらゆる思考可能なものの究極の論理的根拠である矛盾律が棄却されるために、あらゆる可能性が消失し、思考されるものがもはや何もないからである。このことから、直ちに次のことが導き出される。つまり、あらゆる現存在を悉く棄却し、それによってあらゆる思考可能なものの究極の実在根拠を消し去るならば、同時にあらゆる可能性が消失し、思考されるものはもはや何も残らない。〈或る物が端的に必然的であり得る〉のは、その反対によって、あらゆる思考可能なものの形式が棄却される場合、つまりはその或る物そのものが矛盾している場合か、或いはその非存在が、あらゆる思考可能なもののための実質と、そのためのあらゆる所与を棄却する場合である。第一の場合は、既に述べたように、決して現存在においては生じない。そして、この二つ以外の場合は全く不可能であるから、端的に必然的な現存という概念は、見せ掛けだけの誤った概念であるか、それとも、事物の非存在は同時にあらゆる思考可能なもののための所与を否定する、ということに基づいている概念であるか、そのどちらかである。しかし、この概念は虚構されたものではなく、何らかの真理性を伴っている概念である[54]」。
　従って、「その非存在が、あらゆる思考可能なもののための実質と、そのためのあらゆる所与を棄却する」ような「端的に必然的な現存」が存在しなくてはならない、ということである。
　この理由は、続く第二節において述べられている。つまり、「あらゆる可能性は現実的な或る物を前提する。それのうちで、またそれによって、あらゆる思考可能なものが与えられる。従って、その棄却そのものが、あらゆる

内的な可能性一般の棄却であるような、或る種の現実性が存在する。しかし、その棄却、或いはその否定が、あらゆる可能性を根絶するようなものは端的に必然的である。かくして、〈或る物が絶対的に必然的な仕方で現存する〉。これまでに、一つの事物の、または多くの事物の現存在そのものが、あらゆる可能性の根拠として存しているということ、そしてこの現存在はそれ自体として必然的である、ということが明らかにされた[55]」。

　ここで言われている、「或る物が絶対的に必然的な仕方で現存する」という一文は、etwas を「或る物」として強く読むという仕方を裏付ける箇所でもある。この「或る物」とは、「存在者」である、つまりは神である、というようにカントの論は進む。しかし、あくまでも「存在者」からではなく、「或る物」から出発するのが、カントによる神の現存在のア・プリオリな証明なのである。何らかの「或る物」がなければ、あらゆる可能性が根絶されてしまう。しかし、あらゆる可能性が根絶されるということは、「端的に無であり不可能である」である。従って、少なくとも一つの「或る物」が「絶対的に必然的な仕方で」存在していなければならない。それは、「端的に必然的な現存在」である、と。

　では、「端的に必然的な現存在」とは何であろうか？その反対は「偶然的な現存在」であろう。まず、カントは、これを言葉の上から説明している。「その反対が、主語に対して矛盾しないようなものは、論理的な意味において、その主語に対する述語としては偶然的である。例えば、三角形が直角を持つ、ということは、三角形一般にとっては偶然的である。こうした偶然性は、専ら述語とその主語との関係において生じるが、現存在はいかなる述語でもないのだから、そうした偶然性は、現存に対しては、いかなる変更をも与えないのである[56]」。

　次に、カントは、これを事柄の上から説明している。つまり、「その非存在が思考されるもの、つまりその棄却があらゆる思考可能なものを棄却しないものは、実在的な意味において、偶然的である。従って、事物の内的な可能性が或る種の現存在を前提しないのであれば、その反対〔＝非存在〕は可能性を棄却しないということであるから、この現存在は偶然的である。或いは、

それによって、あらゆる思考可能なものの質料が与えられないもの、従って、それなくしても依然として或る物が考えられるもの、つまり、その反対が実在的な意味において可能的であることができるものは、まさにこの実在的な意味において偶然的である[57]」。

裏を返せば、端的に必然的であるものは、それによって、あらゆる「思考可能なもの」の現存在が与えられるようなものであるが、こうした「思考可能なもの」は、全て偶然的な現存在に過ぎない、ということである。

そうすると、「思考可能なもの」の現存在は、全て偶然的なものとなる。しかし、先に正六角形の例が出されていたことも考慮すると、三角形の現存在も一角獣の現存在も、どちらも偶然的であるということになり、例によって存在論的な区別がつかなくなる。カントは、「三角形が直角を持つ」ということは偶然的である、などと言っているが、そうなると、「三角形が三辺を持つ」ということも、同じように偶然的であると言われることになるのではないか？もっとも、これは言葉の上での話である。

しかし、三角形は三つの辺を持っている、ということは関係的な定立であって、そこで思考されている概念の実質として、三角形や三つの辺といったいわば概念の当体が「或る物」として与えられ得るのでなければならない、というカントの主張からすると、ここで言われている実在的な意味における現存在に関しても、やはり三角形と一角獣との間には区別がないということになろう。そうなると、ここで出された「端的に必然的な現存在」と「偶然的な現存在」という区分は、結局は先の「それ自体により現実的である」と「他のものにより現実的である」という区分と同じものとなってしまう。

ところで、これまでは、「或る物」や「事物そのもの」などという言い方がされながらも、あくまでも「現存在」が問題とされてきた。カントは、基本的には現存在をテーマとして、これまでの論述を進めていたのである。

しかし、第二考察の第四節において、「現存在」は「一つの現存在」と言われ、この「端的に必然的な存在者が現存する」と題されている第三考察の第二節においては、「現存在」に変わって突如として「存在者(Wesen)」という言葉

が使われるようになる。以後、第三考察の第六節に至るまでの各節においては、この「存在者」が問題とされる。

　これは、言うならば種明かしである。つまり、カントは「存在者」と言わずに、あくまでも「思考可能なもの」との関係から、その実質としての「或る物」、つまりは現存在を「偶然的な現存在」としながら、「端的に必然的な存在者」を、いわば演繹しようとしていたのである。そうであるが故に、それは神の現存在のア・プリオリな証明なのである。

　カントによる神の存在証明は、神という概念からその現存在を導き出すものではない。しかし、あらゆる「思考可能なもの」（可能性）から、「何らかの現存在」を、それも「一つの現存在」を導き出するものである限りにおいて、それはやはり「存在論的な証明」なのである。

　ともあれ、いったん「存在者」と言われると、その属性が次々に挙げられる。
　第三節においては、この存在者は「唯一」でなければならないとされる。つまり、「必然的な存在者は、あらゆる他の可能性の究極の実在根拠を含んでいるから、あらゆる他の事物は、根拠としての必然的な存在者によって与えられている限りにおいて、可能的であるに過ぎない。すると、あらゆる他の事物は、単に必然的な存在者の帰結として生じていることになる。従って、あらゆる他の事物は、可能性と現存在に関して、必然的な存在者に依存しているのである。しかし、それ自身が依存的であるような或る物は、あらゆる可能性の究極の実在根拠を含んではいないため、端的に必然的ではない。従って、多くの事物が絶対的かつ必然的である、ということはあり得ない[58]」。

　この説明としては、次のように言われる。「Ａが必然的な存在者であり、Ｂはまた別の必然的な存在者であるとしよう。すると、定義からして、Ｂは、ただＡという別の根拠によってその帰結として与えられている限りにおいてのみ可能的である、ということになる。しかし、前提からして、Ｂそのものが必然的なものであるのだから、その可能性は帰結としてそのうちに与えられているのであって、他のものの帰結として与えられているのではない。しかし、先に言われたことからすれば、それはただ〔Ａの〕帰結としてのみ与えられているということになるが、それでは矛盾している[59]」。

続けて、第四節では、この「端的に必然的な存在者」は「単純」であるとされ、第五節では、「不変」であり、「永遠」であるとされる。このうち、第四節で言われていることは、先に言われた「端的に必然的な現存」の説明ともなっている。つまり、「或る物が無である、ということは全く考えられない矛盾したことである。内的な可能性を棄却することは、あらゆる思考可能なものを根絶するということなのである。このことからして、次のようなことが明らかとなる。つまり、およそ思考可能なもののためには所与が、それもその棄却があらゆる可能性の反対でもあるような事物のうちに与えられていなければならない。そこで、或る一つの内的な可能性の究極の根拠を含んでいるようなものは、またあらゆる可能性一般の根拠を含んでもいなければならない。従って、この根拠は様々な実体のうちに分与されているわけにはいかないのである[60]」。

最後に、カントは、『証明根拠』の第四考察の第一節において、これまでに述べてきたことからして、「必然的な存在者」には知性と意志が属していることを証明する。そして、このことからして、この存在者は精神であり、この世の秩序や美、完全性は、全てこの存在者を前提していると主張する。

そこで、続く第二節においては、「端的に必然的な或る物が現存する。これは、その存在において唯一であり、その実体において単純であり、その本性からして精神であり、その存続からして永遠であり、その性質からして不変であり、あらゆる可能性と現実性からして完全である。これは神である[61]」と言われる。

しかし、こうした「端的に必然的な或る物」とは神である、ということが、はたしてカントの証明から帰結するのであろうか？この点に関して、カントは次のように言うのみである。「神性の概念の定義は好きなだけ整えられようが、それでも私は確信するのだが、我々がその現存在をまさに証明した存在者こそが、人が何らかの仕方でその様々な徴表を簡潔な名前〔＝神〕のうちに持ち込むであろうところの神的な存在者である、と[62]」。

また、カントは次のようにも言っている。「私は、単に証明根拠を十分なものとすることだけで満足である。私の意図は、形式的な論証を提示することではないのだ[63]」。

カントとしては、「必然的な存在者」の現存在をア・プリオリに証明するための根拠を問題としているのであって、この「必然的な存在者」が神であるかどうか、ということを問題としているわけではない、と言いたいのだろう。——或いは、これは一般形而上学としての存在論なのであって、特殊形而上学としての自然神学ではない、ということだろうか？

まとめると、カントの議論は、第二考察までは「或る物」を問題としていたが、第三考察からは、「端的に必然的な或る物」が問題とされた。そして、それが第三考察の第二節からは「存在者」と言われるようになり、第四考察に至っては、はっきりと「神」と言われた。

カントによる神の現存在のア・プリオリな証明とは、彼自身の言葉で言えば、「我々が与える神の現存在の証明根拠は、専ら〈或る物が可能的である〉ということにのみ基づいている。従って、この証明根拠は、完全にア・プリオリに導かれ得る証明である[64]」。

つまり、この「或る物が可能的である」とは、「可能なもの」は、それが「思考可能的なもの」である限り関係的に定立され得る、ということからして、その可能性の実質として「思考される或る物」の絶対的な定立を前提している、ということである。そして、この「或る物」は、「偶然的な現存在」であるが故に、さらには「端的に必然的な現存在」を、つまりは「端的に必然的な存在者」を前提している。この存在者とは神のことである、と。

かくして、カントによる「神の現存在の論証のための唯一可能な証明根拠」とは、おおよそ以上のようなものである。以下においては、メンデルスゾーンによる批判を検討する。

第四節　メンデルスゾーンの反論

カントの『証明根拠』の出版は実質的には 1763 年のことであるが、同年には早くもその書評が二編も出されている[65]。メンデルスゾーンの書評は、それらに遅れること一年の後に出たものである。しかし、この書評は広く読ま

れたのであり、この書評こそが、まだ無名であったカントの名を世に知らしめたのである[66]。

なぜ、メンデルスゾーンはカントの著作を手に取ったのだろうか？ランベルトなどは、ズルツァーから紹介されて同書を手にしている[67]。メンデルスゾーンとしては、アカデミーの懸賞で争ったカントという人物に強い関心を抱いたのであろう。

メンデルスゾーンによる書評が発表されたのは、1764年の4月26日と5月10日のことであったが、さらに翌年の5月9日にかけて、『三段論法の四つの格』と『負量の概念』の書評も出されている。これら一連の書評は、内容の上からしても無関係ではない。評者の関心は、当時、入手可能であったものからして、カントの著作を集中的に読み解くことにあった、と言えよう。このような関心の高さは、アカデミーの懸賞でカントと争ったメンデルスゾーンであれば当然のことである。

ところが、このメンデルスゾーンによる書評はこれまであまり注目されてこなかった。これには、この匿名で書かれた書評が誰の手によるものか長らく知られていなかった[68]、という事情もあろう。とはいえ、これは同じくメンデルスゾーンによるカントの『視霊者の夢』に関する、たった数行の書評が有名であることを考えれば、不釣合いな評価である[69]。

さて、この書評における、主として第一考察を扱った箇所は数頁ほどの分量であるが、細かく内容を見てみると、決して簡単なものではない。

まず、メンデルスゾーンは、「現存在は事物の絶対的な定立である」というカントのテーゼを、「論理的な存在は、本来的な現存在とはあまりにも異なっている[70]」と言い換えている。その上で、メンデルスゾーンはカントの主張として次のように言う。「現存在は、事物との関係としては看做され得ない。〈現存在とは、事物そのものであり、事物の名称によって指示されるあらゆる属性が、それとの関係を持つところの主体である〉。このために、著者〔カント〕は、神は現存する事物である、とは言わずに、反対に、或る種の現存する事物は神である、或いは、その事物には、我々が神という名のもとで理解するとこ

ろのあらゆる属性が帰属する、と言うのだ[71]」。

　ただし、この引用文中、前半部分で言われていることは、よく読むと、カント自身の主張とは異なっている。つまり、「現存在とは、事物そのものであり、事物の名称によって指示されるあらゆる属性が、それとの関係を持つところの主体である」という箇所にはいくらか問題があるのである。この言い方に従えば、現存在は「主体」ということになる。もちろん、これは「当体」とでも訳されるものなのかもしれない。しかし、以下において見ていくように、それは決して「主語概念」ではない。

　カントにおいては、述語概念が帰属するのは、あくまでも主語概念であるが、それとは別に、その主語概念が現存するかどうか、ということは、それが絶対的に定立されているかどうか、ということに求められていた。ここには、「或る物」が、関係的な定立に関しては「主語概念」として、絶対的な定立に関しては「現存在」として現れるという二重性があった。このことは、述定認識と存在認識の区別によっても説明されよう。

　しかし、メンデルスゾーンにおいては、この二重性が次のような仕方でパラフレーズされている。つまり、「現存在」は「事物そのもの」と言われながらも、諸属性が帰属するところの「主体」と言われもするのである。この微妙なずれは重大な帰結を導く。

　そもそも、上の引用箇所は、カントの文章が正確に引用されたものではなく、メンデルスゾーンによって、カントの主張がまとめられた箇所である。メンデルスゾーンは、カントの主張を批判する前に、それに対して解釈を加えてしまっているのである。もっとも、これはカント自身の主張が難解であるために避けがたい事態でもある。しかし、おそらくメンデルスゾーンは、このずれを意識してはいなかった。

　また、上に挙げた箇所の他にも、メンデルスゾーンは、カントの主張として、「〈現存するもの〉においては、単に可能的なものにおける〔もの〕以上の何物も定立されない。しかし、〈現存する或る物〉によっては、単に可能的なものによる〔もの〕以上のものが定立される。というのも、このことはまた事象そのものの絶対的な定立にも関わるからである[72]」と述べている。

先の引用箇所とは違って、この箇所は『証明根拠』第一考察の第三節におけるカントの文章が、ほぼ正確に引用されたものである。確かに、カントは次のように述べていた。「〈現存するもの〉においては、単に可能的なものにおける〔もの〕以上の何物も定立されない。(この場合は現存するものの諸述語が問題であるから。) しかし、〈現存する或る物〉によっては、単に可能的なものによる〔もの〕以上のものが定立される。というのも、このことはまた事象そのものの絶対的な定立にも関わるからである」。

この引用箇所における重要な点は、文意を汲むためには、どうしても「或る物 (etwas)」を強く読む他ない、ということにある。なぜなら、ここでは、「単に可能的なもの」としての「現存するもの」よりも以上の「或る物」(=「事物そのもの」) である「現存在」が問題とされているからである。後に述べるように、メンデルスゾーンは、この「或る物」を Etwas と大文字で強調して主題化することになる。

こうしたことを前提として、メンデルスゾーンの主張は展開される。

書評は、「こうしたことが、現存在の定義のための、著者〔カント〕による材料 (Material) である。この難解な題材についての何だか不分明な論述から、著者の意を推察し、それを検討するために、いくらか論評を加えることができれば幸いである。この無味乾燥な (trocknen) 題材を可能な限り切り詰めてみよう[73]」と述べて、カントの主張を噛み砕きながら、『証明根拠』における問題点を列挙していく。カント自身も「無味乾燥 (Trockenheit)[74]」と形容した問題を、メンデルスゾーンはどのようにして解明するのだろうか。

まず、メンデルスゾーン自身の主張として、「単に可能的なものとは、我々人間においては、我々の知性の表象に他ならない[75]」と言われる。すぐさま気づかれるように、ここでは「単に可能的なもの」が「事物」ではなく「表象」と言われている。これは、カントにおいては「概念」と言われていたものである。表象は表象されるが、概念は定立される。これは大きな違いである。

そうでありながらも、メンデルスゾーンは、この表象を「定立する主体」について語り始める。

「この表象は、我々が現存する事物においてつねに認めているところの諸属性の総括（Summe）のうちに存している。そのため、それは我々が事物の名称によって指示するところの不可分な全体として看做される。この表象は、我々が事物を表象しようとする際に、我々が論理的な意味で絶対的に定立するところのもの、つまり我々の主体である[76]」。

すると、表象における「不可分な全体」とは、「我々が論理的な意味で絶対的に定立するところのもの」であると同時に、「我々の主体」でもある、ということになる。しかし、この「我々の主体」とは、以下における論述からして「定立の主体」と解されなければならないものである。まさに、メンデルスゾーンの言うところの「論理的な意味」における絶対的な定立とは、この「我々の主体」が諸表象をいわば一つの表象として関係づけることである。

つまり、「我々は、この主体に、つまりは我々の表象におけるこの事物に、事物に帰されるところの他のあらゆるものを関係的に思考し、こうした諸々の事物や述語に関して、主体との比較によって生じる関係を定立する、或いは否定するのである[77]」。

カントにおいては、「定立の主体」は不問に付されたままに、あくまでも概念相互の関係的な定立とは区別された上での、主語概念の絶対的な定立としての現存在が問題とされていた。

しかし、メンデルスゾーンは、この現存在が一つには何によって定立されるのか、を問題としている。こうした事情は、メンデルスゾーンが「表象する」とか「関係的に思考する」という言葉を用いていることからも説明されよう。カントにおいては「概念」であったものが、メンデルスゾーンにおいては「表象」と言い換えられている。表象は「表象する主体」を前提とする。表象は、「表象する主体」を俟って一つの表象として表象されるのである。従って、メンデルスゾーンにおいては、そもそも「表象する主体」を抜きにして、表象について語ることはできない。

そこで、メンデルスゾーンは、そもそもカントの言うところの「関係的な定立」を認めない。

「諸表象の諸関係のうちに、単に可能的なものだけが存在するのであれば、

我々は諸表象を関係づける主体を決して持たないことになろう。すると、諸関係についての表象も生じ得ないことになり、我々が事物に関して認識するあらゆるものを関連づけるところの、或る種の秩序や類のうちに諸表象を定立する心の働き（Operation）の有用性は悉く失われるであろう[78]」。

このように、メンデルスゾーンにおいては、諸表象が関係的に定立されるためには、それらを関係づけるための「心の働き」が必要とされる。つまり、たとえ「単に可能的なもの」のみが定立されているとしても、それは、あくまでも「定立する主体」によって定立されていなければならないのである。そうでなければ、そもそも「関係的な定立」なるものは成立しない。

従って、「論理的な意味における〔事物の〕絶対的な定立は、単に可能的な事物においても生じなければならない。そこで、著者〔カント〕が、現存在を事物の絶対的な定立として看做すのであれば、そうした事物の絶対的な定立と、我々が単に可能的な事物に対して論理的な意味で与えている絶対的かつ論理的な定立とが、何によって区別されるのか、著者は示さなければならない。これは、解決されるべき困難な問題点である[79]」。

同様の指摘は、後にエーベルハルトによってもなされている。

彼は1763年の暮れよりベルリンに居て、メンデルスゾーンと親しくしていた[80]。1778年、ハレ大学に奉職したエーベルハルトは、メンデルスゾーンに宛てた手紙において次のように述べている。「カントの事物の絶対的な定立ということで何かお考えのことがあればお話し下さい。ひょっとしたら、カントの考えは正しいのではないか、とも思いますが、だからと言って、それがバウムガルテンやヴォルフの考えよりも豊かなものであるのかはわかりません。私には、やはりカントの考えは間違っているように思います。というのも、絶対的に定立されるべき事物とは何でしょうか？それが単にその可能性における事物〔＝可能的な事物〕のことであるとすれば、それはどのようにしてその絶対的な定立によって現実的となるのでしょうか？なおも或る物が付け加わるのでしょうか？すると、付け加わるということは、ヴォルフの可能性の補完、ないしはバウムガルテンの事物のあらゆる変状に関する規定のことではないですか？また、事物とは現実的な事物のことであるとすれば、定義は意味を

成しません。事物が現実的に絶対的に定立されている場合に事物は現実的である、ということでしょうから[81]」。

残念なことに、この書簡に対するメンデルスゾーンの返信は残されていない。

しかし、「事物の絶対的な定立」ということが、メンデルスゾーンばかりか、ヴォルフ主義者のエーベルトハルトにとっても不明を残すものであった、ということは確かである[82]。

それどころか、メンデルスゾーンにとっては、そもそもカントの言うところの関係的な定立なるものは不可能であった。しかし、諸表象はそれが関係づけられるところの一つの表象を、「我々の主体」として持たなければならない。この主体は、諸表象を自らのうちに関係づけて定立するところの「定立の主体」である。この主体において、あらゆる表象は関係的に、それも同時に絶対的に定立されるのである。

この点に関しては、また次のように言われている。「著者〔カント〕が、諸属性のこうした総括に関する表象は、そうした諸属性の諸部分の関係についての表象に他ならないと言うのであれば、それでも構わない。しかし、この総括を分解して、さらに分析してみよう。我々はどこに存立するのか？それは、単純な表象においてか、或いは、少なくとも我々にとっては単純であるような表象において存立するのだろう。すると、やはり我々は、この表象を関係的な仕方ではなく、絶対的に定立しなければならない。そして、この表象は我々の主体でなければならない。この主体に、我々はあらゆる他の諸表象を関係づける。確かに、こうした諸表象は単に可能的なものであって、それどころか我々の知性の抽象化された観念に過ぎない。とはいえ、こうした表象は関係的な仕方で定立される、或いは表象されるだろうか？その場合、そうした表象はいったい何に基づいて（worauf）関係づけられることになろうか？[83]」。

この箇所では、メンデルスゾーン自身の主張がわかりやすく説明されている。やはり、メンデルスゾーンは「我々の主体」を問題としている。しかし、この主体は「どこに存立するのか？」と問われる。そして、この問いは同時に、表象は「何に基づいて」表象されるのか？という問いでもある。

先に言われたように、諸々の表象は、カントの言うようには、関係的に関

係づけられるものではない。そうした表象は、そもそも何らかの仕方で統一的に表象されていなければならない。つまり、それは「単純な表象」として表象されているものでなければならない。

では、諸表象は何によってそのような表象として表象されるのか、そして諸表象は何に基づいてそのような表象として表象されるのか、と問えば、どちらもその答えは「我々の主体」である。つまり、この「我々の主体」とは、表象そのものであると同時に、「表象する主体」でもある。カントが単純な概念の実質として「現存する或る物」を求めたのに対して、メンデルスゾーンは単純な表象の存在性を「表象する主体」に求めたのである。

「著者〔カント〕は、事物が現存しているとすれば、事象そのものは完全に、つまりはその諸規定と共に定立されていることになる、と説明している。しかし、絶対的に、ということと、その諸規定と共に、ということは打ち消し合っているように思われないだろうか？少なくとも、哲学者の用語法からすると、それらは対立しているのである。従って、著者は、彼自身が、この絶対的にということで何を理解しているのか、説明しなければならないはずである[84]」。

以上のようなことからして、メンデルスゾーンは次のような結論を引き出す。

「確かに、現存在とは事象についてのいかなる述語でもない。それは、事物全体が関わるところの或る物である。しかし、この或る物とは本来的に何であるのかということは、いかにして事物は自身の現存在を得るのか、ということに関して、我々がさらに検討を重ねるまでは、確かなことが言えないようなことであろう[85]」。

これが、この書評において出された、メンデルスゾーンによる一つの結論、それも否定的な結論である。この結論は、先に引用した箇所に向けられている。

カントは、次のように言っていた。「現存するものにおいては、単に可能的なものにおける〔もの〕以上の何物も定立されない。（この場合は現存するものの諸述語が問題であるから。）しかし、現存する或る物によっては、単に可能的なものによる〔もの〕以上のものが定立される。というのも、このことはまた事象そのものの絶対的な定立にも関わるからである」。

これに対して、メンデルスゾーンは、「しかし、この或る物とは本来的に何

であるのか」と言っているのである。結局のところ、「絶対的な定立」では何も言われたことにならない、ということなのであろう。この点はさらに第三考察に関する箇所で詳説されるが、とりあえずは順に論述を追うことにしよう。

　第二考察に関しては、まず次のようにカントの主張がまとめられている。
「内的な可能性とは、或るものと他のものとの矛盾律による一致、或いは無矛盾である。従って、内的な可能性には二つの種類が見出される。二つの思考可能な事物の一致や無矛盾は、内的な可能性の形式と言われる。そして、相互に一致する二つの思考可能な事物そのものは、内的な可能性の実質、或いは所与と言われる。思考のためのいかなる実質も所与もないとしたら、いかなる内的な可能性も思考され得ないだろう。そして、あらゆる現存在が棄却されるならば、何も絶対的に定立されないだろうし、そもそも何も与えられないのであれば、思考可能な或る物のためのいかなる実質もないのだから、あらゆる内的な可能性もなくなってしまうだろう。そこで、全く何も現存しない、ということは矛盾している、つまりは端的に不可能である。かくして、内的な可能性は、一つの現存在を前提していなければならない[86]」。

　そうすると、「著者〔カント〕の全証明は、ただ以下のようなことにのみ帰着するように思われる。つまり、我々人間は、諸表象そのものを最初に現実的な事物から得ているのでなければ、何も思考できないし、いかなる一致も矛盾をも我々の表象のうちに認めることができないだろう、ということである。我々においては、事物の内的な可能性は、我々の持つところの二つの表象の一致よりも以上の何物でもない。こうした諸表象は，根源的には、現実的な諸対象についての模写（Abdruck）である。もしも、いかなる現実的な対象もないとすれば、我々は、いかなる表象も持ち得ないだろう。我々が、いかなる表象も持たないとすると、表象においては一致も矛盾も生じ得ない。一致や矛盾が生じなければ、いかなる内的な可能性もない。否、こうした推理には飛躍がある。こうした推理からは、そうした場合、我々はいかなる内的な可能性をも認めないだろう、ということしか帰結しないのである[87]」。

　ここで言われていることは、基本的には第一考察に関して言われていたこ

との反復である。つまり、カントの言うところの「関係的な定立」なるものはそもそも不可能である、という主張がまた違った仕方で表現されているのである。

ただし、それとは別に、ここで注目されるべきは、「模写」という言葉である。カントは、『証明根拠』において、「模写」という言葉を一度も使っていない。従って、上の引用箇所において、「こうした諸表象は、根源的には、現実的な対象についての模写である」という一文に関しては、カントによる証明の帰結として語られていることではあるが、完全にメンデルスゾーンによる補足なのである。

先にも述べたが、メンデルスゾーンにおいては、カントにおける「概念」が「表象」と言い換えられている。それと関係して、それは何らかの「現実的な対象」を持つものとして考えられている。そうした意味において、「表象」は「模写」であると言われているのである。このことからして、判断の「形式」と「実質」というカントの区分は意味を成さないものとなる。従って、必然的にカントの議論は破れるのである。

そうすると、これは批判というよりも、また別の主張と言えるものであろう。

次に、第三考察に関する書評であるが、まずは次のようにして、その第二節の冒頭がおおよそ正確に引用されている。「あらゆる可能的なものは、現実的な或る物を前提する。それによって、あらゆる思考可能なものの実質が与えられる。従って、その棄却そのものが、あらゆる内的な可能性一般を棄却してしまうような、或る種の現実性が存在しなくてはならない。その棄却が、あらゆる可能性を根絶するようなものは、端的に必然的である。かくして、或る物が絶対的に必然的な仕方で存在する[88]」。

ここで、「或る物」がメンデルスゾーン自身によって強調されていることに注意すべきである。これは、本論において、etwas を強く読む仕方で『証明根拠』を読解した理由でもある。そうすることによって始めて、『証明根拠』で言われていることと、この書評において言われていることは、有意味な仕方で連関するのである。

また、そうすることによって、晩年の『朝の時間』へと向かって、この「或る物」

をメンデルスゾーンがどのようにして捉えていったのか、ということ、そして、ひいてはこの「或る物」がメンデルスゾーンにおいては重要な意味を持ち続けていた、ということが明らかとなる。

そうした点からすると、メンデルスゾーンによる次のような批判の重要性は明らかであろう。

つまり、「絶対的かつ必然的に現存するこの或る物を、著者は 30 頁において[89]、他のあらゆる可能性の究極の実在根拠を含むものとして仮定し、このことから、必然的な存在者は唯一である、ということを導き出している。しかし、多くのそのような或る物ではなく、ただ一つの或る物のみが他のあらゆる可能性の究極の実在根拠を含み得る、ということを、著者は必ずしも最初に証明すべきではなかった。というのも、内的な可能性が事物の現存在を前提するとしても、こうした事物の現存在は、あらゆる可能性の究極にして唯一の実在根拠を含むところの、唯一の現存在を前提しなければならない、ということまでは結論されないからである。こうした場合、著者は、或る物と現存在という言葉の特異性（Singularem des Worts）によって、混乱させられているように思われる[90]」。

ここで言われていることは直接には第三考察の第三節と関係しているが、最後に言われていること、つまり「或る物と現存在という言葉の特異性」とは、『証明根拠』におけるカントの主張の核心を突いているように思われる。メンデルスゾーンは、この点にカントによる証明根拠のトリックを見つけたのである。

それも、カント自身が却ってこの「特異性」によって混乱してしまっている、とメンデルスゾーンは言うのである。そこで、メンデルスゾーンが書評において出した結論は、「この或る物とは本来的に何であるのか」という否定的なものであった。

しかし、その一方で、メンデルスゾーンはこの「或る物」を「主体」の側へと転位しつつあるようにも思われる。それは、いまだ「我々の主体」などとして曖昧な仕方で語られてはいるが、同じ Subjekt であっても、やはり主語概念とは訳し得ないようなものである。それは「定立の主体」でありながらも、「懸

賞論文」における表現を用いれば、「単に否定的なもの」として現象の後景に退く「或る物」である。ここには、「現存在は事物の絶対的な定立である」というカントのテーゼが——その革新性は受け入れられながらも——独自な仕方で読み替えられていく過程が見られる。

とまれ、こうしたことは神の存在証明のための「証明根拠」なのであった。書評は最後にその証明がカント自身の言うようにア・プリオリな証明なのかどうか、それを問うている。

「ここで指摘されるべきことは、著者は、必然的な存在者は精神である、ということを、こうした前提からだけでは証明できていない、ということである。著者は、必然的な存在者から導かれる本質には、知性と意志が含まれている、ということ、また、我々に認識される諸対象における美や完全性は、そうした存在者の知性と意志を前提し、そうした存在者のうちに自らの実在根拠を持っている、ということを、さらに仮定しなければならなかった。つまり、著者は、その唯一可能な証明根拠に然るべき十分性を与えるために、神の現存在のア・ポステリオリな証明を頼りにしているように思われるのである。著者自身も 44 頁で述べているように[91]、ただ必然的な存在者の現存在のみが証明根拠から証明される限り、他の諸事物の盲目的かつ必然的な根拠の現存在なり、或る種の永遠的な宿命の現存在なりが論証されるのであるが、最も完全な存在者という概念を自身のうちに含んでいる神の現存在は証明されないのである。たとえ、著者が神の現存在のための唯一可能な証明根拠を示そうとしているにせよ、やはり著者の前提からは、こうしたことが帰結する他ないのである[92]」。

結局のところ、カントは「必然的な存在者」の現存在の「ア・プリオリな証明」を提示しようとしたのであるが、「必然的な存在者は精神である」ということを、つまりはそうした存在者は神である、ということを証明するために、そうした存在者のうちに知性と意志を前提せざるを得なかった。その限りにおいて、それは「ア・ポステリオリな証明」となってしまっている、ということである。

メンデルスゾーンは、カントによる「神の現存在のア・プリオリな証明」を

認めてはいないのである。ともあれ、この書評からわかることは、メンデルスゾーンが神の存在論的な証明を否定したカントの論拠を——つまりはその証明根拠をつぶさに検討している、ということである。カントの『証明根拠』は、「懸賞論文」におけるような神の存在証明を維持できないものとしたであろう。しかし、それはまた「現存在」ばかりか、「主体」、或いは「或る物」といった問題性を含んだ概念を課題としてメンデルスゾーンに与えもしたのであった。

【註】

1　J. G. Herder an J. G. Scheffner, März, 1767.
2　『最新文芸書簡』に匿名で掲載された、カントの『三段論法の四つの格』、『証明根拠』、『負量の概念』についての一連の書評は、メンデルスゾーンによるものではなくレーゼヴィッツによるものであるとの指摘がなされている。cf. M. Kuehn, *Kant*, Cambridge UP, 2001, pp. 136, 142, 459（n. 178）.
　　実際の書き手は誰であれ、これがメンデルスゾーンのものではないという判断は、アディケスやカッシーラー以来、一つの定説であったとも言えよう。cf. *JubA*, Bd. 5-3a, p. 420.
　　おそらく、こうした判断は、この書評が匿名で Tz とサインされていることによる。『最新文芸書簡』では、執筆者は各自、複数の記号を匿名のサインとして用いた。その結果、数多くの記号が用いられたが、ヘルダー宛の書簡におけるニコライの証言によって大方はどれが誰のサインであるのか明らかとなっている。それによれば、Tz という記号はレーゼヴィッツが用いたものである。ニコライによると、メンデルスゾーンの記号は主として D、K、M、P、Z、そして例外的には Fll であり、レーゼヴィッツの記号は Q と Tz である。cf. Von Nicolai an Herder, Dez. 24, 1768.
　　確かに、発表順に言うと、『証明根拠』と『三段論法の四つの格』、そして『負量の概念』に関する一連の書評は Tz とサインしてある。しかし、こうした匿名の記号に関しては複雑な事情がある。まず、先のヘルダー宛の手紙において、ニコライ自身が、どれが誰の記号なのか特定することは難しいと述べている。これに関しては、この手紙が『最新文芸書簡』が廃刊されてから三年後に書かれたものであるという事情も考慮されよう。また、最初に『最新文芸書簡』に掲載されたレーゼヴィッツによる書評に対するニコライの評価は厳しいものであった。そのことからして、カントによる一連の著作の書評がレーゼヴィッツ一人に任されたとは考えにくい。cf. Von Nicolai an Abbt, Jan. 12, 1764.
　　加えて、記号の使用に関しては、複数の記号が用いられたという以上に、それが混用されて用いられもしたという複雑な事情もある。とくに、大文字と小文字が並んでいる場合、小文字の方が加筆者を指示するということもあったようである。レーゼヴィッツ自身、1765 年から 1780 年にかけて『一般ドイツ文庫』に投

稿した際には、全部で13もの記号を使っている。こうした事情に関しては、メンデルスゾーンによる証言も参考になる。cf. *JubA*, Bd. 12-1, pp. 73 f.

そのうちの一つ、Bとサインされた書評は、メンデルスゾーンとカントの懸賞論文がアカデミーによって出版された1764年の版を取り上げたものだが、その内容からしてこの『証明根拠』の評者と同一人物によるものとは考えにくい。cf. *Allgemeine deutsche Bibliothek*, Berlin-Stettin, 1766, Bd. 5-1, pp. 137-160.

そもそも、それが誰の手によるものか、ということは、文体や評者の関心事なども合わせて判断されるべきことであり、Tz という記号のみで、書評の書き手を判断することはできない。こうした点を考慮すれば、一連の書評が少なくともレーゼヴィッツ一人の手によるものであるとは考えにくい。cf. *JubA*, Bd. 5-3a, pp. 422 f.

3 　J. G. Buhle, *Geschichte der neuern Philosophie für der Epoche der Wiederherstellung der Wissenschaften*, Bd. 6, 2te Hälfte, Göttingen, 1805, p. 511.
4 　cf. Von Hamann an J. G. Lindner, Oct. 3, 1764.
5 　序論で述べたように、ハーマンがメンデルスゾーンにカントがスウェーデンボルクの全集を読んでいることを伝えたのは1764年12月6日付けの手紙による。このことは、この時点までに二人の間でカントが共通の話題となっていたことを示している。なお、この二人が最初に出会ったのは1756年のことであるが、それについては第六章の第四節を参照。
6 　Kant, *Werke*, Bd. 2, p. 71. 引用文中、「詳細に」と訳した ausführlich という言葉はヴォルフ派の用語法においては、completa の訳語として使われている。そこからすると、この言葉は「完足的」とでも訳せるものである。cf. J. G. Gottsched, *Erste Gründe der gesammten Weltweisheit, darinn alle philosophishe Wissenschaften, in ihrer natürlichen Verknüpfung, in zwenen Theilen abgehandelt werden*, 6te Auf., Leipzig, 1756, theoletischer Theil, § 24.
7 　ibid., p. 72.
8 　ibid. 傍点は引用者による。
9 　ibid., pp. 72-73.〈　〉と傍点は引用者による。
10 　「事物」ではなく、「概念」と言われていることに注意。
11 　Kant, *Werke*, Bd. 2, p. 73.
12 　ibid.
13 　あくまでも「或る物」という言葉が使われ、しかもそれが「事物そのもの」と言い換えられているという事実は、ヴォルフにおける「事物」の定義を考えた場合に重要な意味を持っている。以下の拙論も参照。「ヴォルフの存在論のために」『紀要』立正大学哲学会、9号、2014年。
14 　Kant, *Werke*, Bd. 2, p. 73.
15 　ハイデガーは、この voraussetzen 或いは voraus setzen を、vorsetzen として読み替えているように思われる。しかし、カントは『証明根拠』において vorsetzen という動詞を一度も使っていない。cf. M. Heidegger, *Gesamtausgabe*, Bd. 9, Frankfurt am Main, 1976, p. 450.
16 　Kant, *Werke*, Bd. 2, p. 74.
17 　例えば、次のように言われている。"Gott ist allmächtig, muß ein wahrer Satz auch in dem Urtheil desjenigen bleiben, der dessen Dasein nicht erkennt, wenn er mich nur wohl versteht, wie ich den Begriff Gottes nehme. Allein sein Dasein muß unmit-

telbar zu der Art gehören, wie sein Begriff gesetzt wird, denn in den Prädicaten selber wird es nicht gefunden." ibid.

18 確かに、1760年から1764年の間に書かれたと目されている「レフレクシオーン」(3706番) では次のように言われている。「或る事物に適合し得る様々な述語に、そのうちの一つとして現存在を数え入れることができるのであれば、確かに、神の現存在を論証するのに、デカルト的な証明よりも有力でわかりやすい証明は求められ得ないであろう」。Kant, *Werke*, Bd. 17, p. 240.

  しかし、こうした「デカルト的な証明」は「新解明」(1755年) の時点で既に斥けられていると指摘されている。cf. J. Schmucker, *Die Gottesbeweise beim vorkritischen Kant*, p. 446, in: G. Martin (hg.), *Kantstudien*, Bd. 54, Heft 1, 1963, pp. 445-463.; his *Die Frühgestalt des kantischen ontotheologischen Arguments in der Nova Dilucidatio und ihr Verhältnis zum "Einzig möglichen Beweisgrund" von 1762*, pp. 49-50, in: H. Heimsoeth, D. Henrich, G. Tonelli (hgg.), *Studien zu Kants philosophischer Entwicklung*, Hildesheim, 1967, pp. 39-55.

  そこで、シュムッカーは、「新解明」を前批判期におけるカントの「全盛期 (Höhepunkt)」とするのである。cf. Schmucker, *Kants vorkritische Kritik der Gottesbeweise*, Mainz, 1983, p. 11.

19 Kant, *Werke*, Bd. 2, p. 74. 傍点は引用者による。
20 ibid., p. 75. 傍点は引用者による。
21 ibid.〈 〉と傍点は引用者による。
22 この時期のカントによる denklich という言葉の意味は、denkbar と同じ意味である。メンデルスゾーンなどはいつも denkbar の方を用いている。cf. L. Kreimendahl, *Einleitung*, pp. xxi-xxii, in: *Kant-Index*, Bd. 38, Stuttgart-Bad Cannstatt, 2003, pp. ix-lvi.
23 cf. C. Wolff, *Vernünfftigen Gedancken von Gott, der Welt, und der Seele des Menschen, auch allen Dingen überhaupt*, neue Auf, Halle, 1752, § 14.
24 Kant, *Werke*, Bd. 2, p. 77.
25 ibid.
26 ibid.
27 ibid.
28 ibid., p. 78.
29 ibid.
30 ibid.〈 〉は引用者による。
31 ibid.〈 〉は引用者による。
32 ibid., p. 91. 慣例に則って、Beweisgrund は「証明根拠」と訳しておくが、この言葉はおそらくラテン語 argumentum の訳語であるから、単に「証明」と訳しても間違いではないのだろう。cf. Kreimendahl, *Einleitung*, pp. xxii-xxiii. とはいえ、言葉の由来は別として、引用箇所においてはその文意からして証明とその根拠という読みも許されるところではある。
33 Kant, *Werke*, Bd. 2, p. 78. 傍点は引用者による。以下の論文では、この「前提している」という表現を強く読む解釈をしているが、筆者としては上に述べたような理由からして反対である。春名純人「カントの神存在論証について―特に批判前期の「唯一の証明根拠」(1763年) を中心とする―」、1308 頁以下。(『哲学研究』43 巻 12 冊、京都哲学会、1967 年、1289-1318 頁)

34　Kant, *Werke*, Bd. 2, p. 79.
35　ibid.
36　ibid.
37　ibid. 傍点は引用者による。
38　cf. Crusius, *Weg zur Gewißheit und Zuverläßigkeit der menschlichen Erkenntniß*, § 421.
39　Kant, *Werke*, Bd. 2, pp. 73-74.
40　ibid., p. 79.
41　ibid., p. 80.
42　ibid.
43　ibid., pp. 80-81. 傍点は引用者による。
44　ibid., p. 81.
45　実際に、ヤコービなどはそう読んだのである。cf. Beiser, *The Fate of Reason*, p. 55.「新解明」における神の存在証明に関しても、同様の汎神論的な解釈がこれまでにも何度か出されている。cf. J. Thomé, *Kants Stellung zu den Gottesbeweisen in seiner vorkritischen Periode*, p. 384, in: C. Gutberlet (hg.) , *Philosophisches Jahrbuch der Görres-Gesellschaft*, Bd. 28, Heft 3, 1915, pp. 380-396.
46　この場合、「デカルト的な証明」とはいわゆる存在論的な証明のことを指す。この点において、カントはメンデルスゾーンと認識を異にしているので注意を要する。
47　この点は、以下において詳細に検討されている。香川豊『超越論的な問いと批判』行路社、1989 年。
48　定立の主体に関する従来の議論に関しては、以下に詳しく書かれている。檜垣良成『カント理論哲学形成の研究』渓水社、1998 年、53-55 頁。
49　同上、78 頁を参照。
50　Kant, *Werke*, Bd. 2, p. 70.
51　ibid.
52　ibid., p. 66.
53　ibid., p. 81.
54　ibid., p. 82.〈 〉と傍点は引用者による。
55　ibid., p. 83.〈 〉は引用者による。
56　ibid. 傍点は引用者による。
57　ibid. 傍点は引用者による。
58　ibid., pp. 83-84. 傍点は引用者による。
59　ibid., p. 84.
60　ibid., pp. 84-85.
61　ibid., p. 89.
62　ibid.
63　ibid., pp. 88-89.
64　ibid., p. 91.〈 〉は引用者による。
65　そのうちの一編はプルケーによるものである cf. I. Kant, *Theoretical Philosophy, 1755-1770*, D. Walford (trans. and ed.), Cambridge UP, 1992, p. lx.
66　クラウスの証言によると、カントはこの書評がメンデルスゾーンのものであることを知っていた。cf. Leicke, *Kantiana. Beiträge zu Immanuel Kants Leben und*

Schriften, p. 21 (n. 32).
67 cf. Von Lambert an Kant, Nov. 13, 1765.
68 この書評は匿名で書かれたものであるために、著者を特定することは難しかったであろう。例えば、ローゼンクランツなどは、1840年の時点においても、このTzと署名された書評は、「メンデルスゾーンの手によるものであると推測されている」と述べるに留まっている。K. Rosenkranz, *Geschichte der Kant'schen Philosophie*, Leipzig, 1840, p. 151.
69 もっとも、『視霊者の夢』の書評が短い理由は、それについての感想を、メンデルスゾーンが直接カントに手紙で伝えたからであると考えられる。しかし、その時の手紙が残っていないのである。
70 *JubA*, Bd. 5-1, p. 603.
71 ibid.〈 〉は引用者による。
72 ibid., pp. 603-604.〈 〉は引用者による。
73 ibid., p. 604.
74 Kant, *Werke*, Bd. 2, p. 74.
75 *JubA*, Bd. 5-1, p. 604.
76 ibid. 傍点は原文強調。
77 ibid.
78 ibid.
79 ibid. 傍点は原文強調。
80 二人の間には親交があった。ベルリン在住時、エーベルハルトはしばしばメンデルスゾーン宅を訪れている。cf. Nicolai, *Über meine gelehrte Bildung*, Berin-Stettin, 1799, p. 43.
81 Von J. A. Eberhard an Mendelssohn, Nov. 15, 1778.
82 エーベルハルトは、S. J. バウムガルテンに教わり、1778年には、A. G. バウムガルテンの教え子であったマイヤーからハレ大学の教授職を継いだ。この席は、もともとヴォルフが占めていたものである。そして、それがバウムガルテン、マイヤーと引き継がれていったのである。エーベルハルトが正統なヴォルフ主義者であることは、引用箇所で使われている「付け加わる (hinzukommen)」という言葉からしてもわかる。これは、マイヤーによって好んで使われていた言葉で、手紙の文章とはいえ正確な表現である。
83 *JubA*, Bd. 5-1, pp. 604-605. 傍点は原文強調。
84 ibid., p. 605. 傍点は原文強調。
85 ibid. 傍点は引用者による。
86 ibid. p. 606.
87 ibid. 傍点は引用者による。
88 ibid., p. 607. 傍点は原文強調。
89 カンター版の頁数。アカデミー版では83頁。第三考察の第二節に該当する。
90 *JubA*, Bd. 5-1, pp. 607-608. 傍点は原文強調。
91 カンター版の頁数。アカデミー版では89頁。第四考察の第三節に該当する。
92 *JubA*, Bd. 5-1, pp. 608-609. 傍点は原文強調。

第三章
ヘルツ宛の手紙（1778年）

　1778年、メンデルスゾーンはヘルツなどに手紙を送り、「ア・プリオリに論証された神の現存在」と題された、新たな神の存在証明を発表した。これは、アルトマンにより発掘され[1]、20世紀になって初めて出版されたものであるから、当時においてはもちろんのこと、今日に至っても、あまり知られてはいないものである。

　この存在証明は、メンデルスゾーンの生前に出版された著作におけるものと比べれば、内容ばかりか、その論述の仕方からして難解なものである。これには、メンデルスゾーンが公刊される著作には「通俗性」を求めていたために、表向きは専門的な用語を用いた難解な議論を避けていた、という事情が関係している。それが、この「ア・プリオリに論証された神の現存在」においては、私的な手紙という性質から、ラテン語の用語なども用いた難解な論述となっているのである。

　先に引用したように、ヘルツは次のように言っていた。「私は小論を著して、神の現存在のア・プリオリな証明の誤りを彼に示して見せるつもりです。メンデルスゾーンは、この証明をいたく気に入っていますが、それはバウムガルテンによって認められているものなのですから、驚くことではありません」。

　これが1770年のことであるから、その8年後に、メンデルスゾーンが「ア・プリオリに論証された神の現存在」と銘打った「神の現存在のア・プリオリな証明」を、他ならぬヘルツに宛てて書き送っているということは、この証明が、一つにはヘルツの批判を踏まえた上で構想されたものであることを示している[2]。この場合、ヘルツはカントの忠実な教え子であった、という事実を忘れてはならない。ヘルツが構想していた「小論」とは、未完に終わった『哲学対話』のことだろう。その頃、ヘルツはポーランドにいたが、その原稿がメンデル

スゾーンに送られている。これが刊行されなかった理由は、この時のメンデルスゾーンの評価によるのだろうか[3]。

さて、この1778年の存在証明においては、「思考」や「主観性」といった概念が用いられている。このことだけでも、それが「懸賞論文」における証明とは異質のものであることがわかるだろう。しかも、この証明は明らかにカントの『証明根拠』の内容を踏まえて構想されたものである。もっとも、証明そのものはいまだ不完全なものである。しかし、この証明があってこそ、『朝の時間』における「新しい証明」は構想されることができたのである。

第一節 「ア・プリオリに論証された神の現存在」

この「ア・プリオリに論証された神の現存在」が書かれた動機としては、第一にカントの『証明根拠』の影響が挙げられる。もっとも、これは本来、「懸賞論文」における神の存在証明に対するバゼドーやシューマンによる批判に答えたものなのかもしれない。

バゼドーは、1770年に『良家の父母および民衆のための方法書[4]』において、メンデルスゾーンによる神の存在証明を間接的に批判している。教育者として有名なバゼドーであるが、哲学的にはクルージウス派の一員として数えられている[5]。そうであれば、そもそも神の存在証明には懐疑的な人物であったはずである。実際に、バゼドーは、メンデルスゾーンばかりではなく、ヴォルフやライマールスなどの証明も軒並み批判しているのである。そうした意味では、同書におけるバゼドーの批判は、「懸賞論文」におけるメンデルスゾーンの証明と無関係ではないが、敢えてそれに対する批判として看做される必要はないのかもしれない。

しかし、こうした批判の背景には、バゼドーによる「信じる義務 (Glaubenspflicht)」なる原理があった。これに抵触するがゆえに、バゼドーは啓示宗教ばかりか自然宗教においても「純粋な数学的な論証」を一切認めないのである[6]。（この原理に関しては、『朝の時間』において問題とされることになろう。）

また、1771年にはシューマンが、『最も完全な存在者の可能性から、その

現実性を推理することの新しい確証、メンデルスゾーンによるそうした証明の新しい展開についての諸注意[7]』という書物を著しているが、現在では入手困難となっているから、ここで検討することはできない[8]。

確かに、この小論はバゼドーとシューマンに送られている。しかし、やはり『証明根拠』におけるカントの主張に対するメンデルスゾーンなりの返答として、たとえ過渡的なものではあっても、この新しい証明は構想された、と考えられるのである。そこで、この小論はヘルツにも送られているのである。

ともあれ、この小論の直接的な執筆動機としては、フルショフというオランダ人から送られてきた学術雑誌の影響が挙げられる。これは、1776年に出版されたもので、自然神学に関する二本の論文を掲載していた。

このうち、まずラテン語で書かれている方の論文は、神の存在証明の歴史を通観した上で、メンデルスゾーンの証明について批判的に述べたものである。これが、メンデルスゾーンにとって、「懸賞論文」における神の存在証明を検討し直す一つの契機となったことは疑いない。

また、もう一方のオランダ語で書かれた方の論文は、この学術雑誌の送り主によるものであるが、内容の上からして、とりわけ重要な影響をメンデルスゾーンに与えたと考えられる。というのも、この論文には、オランダ語で「思考像 (Denkbeeld)」という言葉が出ているからである[9]。メンデルスゾーンは、オランダ語の辞書を引きながらこの論文を読んだのであった。

つまり、これらの論文は、それぞれ「懸賞論文」における神の存在証明を見直す契機をメンデルスゾーンに与えたのである。とりわけ、オランダ語で書かれた方の論文は、「思考像」という概念をメンデルスゾーンに与えた。

その点に注目して、アルトマンが次のように述べている。「この論文は、「神の現存のア・プリオリな証明の試み」と題されていることからもわかるように、「必然的な存在者の現実的な現存在を…mental image (*Denkbeeld*) からア・プリオリに証明できるのか？」という問いに答えたものである。これによると、*Denkbeeld* という言葉は両義的である。それは、心によってイメージされているものとして、主観的な意味において理解されるが、何らかの客観的なものを指示しているものとしても、つまりは思考の対象である限りにおける真理

としても理解される[10]」。

確かに、それは両義的である。しかし、この両義性にこそ、ア・プリオリな証明の可能性が秘められているのではないか？ Denkbeeld は、ドイツ語に訳せば、Denkbild となる。これは、「像（Bild）」でありながらも思考された「像」である。つまり、それはアルトマンが訳しているように単なる mental image ではないのである。

では、メンデルスゾーンは、具体的にどのような仕方で新たに神の存在証明を構想したのだろうか？メンデルスゾーンは、この送り主に対して宛てた書簡において、「像的な現存在」と「主観的な現存在」の区別について述べている。この区別は、上記の論文集における論文の著者たちが、等しく勘違いをしている点として挙げられているものであるが、それだけに却って、メンデルスゾーン自身の主張を知る上でも極めて重要なものである。

メンデルスゾーンは言う。「思考する存在者における概念の現在性（Anwesenheit）は、像的な現存在である。この現存在からは、事象的な現存在は導かれない。しかし、事象的な現存在は、思考される限りにおいて、つまりは〈思考のうちで或る種の思念（Notion）が帰される〉限りにおいて、主観的な現存なのである。この現存からは、十分に客観的な現存在が導かれる。というのも、あらゆる真理は思考され得なければならないから[11]」。

この箇所は、簡潔ながらも、本書における主題からして重要である。

まず、概念の「現在性」とは、その「主観性」のことではない。これは、像的（bildlich）と言われる事柄を指している。それに対して、「主観的な現存」とは、事象的（sachlich）と言われ、「客観性」と関係する概念の在り方を指している。

そこで、「或る種の思念」と言われているが、これが「像的な現存在」と「事象的な現存」を区別する上での重要な指標となっている。それと共に、「あらゆる真理は思考され得なければならないから」という言い分も、「事象的な現存在」には「思考のうちで或る種の思念が帰される」ということの内実を表したものであるから重要である。少なくとも、それは、思考されるものは存在し、存在するものは思考される、というような冗語的な主張であってはならないだろう。

さて、この区別を前提として、メンデルスゾーンによる神の存在証明は、次のような二通りの方法による。第一の方法は、「必然的な存在者は現実的かつ客観的に現存する[12]」ということを証明する。第二の方法は、「最も完全な存在者は現実的に現存する[13]」ということを証明する。一見して、これらは「必然的な存在者」、或いは「最も完全な存在者」という概念からしてその存在を導き出す存在論的な証明であるように思われる。

しかし、これは概念の「思考可能（denkbar）」性に基づいた証明なのである。そして、この「思考可能」性とは、必ずしも概念の無矛盾性を意味しているわけではない。

まず、第一の方法による証明は、次のようなものである。「必然的な存在者は思考可能な概念である。〈もしも思考可能な概念Aが、客観的にBではないならば、AはBではない、という命題は主観的に思考され得なければならない。というのも、あらゆる真理は思考可能であるから〉。そのため、もしも必然的な存在者が、我々の外に現実的に現存していなければ、必然的な存在者は現実的に現存しない、という命題もまた主観的に思考可能である。とはいえ、この命題は思考可能ではない。というのも、それは主語が端的に述語と矛盾しているからである。このため、この命題は客観的にも真理ではない。従って、必然的な存在者は現実的に現存している[14]」。

次に、第二の方法による証明は、次のようなものである。「最も完全な存在者は、現実的かつ客観的な現存在なくしては思考不可能である。というのも、最も完全な存在者についての、いくつかの肯定的な諸規定は無限である（あらゆる制限がない）から。ところで、いくつかの肯定的な諸規定は、他の諸々の肯定的な規定が最高度に思考されることなくしては、最高度に思考され得ない。かくして、最も完全な存在者も、一つの肯定的な規定である外的かつ現実的な現存なくしては思考され得ない。〈しかし、最も完全な存在者は、思考可能な概念であるから、最も完全な存在者は現存しない、という命題は客観的には真理ではあり得ない〉。従って、この命題の反対、つまり最も完全な存在者は現実的に現存している、という命題は真理である[15]」。

メンデルスゾーンにおいて、これら第一の方法と第二の方法は一応は区別されている。
　確かに、「必然的な存在者は現実的かつ客観的に現存する」という命題と、「最も完全な存在者は現実的に現存する」という命題は、それぞれ必然性に関わる証明と完全性に関わる証明の帰結として区分されよう。しかし、第二の方法における、「最も完全な存在者は、思考可能な概念であるから、最も完全な存在者は現存しない、という命題は客観的には真理ではあり得ない」という箇所を重視するならば、この第二の方法は必ずしも第一の方法と区別されるものではない。それは、第一の方法では、「もしも思考可能な概念Aが、客観的にBではないならば、AはBではない、という命題は主観的に思考され得なければならない。というのも、あらゆる真理は思考可能であるから」と説明されていることと同じことを言っている。
　そこで、これを「テーゼ」としよう。
　どちらの方法においても、この主観的な「思考可能」性という概念が、重要な役割を果たしている。第一の方法においては、「必然的な存在者」という概念と、「必然的な存在者は現実的に現存している」という命題が、「思考可能」であるかどうか、ということが、第二の方法においては、「最も完全な存在者」という概念と、「最も完全な存在者は現実的に現存している」という命題が、「思考可能」であるかどうか、ということが問われているのである。
　そう考えると、この二つの方法は、先に「像的な現存在」と「主観的な現存在」との区別に関して言われていた、「事象的な現存在は、思考される限りにおいて、つまりは思考のうちで或る種の思念が帰される限りにおいて、主観的な現存である。この現存からは、客観的な現存在が導かれる。というのも、あらゆる真理は思考され得なければならないから」ということを敷衍して言われていることと解せられよう。
　つまり、「思考可能」性とは、言い換えれば、「思考のうちで或る種の思念が帰される」ということである。その限りにおいて、「像的な現存在」は、「事象的な現存在」として、「主観的な現存」と「客観的な現存在」を同時に獲得する

のである。それが、「思考像」なのだろう。
　従って、それは単なる mental image ではない。
　アルトマンによれば、事情は次のようである。「メンデルスゾーンは、Denkbeeld というフルショフの用語を、imagined existence（bildliches Daseyn）と訳すことによって受け入れているのである。しかし、フルショフが existence を主観的な現存と同一視しているのに対して、メンデルスゾーンは、心的な現存（intramental existence）を二種類に分けている。つまり、心における概念の単なる現在（mere presence）と、notio の形式において実在的な現存を反映したもの、とに分けるのである。この後者のみが、主観的な現存と言われ得るのであって、客観的な現実性もそこから推理され得るのである、と[16]」。
　或いは、「こうした証明の斬新なところは、客観的な存在と主観的な思考という区別と、客観的に非真理であるものは主観的に思考され得ないということ、そして、その反対に（vice versa）、主観的に思考不可能なものは客観的に真理ではあり得ないということを示そうとしている点である。メンデルスゾーンは、追加事項において、二種類の心的な現存の違いについて詳細に述べている。この二種類の心的な現存とは、一つは、心における観念の単なる現在を意味し、もう一つは、いくらか客観的な実在性を意味している。前者は、"mental image"（Denkbild）——メンデルスゾーンによるオランダ語 Denkbeeld の訳語——と名付けられよう。その一方で、後者は、客観性を反映しており、客観的な実在性と密接に関係していることから、"subjective"である。客観性とのいかなる関連も、単なる思考像（Denkbild）からは導き出せないが、主観的な現存からは十分に導かれるのである[17]」。
　しかし、この解釈は誤りであろう。メンデルスゾーンにおける「思考像」とは、あくまでも思考された「像」でなければならない。それは、アルトマンの言うところの「心における観念の単なる現在」である"mental image"——言うならば「心象」——とは区別されたものである。なぜなら、「思考像」には、「或る種の思念」が帰されているのであるから。その限りにおいて、それは「主観的」なのである。
　つまり、アルトマンの言うところの「二種類の心的な現存」とは、どちらも

「像」であることに変わりはないが、単なる「心象」ではなく、思考された「主観的」な「像」こそが、つまりは、「客観的な実在性と密接に関係している」ような「像」こそが「思考像」でなければならないのである。

　従って、そもそも「像的な現存在」というメンデルスゾーンの用語を、Denkbeeld の訳語とする解釈からして誤っていると言わねばならない。メンデルスゾーンは、むしろこの Denkbeeld のうちにおいて、単に intramental なものと、それでいてなおかつ subjective なものとを区別しているのである。

　アルトマンの誤りは、先の引用箇所において、「客観的に非真理であるものは主観的に思考され得ないということ、その反対に、主観的に思考不可能なものは客観的に真理ではあり得ないということ」として、この相反する二つの事態を、「その反対に」と簡単に述べていることからも窺える。

　メンデルスゾーンにおいては、「思考可能」性ということが重要な意味を持っている。あくまでも、「思考可能」な「像」に限って言えば、それは「客観性」を伴う、或いは「客観的な現存在」を持つ、というのがメンデルスゾーンの主張なのである。従って、これはあくまでも「思考可能」性という或る種の「主観性」から、extramental な「客観性」が導き出される一方的な事態なのである。

　さて、メンデルスゾーンによって付された「追加事項」によれば、上に挙げられた二つの証明方法は、「諸概念の連関から外的な現存を推理するものである[18]」。

　これに対しては、次のように反論されよう。「こうした試みは誤りである。なぜなら、諸実在（Realien）が諸観念（Idealien）と同様の仕方で関連づけられているとしても、諸観念からは、単に観念が導かれるだけであって、諸実在からは、前提された諸実在から推理されるもの以上のものは推理され得ないだろうから[19]」。

　しかし、メンデルスゾーンによれば、「こうした〔観念と実在という〕根本的な区別にも拘らず、像的な世界から事象的な世界へと推理することは全く不可能なことではない。とりわけ、以下の命題は否定されるべきではない。1) 観念的に思考され得ないものは、実在的にも現存しない。2) AはBであると

いう命題が、観念的に思考不可能であれば、この命題は実在的にも決して真ではない。3）AはBではないという命題が、観念的に思考不可能であれば、AはBであるという命題は、客観的に真である[20]」。（ここで「観念的」と言われていることは、先に「主観的」という用語で言い表されていたことと同じである。）

また、別の反論として、「そのような推理からは、観念的な現存が導かれるのみであって、実在的な現存、或いは客観的な現存は導かれない[21]」と言われる。これは、予想されるように当然の反論である。先の反論と同様に、やはり「像的な世界から事象的な世界へと推理すること」は不可能である、ということである。

しかし、これに対しては、次のように答えられる。「思考する存在者における概念の現在性は、像的な現存在と言われる。これに関しては何の問題もない。ところで、観念的な現存と主観的な現存は区別される。単に思考された概念は、観念的な現存を持つ。こうした概念の思考する存在者の外にある対象は、実在的な現存、或いは客観的な現存を持つ。しかし、〈概念が客観的に現存しているものとして思考される〉ならば、この概念は主観的かつ実在的な現存を獲得する。像的な現存在から、事象的なものは推理されないが、先に述べたように、主観的な現存在からは、客観的な現存在が十分に推理される[22]」。（ここでは、「像的な現存在」と「観念的な現存」とが同じ意味で使われている。）

まさに、「概念が客観的に現存しているものとして思考される」とは、先に言われていた「思考のうちで或る種の思念が帰される」ということであろう。そうすると、この一文は補足を加えて、「概念が客観的に現存しているものとして〔主観的に〕思考される」と読まれなくてはならない。その限りにおいて、「概念」は、「像的な現存在」とは区別されて、「主観的な現存在」を獲得し、ひいては「客観的な現存」、それも「実在的な現存」を獲得するのである。

ところで、興味深いことに、先に二つの証明方法が挙げられたが、メンデルスゾーンはそれに続いて次のように述べている。「付言すれば、現存については、それが一つの実在性であるとも一つの完全性であるとも認められない。確かに、現存は一つの実定的な規定（eine determinatio positiva）である。とはいえ、

それは言葉では語れないものであるから、諸述語の定立（ein praedicatum ponens）となってしまうだろう、ということは否定されない[23]」。

　この箇所は、まさに『証明根拠』におけるカントの主張を、メンデルスゾーンが意識的に認めていた、ということを暗に示している。いや、そもそもカントの影響を考えることなしに、この箇所を読むことは不可能であろう。明らかに、現存は「一つの実在性」でもなければ、「一つの完全性」でもないという主張は、「可能的なもの」が現存するとしても、それに関する実在性が一つ増えるわけではない、というカントによるバウムガルテン批判と同一のものである。

　ただ、これが「一つの実定的な規定」とされ、「言葉では語れないもの」などと言われていることからして、メンデルスゾーンはカントの主張を或る程度は受け入れながらも、やはりまだ消化し切れてはいないようである。もちろん、その理由は書評に見られたように、メンデルスゾーンにとって、そもそもカントの主張が自身の認識論的な前提からして理解し得ないものであったからである。ともあれ、この引用箇所が示しているように、メンデルスゾーンは、一定の範囲内において、それを受け入れていた、或いは受け入れようとしていたのである。（先にエーベルハルトの書簡を引き合いに出したが、それがちょうどこの1778年に出されたものであることに注意。）

　従って、上に挙げた二種類の証明は、カントが『証明根拠』において批判していたような存在論的な証明を盲目的に繰り返したものではない。確かに、メンデルスゾーンによる証明は、ヘンリッヒの言うように、「証明の方法」に関してのみ、いくらか価値が認められるものに過ぎず、内容としては旧態依然としたものであるかもしれない。しかし、少なくともメンデルスゾーン自身は、カントによる「現存在は何らかの事物の述語ではなく、その絶対的な定立である」という主張を受け入れた上で、それもその教え子であるヘルツに宛てて先のような証明を提示しているのである。

　この証明は、「ア・プリオリに論証された神の現存在」と題されているように、確かに「神の現存在」を証明するものである。しかし、その内実は、主観的な「思考像」の持つ客観性、或いは実在性の証明であった。神が或る種の仕方で、つ

まりは主観的に思考される、ということから、そこで思考されている「像」の対象には客観的な実在性が認められなければならない、そうメンデルスゾーンは主張しているのである。では——、それは神の存在をいわば「原像」として証明する形而上学的な神像表現なのであろうか？

第二節　ヘルツの反論

　上に述べた証明は、メンデルスゾーンが手紙に付して、バゼドーとシューマン、そしてヘルツに送ったものであった。それに対して、彼らも当然ながら応答している。いずれも批判的な応答ではあるが、メンデルスゾーンの簡潔すぎる論述を補うために役立つものである。とりわけ、ヘルツは批判的な仕方で、このメンデルスゾーンによる新しい存在証明に反対している。これには、先に述べた通り、ヘルツはカントの教え子であった、という事情が明らかに関係していると思われる。そうした意味では、ヘルツによる反論は、カント的な立場からのメンデルスゾーンに対する反論として解釈することができよう。

　先に引用したように、ヘルツはカント宛の書簡において次のように言っていた。「私は小論を著して、神の現存在のア・プリオリな証明の誤りを彼に示して見せるつもりです」。

　ヘルツは、「懸賞論文」におけるメンデルスゾーンの神の存在論的な存在証明に対する批判を、早くから構想していたのである。すると、それが形をなしたのが、この1778年の「ア・プリオリに論証された神の現存在」に対する批判であると言えなくもない。

　しかし、メンデルスゾーンによる神の存在証明は、「懸賞論文」におけるものと、この1778年のものとでは異なっている。それも、この新しい証明は他ならぬカントの主張を踏まえた上で構想されたものなのであった。この点にヘルツは気付いていたであろうか？——どちらにせよ、ヘルツにとっては、これがバウムガルテン流の「ア・プリオリな証明」であることに変わりはない。

さて、ヘルツは第一の証明で問題とされていた「必然性」について次のように述べている。

「事物は、それが現実的に存在する仕方でしか存在できないのであれば、つまり、その今の状態の反対が或る何らかの物と矛盾するのであれば、必然的である。この反対は、第三のものと矛盾するか、主語そのものと矛盾してしまうのである。つまり、それによって、その反対が主語そのもののうちに含まれているような或る何らかの物が定立されてしまうのである。最初の必然性は仮定的と言われ、後の方の必然性は絶対的と言われる。或いは、前者は外的な必然性と、後者は内的な必然性と言われる。どちらの種類の必然性も、仮定されている規定の反対と矛盾してしまうような条件──これは必然的な条件（conditito necessitans）と言われよう──を前提としている。ただ、最初の場合には、この条件が主語の外に、そして後の方の場合には、それが主語のうちに現存しているということである。真なる意味における絶対的な必然性なるものは、つまりは何らかの条件を顧慮することなしに成立するような必然などない。なぜなら、我々は、それ以外の仕方ではあり得ない、ということを、仮定されている他の規定に対して対立的に定立されている規定による以外には考えられないからである[24]」。

続けて、この二種類の必然性のうちの「内的な必然性」の方について次のように言われる。問題とされているのは、「主観的な必然性」と「客観的な必然性」の違いである。

「三角形における三つの角が三つの辺という条件に基づいているならば、この条件は我々とは独立に三角形という概念と結び付いているのである。それに対して、我々が目の前にしている或る事物が、それとは同じ種類の別の事物と共に一つの場所に存在し得ないとしても、これはただ、我々がこれらの事物の概念に非透過性〔という別の概念〕を結び付けるがために、内的に必然的であるに過ぎないのである。こうした必然性は、主観的に考察される限りでは、どちらの種類であっても何の違いもない。しかし、客観的な必然性が問題となれば、次のような点で区別される。つまり、最初の事例においては、述語が直接的に主語から導き出されるがために、それ以上にはどんな証明も

必要ないが、後者の事例においては、なぜ我々は必然的な条件を主語に結び付けているのか、ということの原因が示されるかどうかは我々に掛かっている、つまり、我々がこの結び付きのために必要とされる他の必然的な条件を認めなければならないのである[25]」。

そこで、「例えば、必然的な存在者の何らかの属性から、その他の諸属性を導き出すとすれば、我々の判断は数学的な必然性を持つことになる[26]」とヘルツは言う。これは、上の区分で言えば、最初の事例に当たる場合であろう。つまり、「述語が直接的に主語から導き出される」場合のことである。

しかし、ヘルツによれば、これには次のような問題がある。「必然的な現存を証明しようとするならば、主語に現存を結び付けていなければ矛盾する、という別の条件が第一に認められなければならないだろう。つまり、必然的な存在者とは、現存が適合しなければならないようなものである、或いは現存しないということが矛盾するようなものである、という条件である。従って、必然的な存在者は現実的である、という命題は、主観的にはどんな証明も必要としない。なぜなら、この命題は同一的な命題であるから。しかし、客観的な現実性への移行が生じるや否や、その必然性は失われる。それが必然的である場合には、必然的な条件が主語のうちに直接的に含まれているか、そうした条件と主語との結び付きを必然的なものとする別の条件が現存していなければならない。しかし、問題となっている場合は、このどちらでもないのだから、客観的な必然性は全く見出されないのである。また、必然性という概念そのものを第二の条件として認めようとすれば、明らかな循環に陥ることになろう。つまり、必然性という概念によっては、或る種の条件が現存している、ということ以上のことは何も言われないのだが、このことによって必然性が認められる、ということは決してないのである[27]」。

要するに、ヘルツによれば、存在論的な証明において必要とされることは「主観的な必然性」ではなく、「客観的な必然性」でなければならないのである。「必然的な存在者は現実的である」という命題は、「必然的な現存」という概念を分析したものであるから、同一的な命題である。従って、それは主観的な「必然性」としては認められる。しかし——ここにカントの影響が見られるのだが

——、「必然的な存在者」が現存するということは、まさしく「現存」が「何らかの事物のいかなる述語でもなければ規定でもない」ために、それを「必然的な存在者」という概念と結び付けるための別の条件が必要とされる。もっとも、存在論的な証明とは、この条件を他ならぬ「必然的な存在者」という概念そのもののうちに認めるものであるが、ヘルツによれは、それは「必然的な存在者は現存する」ということを、まさしくこの「必然的」という条件によって客観的に必然的なこととして証明することに他ならないのである。

そこで、続けて「完全性」が問題とされていた第二の証明について、次のように言われているのである。つまり、「完全性とは、主語に対して、その主語の他の諸規定とは別に適合するような特別な述語では決してない。それは、主語の性質を、その主語に既に帰属している述語の量、或いは制限に関して規定するものである。従って、最も完全な存在者は、あらゆる可能的な実在性を述語として持つが、それも最高度に持つのである。ただし、現存は、いわば事物に対して、その事物の他の諸規定と共に適合するような特別な述語では決してない。というのも、事物は単に可能的なものとして、それもあらゆる側面から規定されたものとして表象され得るが、〈現存とは、事物の諸々の規定を集めた事物の定立なのである。〉従って、事物は現実的である、という判断によっては、新しい述語が事物そのものに付け加わることは決してないのである[28]」。

このヘルツの主張に、『証明根拠』におけるカントの主張を読み込むことは易しい。とりわけ、「現存とは、事物の諸々の規定を集めた事物の定立である」という箇所は、「現存とは、事物の諸々の規定を集めた事物の〔絶対的な〕定立である」と補って読めば、カントの主張そのものである。

しかし、既述したように、メンデルスゾーンとしても慎重に次のように言っていた。つまり、「現存は一つの実定的な規定である。とはいえ、それは言葉では語れないものであるから、諸述語の定立となってしまうだろう」、と。メンデルスゾーン自身、一応はカントの主張を認めているのである。

とはいえ、こうした付帯的な言明では、ヘルツを満足させることはできなかった。そこで、ヘルツは、「現存が、一つの実在性ではなく、単に一つの

実定的な規定として看做されるべきものであるとしても、どのような仕方で、この規定が他の実定的な諸規定から導き出されるのか？ということに関して、私とバゼドー氏は納得していません[29]」と言うのである。

　また、ヘルツは次のようなことも問題としている。
　つまり、「像的な世界から現実的な世界への移行を証明するために挙げられた証明によっては、ただ、像的な世界における思考不可能性から現実的な世界における非現実性が推理され得る、ということしか示されないように思われます。これは、現実性が思考可能性を含意しているために起こることです。しかし、この推理を逆にすると、結論においては前提におけるよりも以上のことが含まれているように思われるのです[30]」。
　従って、「主観的に実在的な現存と客観的に実在的な現存との究極的な区別は、明らかに、前者はア・プリオリな証明によって反駁し得ないものとして導かれるが、前者から後者への歩みは、この二種類の現実性を同一視するものであって、あまりも乱暴であるということです[31]」。
　しかし、こうした批判は、メンデルスゾーンにおいて「主観的」と言われている事柄の無理解に基づいたものである。メンデルスゾーンとしては、まさしくこの「像的な世界から現実的な世界への移行」を可能とするために、「像的な現存在」とは区別された「主観的な現存在」を引き合いに出したのであった。
　確かに、この「像的な現存在」と「主観的な現存在」という区別は、ヘルツの言うところの「主観的に実在的な現存」と「客観的に実在的な現存」という区別に対応する。しかし、メンデルスゾーンにおいて、「主観的な現存在」における「主観性」とは、概念の主観的な「思考可能」性を意味しているのであった。
　メンデルスゾーンは次のように言っていた。「思考する存在者における概念の現在性は、像的な現存在である。この現存在からは、事象的な現存在は導かれない。しかし、事象的な現存在は、思考される限りにおいて、つまりは〈思考のうちで或る種の思念が帰される〉限りにおいて、主観的な現存なのである。この現存からは、十分に客観的な現存在が導かれる。というのも、あらゆる真理は思考され得なければならないから」。

従って、「〔観念と実在という〕根本的な区別にも拘らず、〈像的な世界から事象的な世界へと推理すること〉は全く不可能なことではない。とりわけ、以下の命題は否定されるべきではない。1）観念的〔＝主観的〕に思考され得ないものは、実在的〔＝客観的〕にも現存しない。2）AはBであるという命題が、観念的に思考不可能であれば、この命題は実在的にも決して真ではない。3）AはBではないという命題が、観念的に思考不可能であれば、AはBであるという命題は、客観的に真である」。

これら三つの命題のうち、第二と第三の命題は矛盾律に基づいて言われていることである。

しかし、その前提となるのが、第一の命題、つまりは「観念的〔＝主観的〕に思考され得ないものは、実在的〔＝客観的〕にも現存しない」という命題である。そして、この主観的に思考され得る、ということの意味は、「思考のうちで或る種の思念が帰される」ということにあるのである。

では、なぜ「思考のうちで或る種の思念が帰される」からと言って、「像的な世界から現実的な世界への移行」が可能となるのか？と問えば、その答えは「もしも思考可能な概念Aが、客観的にBではないならば、AはBではない、という命題は主観的に思考され得なければならない。というのも、あらゆる真理は思考可能であるから」というテーゼに求められよう。

注意すべきことに、この場合、概念なり命題の「思考可能」性とは、必ずしも矛盾律に則った論理的な判断を指すのではない。それは、或る概念なり命題が、主観的に思考され得る、ということなのである。

ともあれ、ヘルツがそれを理解しなかったように、この「主観的」と言われている事柄はいまだ不分明なものである。それは、「像的」と言われている事柄と区別されてはいるが、メンデルスゾーンはそれを十分に説明し切れてはいないようである。実際のところ、「思考のうちで或る種の思念が帰される」と言われてはいるが、この「或る種の思念」というのが何を意味しているのかわからないのである。少なくとも、それはヘルツの言うような「条件」のことではないだろう。それは、むしろ「主観的」と言われている事柄に、それも転じてはそうした「主観的」な思考をしている主体、「思考する存在者」に関係し

ていることでなければならないだろう。

【註】

1 cf. Altmann, *Moses Mendelssohn*, pp. 322 f.
2 この時期、ヘルツはしばしばメンデルスゾーンの家を訪れていた。cf. Von Mendelssohn an E. Platner, Nov. 14, 1776.
3 F. Schlichtegroll (hg.), *Nekloge der Teutschen für das neunzehnte Jahrhundert*, Bd. 3, Gotha, 1805, pp. 31-32.
4 J. B. Basedow, *Das Methodenbuch für Väter und Mütter der Familien und Völker*, Langensalza, 1770.
5 cf. G. Tonelli, Einleitung, p. XLVIII, in: C. A. Crusius, *Die Philosophischen Hauptwerke*, Tonelli (hg.), Bd. 1, Hildesheim,1969, pp. VII-LXV.
6 Basedow, *Das Methodenbuch für Väter und Mütter der Familien und Völker*, pp. 147 f.
7 J. D. Schumann, *Neue Bestätigung des Schlusses von der Möglichkeit des allervollkommensten Wesen auf dessen Wirklichkeit, nebst einigen Erinnerungen gegen Mendelssohn's neue Wendung dieses Beweises*, Wendeborn, 1771.
8 この本は匿名で出版されたようであるが、その内容は以下に掲載された書評からおおよそ窺うことができる。なお、彼の名はレッシングの論争相手の一人として記憶されているはずである。cf. *Allgemeine deutsche Bibliothek*, Bd. 21, 1tes Stück, Berlin-Stettin, 1774, pp. 208-210.
9 メンデルスゾーンの没後に作成された書棚の本のリストには、次のような一書が記載されている。*Zeedig Onderzoek van het Bewys waar mede Cartesius en zyne naavolgens geporgt hebben het aanweezen van God vet het Denkbeeld van een allermaakrft en noodzaakelyk weezen van vooren te betvogen*, door Joh. Lev, Goeden, 1768.
10 Altmann, *Moses Mendelssohn*, p. 326.
11 *JubA*, Bd. 12-2, p. 116. 傍点は原文強調、〈 〉は引用者による。メンデルスゾーンが用いている Notion という概念は、バークリの『人知原理論』(1710年)、とりわけその第二版 (1737年) における notion という概念に倣ったものであるように思われるが、そう仮定する強い根拠はない。
12 ibid., p. 117.
13 ibid.
14 ibid. 傍点は原文強調、〈 〉は引用者による。
15 ibid., pp. 117-118. 傍点は原文強調。
16 Altmann, *Moses Mendelssohn*, p. 326.
17 Altmann, *Moses Mendelssohn's Proofs for the Existence of God*, pp. 132-133.
18 *JubA*, Bd. 12-2, p. 118.
19 ibid.
20 ibid., p. 119. 傍点は原文強調。

21　ibid. 傍点は原文強調。
22　ibid. 傍点は原文強調。
23　ibid., p. 118. 傍点は原文強調。
24　ibid., p. 127. 傍点は原文強調。
25　ibid., p. 128.
26　ibid.
27　ibid., pp. 128-129. 傍点は原文強調。
28　ibid., p. 129.〈　〉は引用者による。
29　ibid., p. 130.
30　ibid.
31　ibid.

第四章
メンデルスゾーンのスピノザ解釈

　まず、メンデルスゾーンのスピノザ解釈については、処女作である『哲学対話』における論述を参照する必要がある。メンデルスゾーンは、同書の第一対話と第二対話において、スピノザに言及している。とりわけ、第二対話においては、デカルトとライプニッツの間に、スピノザが位置づけられることによって、その形而上学の重要性が論じられているのである。ここには、メンデルスゾーンによる哲学史の構想がある。

　この著作の歴史的な意義に関しては、例えば次のように指摘されている。「モーゼス・メンデルスゾーンの『哲学対話』(1755 年)におけるスピノザに関する論述の出発点は、疑いなく『自然神学』〔第二巻、1737 年〕におけるヴォルフの駁論である。ただし、ヴォルフに拠っているとは言っても、メンデルスゾーンの論考は一つの重要な点においてそれとは異なっている。つまり、それは、或る観点からすると、スピノザの体系は宗教、及び道徳と両立できる、ということを示そうとしているのである。この点において、この論考は新展開を見せたのであった。それは、ドイツにおけるスピノザ受容の重要な舞台となり、レッシングやヘルダー、ヤコービなどに重要な影響を与えたのである[1]」。

　その出発点がヴォルフの「自然神学」にあったとは断定できないはずだが[2]、本論としては、あくまでも、同書にはメンデルスゾーンによる哲学史の構想が見られる、という点に着目したい。なぜなら、ここで言われている「或る観点からすると」という場合の「或る観点」とは、「哲学史的な観点」でなければならないからである。

　第一対話と第二対話におけるメンデルスゾーンのライプニッツ解釈、及びスピノザ解釈に関しては、アルトマンによって詳細な研究がなされている。しかし、メンデルスゾーンは、単純にスピノザとライプニッツの主張を比べ

ているわけではない。

　確かに、メンデルスゾーンが主張していることは、部分的にはアンドラやランゲによって既に言われていたことであるし、ライプニッツ解釈としても難点が残るものであろう。こうしたことは、後にレッシングによって直接メンデルスゾーンに伝えられたことでもある[3]。とはいえ、メンデルスゾーンは、スピノザとライプニッツの関係をあくまでも「哲学史的な観点」から論じているのである。

　これは、平尾氏によって「哲学史的なパースペクティヴ[4]」と表現されたものである。氏によれば、メンデルスゾーンの『哲学対話』は次のように評価される。「メンデルスゾーンの主張は、少なくとも、それまで「哲学史」の範疇に入れられさえしなかったスピノザ哲学を哲学史の中に位置付けることに繋がります。実際例えば、この時代の哲学史記述を見ますと、スピノザは哲学史に場所を与えられていません。われわれにとって「常識」と化しているデカルト、スピノザ、ライプニッツという系譜は、それ自体が次第に形成されたものだと言えると思いますが、その端緒の少なくとも一つはメンデルスゾーンにこそあると考えてよいだろうと思います[5]」。

　18世紀のドイツにおけるスピノザ受容については、ちょうどこの頃からスピノザが前世紀の哲学者として、いわば過去の人となった、という事情も認められようが[6]、それ以上に、メンデルスゾーンには、スピノザを哲学史上に位置づけるための哲学史観があった、ということは積極的に評価されなければならない。史観があってこそ、「哲学史的なパースペクティヴ」は開かれるのである。

　「歴史は松明を掲げて啓蒙の先頭を進む[7]」と言ったのはニコライであるが、メンデルスゾーンに歴史への関心を抱かせたのはまさにそのニコライである[8]。ニコライが読んだスタンレーの『哲学史』(ラテン語訳)はメンデルスゾーンもまた所持していた。しかし、スピノザをイギリス人として、ブルッカーをスイス人として、ドゥジェランドをフランス人とは言わずとも「中国風の操り人形」と揶揄するハーマンの著作『ソクラテス追想録』を評して、「我々の哲学史が依然として哲学の歴史であるよりも哲学者の歴史であることは否めない[9]」と

メンデルスゾーンが述べていることは、彼にとっての哲学史がただ単に歴史への関心から構想されたものではないことを示している。

第一節　『哲学対話』(1755 年) におけるスピノザ解釈

『哲学対話』は、続いて出された『感情について』と同様に、対話形式で書かれている。これは、シャフツベリーの『道徳家たち、哲学的ラプソディー』(1709年) の影響を受けてのことである。この頃、メンデルスゾーンは同書をドイツ語に訳そうとして苦心していた[10]。

実は、こうした点からしても『哲学対話』は評価されるのである。つまり、ドイツにおいて、対話形式によって哲学書を著した最初の著作家がメンデルスゾーンなのである。レッシングは、『感情について』を評して次のように言っている。「この著作の著者は、我々が『哲学対話』でお世話になった人と同じ人である。同書は、広く喝采をもって受け入れられた。しかし、我々としては、この喝采が、論述の仕方よりも以上に、その内容に向けられたものであれば、と願うのである[11]」。

では、その内容とはどのようなものか？

対話はネオフィルとフィロポンによって進められる。

ネオフィルによれば、予定調和説という「仮説」の「第一の発見者」はライプニッツではない。なぜなら、この仮説の「本質的なこと (das Wesentliche)」が、既にスピノザによって見出されていたからである。つまり、「ライプニッツは、この仮説を自身の体系のうちで用いた[12]」に過ぎない。この例証として、ネオフィルはスピノザの『エチカ』第二部の定理 7 の注解から、あの「平行論のテーゼ」として知られている箇所を引く。

事情は次のようである。「ベールが、ライプニッツに対して、心に対する他の実体の働きなくしては、しばしば快から不快へと、或いは悲しみから喜びへと瞬く間に心変わりするということは、いかにして理解されようか？ と論難した際に、ライプニッツが、どのようにして自己弁護したか、思い出して欲しい。ライプニッツは、心における諸変化は、可視的な世界における諸変

化が説明される根拠とまさに同じ根拠によって説明され得る、と言ったのではなかったか？心における全てのものは、事物の繋がりにおいて全てのものが継起している仕方とまさに同じ仕方で継起しているのだ、と。こうしたことは、諸概念の秩序と連結は諸事物の秩序と連結に等しい、というスピノザが言ったことに他ならないのではないか？[13]」。

そこで、ネオフィルに扮するメンデルスゾーンによれば、「スピノザは、その体系の偽なるものや不合理なものによってではなく、その体系のうちに含まれているところの真なるものによって、この重要な教説を思い付いたのだ。そもそも、全く誤った諸原則から成り立っているような体系は決して存在しない。スピノザの体系についても、その諸定理はほとんど誤ってはいるが、偽ではないばかりか、不完全でもないと言えるだろう。スピノザは誤った。それは、彼がいわば哲学の一側面で満足してしまい、そのために必要とされるもう一つの側面とは関わることがなかったからだ。そうすると、スピノザが、その体系に含まれている正しい諸原則によって、他の多くの真理を発見し、その推理の帰結のうちに組み入れることができたとしても、驚くべきことではないのではないか？[14]」。

ここで、メンデルスゾーンは、スピノザの「体系」と、それを構成している「諸原則」を区別している。言われているように、メンデルスゾーンによれば、「全く誤った諸原則から成り立っているような体系は決して存在しない」のである[15]。

これは、「ライプニッツは、この仮説を自身の体系のうちで用いた」という先の発言と対応している。つまり、スピノザの「体系」が誤っているとしても、それを構成している「諸原則」が全て誤っているわけではない。そこで、ライプニッツとしても、そうした「諸原則」のうちから件の「仮説」を自身の「体系」のうちに組み込むことができた、ということである。

そこで、メンデルスゾーンは哲学史の上での「系譜学 (Genealogie)」を批判する。

「諸真理を或る種の系譜学によって判断する人々がいるだろう？彼らは、或る著作家において、その教説が誤謬と結び付いているということを知っただけで、そうした教説を斥けてしまう。彼らは、そうした教説を救い出し、毒を抜き取ることができるとは思いもよらないのだ。この毒はね、誤謬によっ

て教説に感染しているものだけれど、この誤謬は教説と共に一つの全体を形成しているのだ。君は、もしもライプニッツが、自分の調和〔説〕の本質的なことはスピノザから借りられたものだ、と認めたとすれば、こうした人たちは、スピノザという名を聞いただけで、それに反対しようとしたとは思わないだろうか？ 16」。

　メンデルスゾーンによれば、「スピノザは誤った」。しかし、その体系に含まれていた真理が展開されて、ライプニッツの予定調和説となったのである。従って、ライプニッツは予定調和説の「第一の発見者」ではない、ということである。

　これについては、続けて第二対話が参照されなければならない。
　まず、ネオフィルが次のように言っている。「デカルトの哲学からライプニッツの哲学へと移行するためには、誰かがその間にある恐ろしい深淵に落ち込まなければならなかった。この不幸な運命をスピノザは負ったのである。何て気の毒なことだろう！スピノザは人間知性の犠牲者となったわけだ。しかし、彼は花で飾られるに値する犠牲者なのだ。彼がいなければ、哲学はその限界を超えることはいつまでもできなかったことだろう 17」。
　ここには、デカルトからライプニッツへと至る哲学史の構想があるが、注目すべきことに、それはスピノザを中心として構成されている。つまり、これは同時に、当時は無神論者の代名詞であったスピノザを救済する試みでもあったのである。
　そこで、別の箇所ではまた次のように言われている。「スピノザが誤っていたからと言って、必然的に彼が悪意ある忌まわしい意図を持っていた、とまで言うのか？経験は、誤謬なき悪意があるように、悪意なき誤謬もある、と教えているのではないか？ 18」。
　ともあれ、フィロポンは言う。「昨日、君は、スピノザが予定調和〔説〕を主張していた、ということを証明したね。しかし、スピノザが真剣に真理を求めていたとすれば、なぜスピノザは、このことからして、心は力を持っており、個的な実体である、ということを結論することができなかったのかい？ 19」。

この問いに、ネオフィルは次のようにして答える。「スピノザの世界は観念的な世界だ。この世界は、ライプニッツの体系に従えば、神の選択を控えた、この現実的な世界のための原像なのだ。この点を、よく考えてみてくれ。心と体の共働についてのライプニッツの説明は、可感的な模像に妥当するように、その永遠なる原像にも妥当するだろうか？[20]」。

というのも、「この原像においては、人間の心を表す概念は決して実体ではないから、それは変化を起こすことができるような特別な力を決して持ってはいない。だから、もしもライプニッツが心と体の共働を、こうした原像において説明していたとすれば、心は自身に固有の力によって変化を起こす、という考えは捨て去っていただろう[21]」。

それに対して、「スピノザは、現実化された模像を全く認めず、単に原像を認めただけであるから、調和という考えを持つことはできたが、そこから、心は自己によって存立している力を持っている、ということを導き出すことはできなかった[22]」。

フィロポンは言う。「よくわかったよ。我々はスピノザの誤謬に多くのことを負っているわけだ。誤謬から真理への歩みは、たった数歩の歩みであった[23]」。

このように、「原像」と「模像」という対概念を用いて、メンデルスゾーンは、スピノザとライプニッツの主張を比較しているのである。この場合、「原像」とは「観念的な世界」のことであり、「模像」とは「現実的な世界」のことである。しかし、あくまでも、この二つの世界は「原像」と「模像」という対概念によって言い表されている。しかも、スピノザの形而上学は、ライプニッツによって、いわばその「原像」から「模像」へと展開された、ということである。

この「展開」という概念は、次のような文脈においても使われている。

「スピノザは、ただ無差別の自由だけが真の自由であると考えていた。彼は、この誤謬を多くの信仰ある哲学者たちと共有していたのである。しかし、理性的な存在者の選択は、つねに動機によって決定されている、ということを洞察する鋭さがスピノザには欠けてはいなかった。そのために、彼は、無差別の自由なるものは不可能であるから、どんな理性的な存在者にも自由を認めなかったのだ。ライプニッツは、この誤謬をうまいこと斥けて、真の自由

は最善の選択にあること、そして、動機が選択を決定する以上、それは単に偶然的なことではないのだが、決して必然的なことであるわけでもない、ということを反駁の余地なく論証した。ライプニッツが、こうした考えを展開したことで、ほとんどスピノザ主義者と看做されなければならないとしたら、何とも困ったことだ！[24]」。

　メンデルスゾーンはライプニッツ主義者であった。しかし、ライプニッツの主張が真理であるとしても、それはあくまでもスピノザの「誤謬」から展開されたもの、とメンデルスゾーンは考えていたのである。こうした「哲学史的な観点」からすると、スピノザの体系は一定の仕方で評価され得る。それどころか、スピノザがいなければ、ライプニッツもまたいなかった、ということである。ここには、明らかに哲学史の構想がある。そして、その方法論は「展開」という概念を核としているのである。これが、「系譜学」を斥けた上で成り立つメンデルスゾーンの哲学史観である。

第二節　ヘーゲル派の哲学史家によるメンデルスゾーン批判について

　この点は、フィッシャーによるメンデルスゾーンに対する批判を検討する上で重要である。なぜなら、フィッシャーは、大著『近代哲学史』（1852-77 年）において、次のようにメンデルスゾーンを批判しているからである。

　「正統派においては、啓示宗教の堅固な教義と一致しないものは、全て不信仰と看做されるように、これに反対する啓蒙主義者においては、自然宗教の確立された諸概念に矛盾するものは、全て迷信と看做される。相反する見地から、両者は歴史に関して同一の矛盾に陥っている。つまり、両者は歴史学的な感性や、それによって基礎づけられるところの事柄に関する歴史的な判断を完全に欠いているのである。両者には、歴史のうちに展開を捉え、異なった時代を、その時代に固有の形成法則に従って理解する能力がない[25]」。

　これは、メンデルスゾーンについて書かれている箇所における、「制限された啓蒙知性」と題された第二章の第三節で言われていることである。この節は、まさに「啓蒙主義は展開という概念と矛盾している」と題されており、メンデ

ルスゾーンは——ハーマンの言い回しを用いたものか——「啓蒙された哲学者 (der aufgeklärte Weltweise) [26]」として揶揄されている。

しかし、メンデルスゾーンは、上に述べたように、哲学史における「展開」を語っている。

おそらく、こうしたフィッシャーによる批判は、ヘーゲルによる反啓蒙主義的な哲学史観を単純に引き継いだものである[27]。ヘーゲルは、「哲学史講義」において、メンデルスゾーンについて次のように述べている。

「ヴォルフ哲学がカントに至るまでは支配的であった。バウムガルテン、クルージウス、メンデルスゾーンは、それぞれヴォルフ哲学の論客であるが、誰よりも通俗的に、それも趣味良く哲学したのはメンデルスゾーンであった[28]」。

そこで、ヘーゲルの哲学史において、「啓蒙主義」と「通俗哲学」は横並びにされて批判されるのであるが、その中心に置かれていたのがまさしくメンデルスゾーンなのである。ヘーゲルによれば、「ドイツ啓蒙主義」は、「まずはヴォルフ哲学の方法を捨て去ったのだが、その内容の表面に留まってしまい、形而上学を究極の空虚さへと貶めてしまった[29]」。

こうした見解が、ヘーゲル派の哲学史家、それもその筆頭格であるフィッシャーによって踏襲されたことは明らかである[30]。その教え子であるヴィンデルバントなども、「通俗哲学」について次のように述べている。

「哲学は通俗性において獲得したものを、深みと独創性において捨てなくてはならなかった。今や、ドイツの流行となったこの文学かぶれの哲学は、月並みな啓蒙思想を冗長に繰り返すことで満足したのである。哲学がこうしたことから引き出した唯一の価値ある点は、趣豊かな論述法を得ることで、立派なドイツ語の哲学的な文体を養ったことである。この点においては、外国の影響がとても良い模範となったのである。イギリスのエッセーはドイツにおいても流儀となり、人はフランス語の口語体の洗練された調子で思想を伝えようと努めた。通俗哲学者たちによる著作は、いずれも楽しく軽妙に読める代物なのだが、概して言えば、大雑把なそれも底の浅いものであって、有意義な着想を欠いているために、読み手をしてだらだらと退屈させるものである。そうした著作が、その模範としたところのものの魅力に迫ることは滅多に

ない。イギリスの文体の物静かな明晰さは、冗漫でちんぷなものとなりがちで、フランスのエスプリの精神的に豊かな感受性がものにされることはなかったのである[31]」。

しかし、当のメンデルスゾーンは、例えば次のようなことを言っている。「フランス人は機知でもって哲学し、イギリス人は感覚でもって哲学する。ただドイツ人だけが知性でもって哲学するに足る冷静さをそなえている[32]」。

ヘーゲル派の哲学史家における論調は、ハイデルブルク大学におけるフィッシャーの前任者、ツェラーの『ドイツ哲学史』(1873年)におけるメンデルスゾーンの評価とは甚だしく異なっている[33]。哲学史におけるメンデルスゾーンの評価が低い理由は、主としてヘーゲル派の論調にあるわけである。ヘーゲル派の哲学史観において、啓蒙主義者やヴォルフ派の哲学観には、「展開」という概念が欠けている。しかし、上に見てきたように、メンデルスゾーンの哲学史観は、まさにこの「展開」という概念に基づいて構想されているのである。

それどころか、その哲学史観は「系譜学」を批判して成り立つものなのであった。メンデルスゾーンは、ゴットシェートによるヴォルフ伝の書評(1756年)において、「年代学者(Chronikschreiber)」による「年代記(Chronik)」を批判して次のように言っている。「諸々の出来事を証拠立てて誤りなく並べ挙げ、時と場所とを可能な限り正確に指定したとしても、そのようにして歴史上の偶然を忠実に集めたものは歴史の精神を欠いている[34]」。

メンデルスゾーンにはこの「精神」があった。その精神があったからこそ、メンデルスゾーンにおいて「哲学史的なパースペクティヴ」は開かれたのである。

この精神は、また汎神論論争において発揮されることだろう。

第三節　プラーテン宛の書簡(1769年)におけるスピノザ解釈

ところで、メンデルスゾーンとスピノザの関係については、次のように指摘されたことがある。『『哲学対話』におけるメンデルスゾーンのスピノザ観は、ヤコービとの論争や『朝の時間』に至っても本質的には変わることのなかった彼の確固たる見解であったと言える。（中略）ヤコービによって与えられたス

ピノザ受容における新展開よりも前においては、メンデルスゾーンは、基本的な誤りを指摘しながらも、その体系の中から有用なものを救い出すという仕方で、スピノザと向き合えていた。従って、〔『哲学対話』から『朝の時間』へと至る〕中間期の著作においては、スピノザに関するさらなる言及は見られないのである[35]」。

しかし、メンデルスゾーンは、まさにこの「中間期」において、プラーテン宛の書簡においてスピノザに言及しているのである。これは、『哲学対話』で言われていたこととは違って、スピノザの体系そのものに対する批判となっている。しかも、この書簡において言われていることは、『朝の時間』の内容と密接に関係しているのである。

両者の関係は、プラーテンが、『フェードン』を読んで疑問に思ったことを、書簡によってメンデルスゾーンに質問したことから始まった。プラーテンは無名の人物であるが、メンデルスゾーンはその質問に対して丁寧に答えている。魂の不滅という問題点に限れば、ヘルダーの質問を無視することはできないが、形而上学そのものの展開という点ではプラーテンの質問の方が重要である[36]。

その書簡において、プラーテンは、まずは次のようなことをメンデルスゾーンの主張として挙げている。つまり、「全体としての全体は、その諸部分の存立（Subsistenz）以外の存立は持たず、それ自体として現存するものでは決してない。従って、全体はつねに思考能力の働きであり、思考する存在者がいなくてはいかなる一性も存在しない[37]」。

しかし、プラーテンは次のように言う。「全体は、その諸部分の存立から合成されたもの以外のいかなる存立も持たないかもしれませんが、それはやはり一つの真なる存立を持つことでしょう。それは一つの全体である、ということや、全体はその諸部分の結び付きのうちに存立している、ということは、精神により与えられた概念に拠るのではないのです。つまり、全体は単に精神の思考能力の働きではないのです[38]」。

要するに、プラーテンとしては、全体は部分の集まりでしかないが、やはりそれ自体として一つの全体でもある、と言いたいのであろう。諸部分が存

立しているように、全体もまたそれ自体として存立している、と。

さて、メンデルスゾーンの返信は、基本的にはプラーテンの質問に答えたものであるが、それと関係して、付随的にではあるがスピノザに言及してもいる。

メンデルスゾーンは、まず次のように述べている。「貴兄のご質問は、次のようなことですね。つまり、諸部分はその本質や諸力によって相互に結び付くことで、一へと合一（conspirien）されているのですから、そうした諸部分の存立もまた一つの存立と言われるべきではないか？ 39」。

そうすると、「そうした仕方によって存立している全体には、個々の諸部分には適合しない諸性質が帰されることになります。そして、こうした諸性質は、結合の諸規定であるが、結合されているものの諸規定ではない、ということになります。貴兄は、思考する存在者がいなくとも、全体、つまりは結合は諸部分に内在するのであり、それ自体によって存立しているものに他ならない、とおっしゃいました！そうしますと、全体は構成部分の一つの規定として客観的に存立することになります 40」。

しかし、メンデルスゾーンとしては、そうは言わない。

なぜなら、「全体には、その構成部分には帰され得ない諸規定が現実に適合します。このことからして、そうした諸規定は、ただ単に客観的なものとして看做された全体にではなく、思考する存在者との関連において客観として看做された全体に適合している、と私は主張するのです 41」。

こうした主張は、『フェードン』の「第二対話」において言われていたことであるが、基本的にはライプニッツの主張を反復したものであるから、とくに重要なものではない。メンデルスゾーン自身、こうした主張はプロチノスにまで遡るものとして認識していた 42。

とまれ、メンデルスゾーンは、さらにスピノザの名を挙げて、こうした主張を展開するのである。

これは、プラーテンが次のように主張したからである。「貴殿は、思考する存在者なくしては、つまりは思考する存在者との関連なくしては、いかなる物体界もなければ、合目的的に一致するところの、合成された存在者の体系も決して存在しない、ということを、プロチノスによって美しく表明された

見解であるとお考えです。この見解は、思考する存在者のもとで、あらゆる物質にとっての創造者であると共に、思考する力の源泉でもある無限の精神も合わせて理解されているのであれば、疑いなく真理です[43]」。

しかし、メンデルスゾーンは言う。「無限な存在者との関連は、ここでは全く考慮されません。というのも、そうした関連において考察された全体に、〈一つの述語としての思考〉をあてがうとしたら、我々は、我々に固有の存立を棄却し、我々の思考を神的な存在者の単なる一つの規定とすることになるからです。私の同胞であるスピノザ（meines Mitbruders Spinoza）による、こうした誤謬に反論する必要はないと思います。我々の思考は、単に神の思考でも変様でもないばかりか、神的な存在者の外において我々の内に見出されなければならないということを、私は疑いなく確かなものとして仮定できます[44]」。

同様の主張は次のようにしても言われている。まず、「諸部分の合一は、諸部分を結合、ないしは一致へともたらす思考する存在者との関連を、つねに前提とします[45]」。ただし、あくまでも次のように言われなくてはならない。「貴兄は、神的な知性との関連について、お尋ね下さいました。確かに、合成物には、神的な知性との関連において、全体や完全性、一致などの諸規定が適合する、ということが認められます。しかし、神的な知性との関連は、私の思考の源泉ではあり得ないのです。私の表象能力は、私の外に見出される存在者の変様では決してありません。つまり、私の外に見出される客体との関連から私の外に見出される主体の存在が帰結することはないのです[46]」。

以上は、メンデルスゾーンによるスピノザに関する数少ない言及の一つであると共に、本論との関係からしても非常に重要な箇所である。客体の存在性から神的な存在者の存在が導き出されることはないという、その最後で言われている点も重要だが、その前で言われていることもまた、当時は無神論者の代名詞であったスピノザに対するメンデルスゾーンの距離感を示すものとして重要である。メンデルスゾーンは、「私の同胞であるスピノザ」と言っている。スピノザがメンデルスゾーンの「同胞」である理由は、ただ一つの共通項、つまり共にユダヤ人である、ということしかない。

しかし、それよりも、こうしたスピノザ批判は、単純ながらもメンデルスゾーン自身の主張を特徴づけるものであるし、そのために、『朝の時間』における議論を読み解くためにも重要なものである。

メンデルスゾーンの言葉で言えば、「無限の存在者」としての「全体」に、「一つの述語」としての「思考」を帰することは、「我々の思考」を、さらには「私の思考」を、「神の思考」に、つまりは「神の変様」にしてしまうことである。しかし、これはスピノザの「誤謬」である。

もちろん、こうしたことはスピノザの「誤謬」を斥けるためにのみ言われていることであるから、メンデルスゾーン自身による積極的な主張を明らかにするものではない。それどころか、メンデルスゾーンはスピノザの主張を部分的に斥けたに過ぎない、とも言える。

後に見るように、『朝の時間』において、メンデルスゾーンは「主体の変様」と「変様の主体」という区分を持ち出す。この場合、主体とは「私自身」であって、「無限な存在者」ではない。しかし、やはり構図としては、メンデルスゾーンも、「私の思考」を「私」という主体の「変様」と看做していることに変わりはない。つまり、「私の思考」は「神の変様」ではなくとも、「私自身」としての主体の「変様」である限りにおいて、やはり「変様」に過ぎない。

実のところ、『朝の時間』においてメンデルスゾーンがレッシングに帰する「純化されたスピノザ主義」をめぐる議論は、まさに『哲学対話』の第一対話における表現を用いれば、スピノザの体系から、その「誤謬」という「毒を抜き取る」ことによって、その「本質的なこと」が展開されたものなのである。いわば、原像としての「神の変様」しか語らないスピノザの形而上学が見逃している「もう一つの側面」、つまりは模像としての「主体の変様」という側面を主題化するところにメンデルスゾーンの形而上学は展開される。

いや――、むしろその主体を「神の変様」の原像として認めるところに、自我論的な像論とでも言うべきメンデルスゾーンの体系は完成するのである。神の存在証明もまた、この体系に基づいてなされることになるが、その原モチーフは、「私の外に見出される客体との関連から私の外に見出される主体の存在が帰結することはない」という一節において既に言い表されている。

【註】

1 D. Bell, *Spinoza in Germany from 1670 to the Age of Goethe*, Institute of Germanic Studies University of London, 1984, p. 24. 傍点は原文強調。
2 第二対話にはヴォルフの『自然神学』第二巻（1737年）、92節からの引用があるが、これは1771年の改版で付加されたもので初版にはなかった。
3 cf. G. E. Lessing, *Durch Spinoza ist Leibnitz nur auf die Spur der vorherbestimmten Harmonie gekommen*, 1763.; von Lessing an Mendelssohn, April 17, 1763.
4 平尾昌宏「メンデルスゾーンとスピノザ主義の水脈」、95頁。（『スピノザーナ』11号、2010年、87-104頁。）
5 同上、101頁。傍点は引用者による。有体に言えば次のようになろう。「ドイツで最初に［スピノザに］注目したのはメンデルスゾーンであると言われる。もっとも彼は必ずしもスピノザ思想に対して深い理解を有ったわけではないが、しかしデカルトとライプニッツとの間隙を充す存在として、これに高い評価を与えた。そしてこれが機縁となって、レッシング、ヤコービ、ヘルデル、ゲーテなどによって注目され、いわゆるドイツ啓蒙における「スピノザ復興」が行われることになった」。桂壽一『スピノザの哲学』東京大学出版会、1956年、17頁。
6 W. Schröder, *Spinoza in der deutschen Frühaufklärung*, Würzburg, 1987, pp. 12 f.
7 F. Nicolai, *Einige Bemerkungen über den Ursprung und die Geschichte der Rosenkreuzer und Freymaurer*, Berlin-Stettin, 1806, p. 27.
8 「メンデルスゾーンが学問史の有用性に気付いたのは、たまたま私が、スピノザはデカルトの体系から出発したのではないか、と口にした時である。彼はこれが正しいことを確認し、それからというもの、デカルトの体系を研究し始めたのである」。Nicolai, *Über meine gelehrte Bildung*, pp. 40-41.
9 *JubA*, Bd. 5-1, p. 202.
10 Von Mendelssohn an Abbt, Nov. 3, 1761.
11 G. E. Lessing, *Sämtliche Schriften*, K. Lachmann (hg.), Bd. 7, 1891, p. 52. なお、『哲学対話』についての書評は、『ハンブルクの通信者』の26号（1755年2月14日）号に掲載されている。レッシングが同書の出版に際して果たした役割については以下に詳しい。J-H. Wulf, *Spinoza in der jüdischen Aufklärung*, Berlin, 2012, pp. 47 f.
12 *JubA*, Bd. 1, p. 344.
13 ibid., p. 345.
14 ibid., pp. 345-346. 傍点は原文強調。
15 「体系」とそれを構成している「諸原則」という区別は、メンデルスゾーンのスピノザ解釈において重要なものである。『朝の時間』の第14講においては、スピノザの「体系」とそれを構成している諸々の「根拠観念」という仕方で同じことが言われている。
16 *JubA*, Bd. 1, p. 346. 傍点は引用者による。
17 ibid., p. 349.
18 *JubA*, Bd. 5-1, pp. 46-47.
19 *JubA*, Bd. 1, pp. 351-352.
20 ibid., p. 353.
21 ibid., pp. 353-354. 傍点は原文強調。

22　ibid., p. 354.
23　ibid.
24　ibid., pp. 354-355. 傍点は引用者による。同様のことは、1759年に書かれた書評においても言われている。cf. *JubA*, Bd. 5-1, p. 46.
25　K. Fischer, *Geschichte der neuern Philosophie*, Bd. 2, 2te neue Auf., Heiderberg, 1867, pp. 782-783.
26　ibid., p. 783.
27　cf. H. Möller, *Vernunft und Kritik*, Frankfurt am Main, 1986, p. 33.
28　G. W. F. Hegel, *Werke*, Bd. 20, Frankfurt am Main, 1971, p. 264.
29　ibid., p. 310.
30　「クーノ・フィッシャーは、あらゆる哲学体系に真理の必然的な契機としての歴史的な正当性を付与する、という原理を真に受けているという限りにおいて、歴史家としてはヘーゲル主義者であった」。W. Windelband, Kuno Fischer und sein Kant, p. 6, in: H. Vaihinger (hg.), *Kantstudien*, Bd. 2, 1898, pp. 1-10.
31　W. Windelband, *Die Geschichte der neueren Philosophie*, Bd. 1, Leipzig, 1878, p. 582. 傍点は原文強調。
32　Von Mendelssohn an Lessing, Feb. 27, 1758.
33　「当時、メンデルスゾーンは講壇哲学と通俗哲学の中間に位置していた」という指摘は正鵠を得ている。E. Zeller, *Geschichte der deutschen Philosophie seit Leibniz*, München, 1873, p. 336.
34　*JubA*, Bd. 4, p. 123. also see. *JubA*, Bd. 2, p. 123.
35　Bell, *Spinoza in Germany from 1670 to the Age of Goethe*, p. 27.
36　本論はメンデルスゾーンにおける神の存在証明を主題としているため、いわゆる合理的心理学を主題とした『フェードン』について論じることはしない。これについてはまた別に論を起こすつもりであるが、その「第一対話」に限っては既に論じたことがあるのでそちらを参照されたい。「メンデルスゾーンの『フェードン』とプラトンの『パイドン』について」『ユダヤ・イスラエル研究』26号、2012年。
37　*JubA*, Bd. 12-1, p. 191.
38　ibid.
39　ibid., p. 202.
40　ibid.
41　ibid. 傍点は引用者による。
42　この点については、『フェードン』の第二版（1768年）と第三版（1769年）に付された「補遺」において言及されている。この「補遺」は、通俗的に書かれた著作『フェードン』における難解な点を解説したものである。メンデルスゾーン自身の言葉で言えば、それは「小難しい学術用語（subtile Schulbegriffe）」を詳説したものである。cf. Von Mendelssohn an Iselin, Sept. 10, 1767.
43　*JubA*, Bd. 12-1, p. 189.
44　ibid., pp. 202-203. 傍点は原文強調、〈　〉は引用者による。
45　ibid., p. 204.
46　ibid.

第五章
『朝の時間』（1785年）

　『朝の時間』は、ヤコービとの手紙を介した議論に迫られ、本来の予定を繰り上げて出版された書物であり、必ずしも独立した一書として読むことのできないものである。メンデルスゾーンは、もともとこの書を二部構成によるものとして構想していたのである[1]。しかし、その最後に付された神の存在証明が、メンデルスゾーン自身によって「新しい証明」と言われたものであることからしても、『朝の時間』が重要な著作であることは疑いない。

　同書の「序文」には、次のようにある。「以下における神の現存在についての諸講義は、私が今までこの重要な我々の探究対象について読み調べて、自分で考えてきたことの集大成である[2]」。

　おもしろいことに、ヤコービがハーマンに宛てた手紙には「朝の思想」という言葉が見られる[3]。これは、その二カ月前にハーマンが『朝の思想』という書名をヤコービに伝えていたからであろう[4]。その一ヵ月後、ハーマンは『朝の時間』の「第一部」がもう印刷されているのではないか、とヤコービに伝えてもいる[5]。しかし、少なくとも残されている手紙を見る限り、メンデルスゾーンが『朝の思想』という書名を用いたことは一度もないし、『朝の時間』という書名が明かされたのはエリーゼ宛の手紙においてのことであり、ハーマンがそれを手紙に書くおよそ一ヵ月前の5月24日のことである――ハーマンはどうやってこの書名を知ったのか？

　その謎を解くことは『朝の時間』という書物の成立過程を知ることでもある。どうやら、ハーマンはこの年の初頭にメンデルスゾーンから手紙を受け取ったらしい[6]。ハーマンの『ゴルゴタとシェブリミニ！』（1784年）は『イェルサレム』に対する論難の書であるが、彼はその二日後に書かれた手紙において、メンデルスゾーンが別の論争相手を見つけたようで安心した、と言っている[7]。この

相手とはシュルツのことであるが、それよりも、この手紙には、ベルリンを訪れたプレッシングが[8]、メンデルスゾーンが『スピノザ、神の現存在について』という題の本を用意していると伝えてくれた、とある。

シュルツの『神学と宗教一般についての、わいてはユダヤ教についての哲学的考察』(1784年)は、ハーマンの『ゴルゴダとシェブリミニ！』と同様、『イェルサレム』に対する論難の書である。シュルツは巧妙にも充足根拠律を逆手に取って、それが「神」と同義語とされるのであれば無神論を帰結するとしてメンデルスゾーンを批判しながらも、その実例としてスピノザの名を挙げるのであった[9]。そのシュルツを「充足根拠律で武装した論者」として、「スピノザにおいて自己原因と言われているものは、ヴォルフ主義者にとって充足根拠律と言われているものだ」というその問いに、メンデルスゾーンであればどう答えるであろうか？とヤコービに問い掛けたのはハーマンである[10]。このような事情からすると、『朝の時間』の第十一講と第十二講において、「根拠」をめぐる議論が展開されていることも頷けよう。

しかし、その表向きは神の現存在の「ア・ポステリオリな証明方法」を論じた箇所には、またヒュームの影響が見られる。ハーマンはヒュームの遺稿『自然宗教についての対話』(1779年)を訳していたが、本来は「メタ批判者の書簡集」という副題を添えて単に『シェブリミニ』と題される予定であったその書物には、第一書簡としてその翻訳を収める予定であったらしい[11]。しかも、それは遺稿を手にして、「明らかに無神論的なものが見られる[12]」と述べたメンデルスゾーンに対する反論として企てられたものである[13]。それを第二書簡として、第三書簡では「ユダヤ人と哲学者」を比較するということであった。

ところで、『朝の時間』の「序文」には「すべてを破砕するカント」という有名な文句がある。

メンデルスゾーンは言っている。「ここ12年から15年来、私はいわば最悪の状態にあり、知識を増やすことができなかった。神経衰弱とでも言えるものに罹ってから、どんなことでも精神を緊張させることはできずにいる。この病は医者にさえも奇異なものである。これにより、私にとって、他人の思

想を接収することは、自分自身で考えることよりもいっそう難しいことになった。そのため、形而上学において頭角を現してきた俊才たちの著作は、つまりランベルトやテーテンス、プラトナー、そして全てを破砕するカントの著作でさえも、ただ私の友人たちによる不十分な報告や、あまり教えられることのない学報から知っているに過ぎない。従って、私にとっては、この学問はいまだに1775年頃の時点に留まったままである。この頃から、私はこの学問から身を遠ざけることを余儀なくされたのであるから。ただし、哲学を完全に諦めてしまうことはできず、私はひっしに自分自身と闘っているのである[14]」。

実際に、或る時期のメンデルスゾーンは、痛みを覚えずに一時間も読んではいられないような状態であった[15]。エリーゼ・ライマールス宛の手紙には次のようにある。「もうかれこれ10年以上も私を苦しめている神経衰弱がどのようなものなのか、貴女には知る由もないでしょう[16]」。そこで、メンデルスゾーンは、「ここ数年来、私は形而上学にはまるで麻痺しているような（wie abgestorben）ものです[17]」とカントに宛てた手紙において述べているのである。（この表現はしばしば「死んでいる」と訳されている。）

しかし、だからと言って、ここでメンデルスゾーンが述べていることを額面通りに受け取るわけにはいかない。第七節で述べるように、メンデルスゾーンはランベルトの『新オルガノン』(1764年)の詳細な書評を書いている。テーテンスの著作にしても、その著作をハーマンに紹介したのはメンデルスゾーンであった[18]。プラトナーの『哲学的箴言』(1776年)は著者から送られてきているが、これはメンデルスゾーンが、同書が見つかれば見本を手に入れるようにとライプツィヒの見本市に向かったニコライに頼んでいたからであろう[19]。フェーダーの『論理学と形而上学概説』(1769年)を見本市で手に入れて来たのはどうやらニコライである[20]。メンデルスゾーンも寄稿したエンゲル編集の『世間のための哲学者』(1775-77年)なども[21]、それこそ「通俗哲学」ということからすると無視できない。

カントは、『朝の時間』を「独断的な形而上学の最後の遺産」と評したのであった。確かに、その「序文」には次のようにある。「私の哲学がもはや時代の哲学

ではないということは自覚している。私の哲学は、私が教えを受けた、それもおそらくは世紀の前半を専制的なまでに支配しようとしたあの学派の薫習を今でも強く残している。どんな形の専制主義であれ反抗を呼び起こす。爾来、この学派の名声は凋落し、それと共に思弁哲学一般の名声もまた没落へと向かった[22]」。

坂部恵は、あの「すべてを破砕するカント」という文句について、汎神論論争との関連から次のように述べている。「既にこの書物の序文にカントの名が登場したことは、この論争におけるカントの位置を象徴するものであるとともに、その名に冠せられた「すべてを破砕する」という形容は、当時一般の、すくなくともメンデルスゾーン側の陣営の、カント理解をほぼそのままに示しているものと考えられる[23]」。

では、この「カント理解」とは何かと言えば、それは次のようなものとされる。「カントを外界の実在を否定するバークレイ流の観念論者とする見方は、とりわけ、カントに『プロレゴメナ』を執筆せしめる機縁となった、ガルヴェとフェーダーの筆になる、いわゆる「ゲッチンゲン批評」の影響の下に、当時広く行われていた。(中略)常識に定位し、外界の実在を自明の事実とするメンデルスゾーンにとって、「すべてを破砕する」ということの意味は、さしあたり、カントが外界の実在を否定する観念論者である、ということと別のことではなかった[24]」。

確かに、メンデルスゾーンは『一般ドイツ文庫』に掲載されたガルヴェによる『純粋理性批判』の「書評」を読んでいる。しかし、メンデルスゾーンは、この「書評」について次のように述べているのである。「愉快なことに、ルドルフィ氏から聞いたのですが、お兄さんは『純粋理性批判』をあまり評価してはいないようですね。私と致しましても、同書を理解していないと白状せざるを得ません。ガルヴェ氏が『文庫』に発表した『純粋理性批判』の摘要は、私には判明なものでしたが、氏は同書を正しく把握していない、と言う人もいます[25]」。(そこで、「序文」では「あまり教えられることのない学報」と言われていたのである。)

メンデルスゾーンが『純粋理性批判』を読んでいたことは確かである。ニコライなども、「モーゼスは、バークリの観念論に対するカントの観念論の優位

性をよく見抜いていた²⁶」と証言している。しかし、メンデルスゾーンが手にできた同書のA版から、カントの超越論的観念論なるものが理解されたかどうかは不明である。おそらく、メンデルスゾーンにとっては、「ゲッティンゲン批評」よりも、オイヘルが雑誌『ハ・メアセフ』に掲載したカント哲学の紹介記事（ヘブライ文）などの方が親しく感じられたのではないか²⁷。

　また、汎神論論争について触れられているが、メンデルスゾーンは、ちょうどこのガルヴェに宛てた書簡において次のように言っている。「書籍商のフォースさんが、私の尊敬する友人！である貴方に、私の『朝の時間』の見本を、私の名前でライプツィヒから送りました。おそらく、これはもう貴方のお手元に届いていることでしょう。とりあえずは、この小著を暇な時にでも通読されることを願うのみです。その後で、ヤコービ氏がブレスラウのレーヴェの所で出版した本『スピノザの教説について』(1785年)をお読みになって、この人の振る舞いについて貴方の率直なお考えをお聞かせ下さい。おかしなことに、この人は私を知りませんし、私もこの人を知らないのです。彼は、第三者を通じて私に文通を求めてきました。そして、私とこの第三者の許可なくして、私たちに知らせることもなく、この文通から彼にとって都合の良いものを公表したのです。これは、彼自身が言っているように、私がこの論争の状況を不正確に公表するのではないか、それも他ならぬ自分が公に問題視されるのではないか、という心配からしてのことです²⁸。――ヤコービが、彼の友人であったらしいレッシングに対して行ったことについては何も言えません。言うならば、こんな振る舞いは、私にとっては言いようのないほどに不見識なことなのです。こんな無分別な、見当違いの、それも悪意ある行いがありますか？彼は偽善者ぶっているのですか？それとも、実際に狂っているのですか？彼は無神論か盲目的な信仰でも説くつもりなのでしょうか？²⁹」。

　しかし、これはメンデルスゾーンがヤコービの『スピノザの教説について』を手にした後で言われていることである。それ以前に、メンデルスゾーンがヤコービの手紙をエリーゼ・ライマールスから受け取った際には、次のような感想が出されている。「貴女が親切にも送って下さった論文は、完全には、それもおそらくは少ししか理解できていません³⁰。一読したところ、この論

文の筋道は、その叙述に比喩的なものが混じっているために何とも追い難く、その間に見られる論の途切れは、私をして茫然自失させてしまうものです。50歳を過ぎると、心はすっかり慣れてしまって、そう簡単には新しいことを受け入れることができません。それでも、ヤコービ氏が全くの独力で作り上げた構築物からは、とても哲学的な鋭さが放たれていますから、なぜレッシングのような人がそれに魅せられて、それを作り上げた者に絶大の信頼を寄せたのかわかるような気がします。おそらく、もっと努力して集中しながら何度も読み返せば、ヤコービ氏が言わんとしていることも、より身近なものとなることでしょう[31]」。

ハーマンの文体を「不可解で謎めいている[32]」と評したメンデルスゾーンのことである、ヤコービが彼女を通して送ってきた「論文」を理解できなかったとしても不思議ではない。

1785年の10月4日、メンデルスゾーンは『朝の時間』の見本をヤコービに送った[33]。しかし、行き違いにヤコービは『スピノザの教説について』をメンデルスゾーンに送っていたのである[34]。メンデルスゾーンがそれを受け取ったのは、その数日後のことであった[35]。

汎神論論争はここに始まるのである。

とまれ、『朝の時間』は、こうしたヤコービとの論争のために出版を急がされたものではあるが、そのために書かれたものではない。執筆の動機は他にある。メンデルスゾーンは、友人のヘニングスに宛てた手紙において次のように述べている。「この本において、私が避けるわけにはいかなかったスコラ的な詮索は、貴方の日常生活においては無用でしょう。私としても今ではそうなのですが、かつては何よりも好んでいたものです。しかし、罪は宗教の内外における懐疑論者や理性の敵手たちにあるのです[36]」。

別の手紙において、メンデルスゾーンは次のように言っている。

「我々はまさしく啓蒙という夢を見て、理性の光によって狂信者たちには示すことのできない方角を明るみに出す (aufhellen) ことができると信じて参りました。しかし、また別の地平から彼らの亡霊たちと共に夜のとばりが再び降

りつつあるのが見えます。恐るべきことは、悪が実際に存在し影響力を及ぼしているということです。狂信が跋扈しているのに、理性は論じることで満足しています[37]」

　メンデルスゾーンの有名な論文「啓蒙するとはどういう意味か?」が『ベルリン月報』誌に掲載されたのはこの頃のことである。そこで主張されていることの何点かが「思想の自由」に抵触するのではないか、と疑義を呈したのはヘニングスであるが、その『理性について』(1778 年) を嚆矢とする理神論に傾いた著作はコペンハーゲンの街で聖職者たちの反発を招いていた。

　いわゆる「ヴォルフェンヴュッテル草稿」の巻き起こした騒動も理神論がもたらした反動の一つである。ヘニングスの訴えを聞いたメンデルスゾーンは言っている。「神学者たちとの論争にはもう疲れたのではないですか?彼らと取っ組み合うには、レッシングのような不屈の闘士でなければなりません[38]」。

　その論争相手であるゲッツェは、草稿の著者の名を明かすようにとレッシングに迫った。様々な噂が飛び交う中、メンデルスゾーンが著者であるという声も聞かれたようである。メンデルスゾーンがニコライと共にホメロスの原書講読を頼んだこともある或る古典学者の名も挙がった。この男は『新約聖書』の新訳を出したかどで神学者たちの恨みを誘い、ギムナジウムの校長の席を追われていた[39]。もちろん、当のライマールスの名も挙がった。ヨーハン・ライマールス (エリーゼの兄) は、亡き父の汚名をそそぐために孤軍奮闘したが、ヘニングスはその義弟である。

　メンデルスゾーンの周囲において、「ベルリンの宗教」と言われた理神論は強烈な反発を惹き起こしていた。しかし、事態はユダヤ啓蒙として知られる世界においても同様であった。メンデルスゾーンが中心となって進められた『旧約聖書』の翻訳もいくらかの反発を招いたが、その周辺にいたウェッセリは出版物の反響によりベルリンのゲマインデを追放されそうになっていた。破門の声も聞かれる中、メンデルスゾーンは彼を救うべく陰で奔走する[40]。

　よく引用されるあの有名な手紙が書かれたのもこの頃のことである。

　「時々、夕方になると、妻と子供たちと共に散歩に出ます。パパ!無邪気な子が言います。なんであの人たちは物を投げてくるの?なんでこっちに石を投

げてくるの？僕たちが何かしたの？――そうだよパパ！
　もう一人の子が言います。あの人たちはいつも通りを歩いていると「ユダヤ人！ユダヤ人！」と馬鹿にするんだよ。あの人たちにとってはユダヤ人であることが悪いことなの？[41]」。
　ヘニングスが言うところの「哲学的にも神学的にも狂った我らが時代の嵐[42]」の吹き荒れる中、そして、街頭では我が子に石を投げられながら、『イェルサレム』が、そして『朝の時間』は執筆されたのであるが――、それはやはり一つの「遺産」である。「序文」の最後には次のようにある。「悪がどこかしこに蔓延していると、長い間の物事の移り変わりと共に踏みつぶされてきたものを再び持ち上げるべく拍車をかける時であると、誰もが認めることだろう。しかし、そのような動議を起こすことを期することだけであっても、私はあまりにも弱ってしまっている。この仕事は、さらなる実力者たちに、それも深遠なるカント（Tiefsinn eines Kants）のような人に託されよう。カントは壊した時と同じ精神でもって再び築き上げることだろう[43]。私はと言えば、友人たちや後世の人たちに、私が事柄において真理であると看做していることについての釈明（Rechenschaft）を残せさえすれば、それで満足である[44]」。

第一節　『朝の時間』の「予備知識」

　『朝の時間』の第一講は、「真理とは何であるか？」と題されている。
　この第一講は、メンデルスゾーンの基本的な考え方が披歴されている箇所であるから、詳しく読む必要がある。『朝の時間』の前半部である「予備知識（Vorerkenntniße）」における論述は、第二講、第三講へと続き、第四講において対話形式により展開された上で、第五講を挟んで、第六講から第七講における二元論者と観念論者の対話によって締め括られるが、基本的な主張は第一講において展開されている。
　また、第五講に至るまで、何度か「原像」という言葉が使われているが、本格的に「原像」という言葉でもって議論されるのは第六講からである。第五講までの議論は、主として「模像」に関するものである。それを踏まえて、第六

講と第七講においては、「原像」をめぐって、二元論者と観念論者の主張が比較検討されることになる。そして、この議論をもとにして、メンデルスゾーンの「像論」は一定の完結を見ることになる。つまり、メンデルスゾーンの立場は二元論でもなければ観念論でもないということである。これは、当時の哲学議論がこの二つの立場をめぐってなされていたものであることを考えれば興味深いことである。

　ともあれ、そうした議論の前提を知るためにも、やはり第五講までを詳細に検討しておく必要がある。わけても、第一講と第四講における議論は重要である。メンデルスゾーンが自身の形而上学的な前提を、これほどまでに詳しく語っている箇所は、この『朝の時間』の導入部である「予備知識」にしかない。その目的は、「客観的な現存在とは何か」ということに関して、「実体」、「真理」、「原因」といった諸概念を確認し直すことであったはずだが——[45]、結局は「原像」という新たな概念を導入することで、そうした問い立てそのものが問われることになったようである。

　まず、最初にメンデルスゾーンは、「真理とは何であるか」という問いと、「いかなる徴表でもって、我々は真理を認識し、それを仮象（Schein）と誤謬（Irrtum）から区別するのか」という問いを挙げている。以後、第五講までの論述は、この問いをめぐって進められる。
　ここでは、「仮象」と「誤謬」が、真理と区別されるように言われているが、以下に述べるように、そのためにも、まずは「仮象」と「誤謬」を区別することが、メンデルスゾーンの真意である。
　この区別に関しては、ランベルトの影響が考えられる。ランベルトの『新オルガノン』は副題として、「真理の探究と記号化、そして真理を誤謬と仮象から区別することについて」と題されている。そして、メンデルスゾーンは同書の書評を著している。そこで、この冒頭におけるメンデルスゾーンの問題提起は、ランベルトに対する批判的な応答になっていると、それも特に、『新オルガノン』の第四部「現象学」に対する応答であると考えられるのである。
　さて——、真理とは何であるか？

そう問えば、或る人たちは、それは言葉と概念と事象の一致であると答えるだろう。

「可能的な、或いは現実的なあらゆる事物は、いわば諸々の原像（Urbild）であり、我々の諸々の概念や思考は、その写像（Abbildung）であって、言葉は諸思考の影像（Schattenriß）のようなものである。写像が、予像（Vorbild）に適合するもの以外には何も含んでいなければ、また、影像が写像に含まれているものを正確に示しているならば、これら三つのもの〔事物と思考と言葉、或いは原像と写像と影像〕の間には完全な一致があり、これを我々は真理と呼ぶのである[46]」。

しかし、これでは問題が生じるとメンデルスゾーンは言う。

なぜなら、「諸思考と、その諸対象とを、つまり模像（Nachbild）と、その原像とを比較するための、いかなる手段もない。我々は、単に模像と向き合っているだけであり、それも唯一その模像によってのみ原像を判断することができる[47]」。

これは単純なことで、原像と模像との一致が真理であるとしても、我々の手元には模像しかないために、それと原像との一致は、原理上、問えないということである。こうして、いわゆる真理の対応説が、それも厳密に言えば、論理学的な真理と形而上学的な真理という区分から成るヴォルフ派における真理論が斥けられる。

そこで、それとは別の仕方によって、「真理とは何であるか」という問いに答える必要がある。

メンデルスゾーンによれば、思考には二つの側面がある。

一つは、「思考可能なもの（das Denkbare）」としての側面であり、もう一つは「現実的なもの（das Würkliche）」としての側面である。このうち、まず「思考可能なもの」は、概念、判断、推理に分類される。これらは、数学や論理学において有効なものであり、矛盾律に則って真偽が確かめられるものとされる。従って、数学や論理学において、矛盾律によって得られる確実性は、「最高度の明証性を伴っている[48]」。しかし、問題は「現実的なもの」である。

メンデルスゾーンは次のように述べている。

「こうした真理が、それ自体そのものとして、どれほど必然的で不変的であるにせよ、我々にとっては、つねに同じ生気を伴うわけではない、ということが認められるだろう。我々のうちに生気が現在すること（Anwesenheit）は、時間と結び付いており、変化に従っている[49]」。

ここで、メンデルスゾーンが「実在的なもの」ではなく「現実的なもの」について語っていることに注意しなくてはならない。それは、「思考可能なもの」の対概念であるが、決して概念の実質を意味しているわけではないのである。

実際に、メンデルスゾーンは続けて次のように述べている。

「諸概念は、我々、思考する存在者の諸変様であり、そのような変様としての諸概念には観念的な現実性が帰され得る。しかし、この諸概念は、そうした変様の主体である我々自身（wir selbst）と同じように、必然的な存在者ではなく、偶然的で可変的な存在者である。諸概念は必然的に思考可能であるが、我々にとって必然的に思考されるわけではない。それは、我々自身が不変的に思考可能な存在者であるが、不変的に現実的な存在者ではないのと同様である。つまり、現実的なものの領域は、思考可能なものの領域よりも狭く制限されているのである。あらゆる現実的なものは思考可能でなければならないだろう。しかし、決して現実性が帰されることのない非常に多くのものが思考可能であることだろう[50]」。

ここでは、「変様の主体」である「思考する存在者」と、その「変様」である「諸概念」について語られている。実は、ここで言われていることを基礎として神の存在証明がなされるのであるが——、ここで押さえておくべきことは、こうした「諸概念」には「観念的な現実性」が帰されている、ということである。『朝の時間』における論の展開は、一つにはこれが「主観的な現実性」とされていく過程においてこそ見られる。

ところで、メンデルスゾーンによれば、「現実的なものの源泉は矛盾律ではない[51]」。

つまり、「現実的なもの」に関しては、矛盾律とは異なった「別の原則[52]」が必要とされる。なぜなら、「思考可能なもの」においては「実在性」が問題とな

るが、「現実的なもの」においては「現実性」が問題となるからである。

　ここで、メンデルスゾーンは矛盾律とは異なった、また別の原理を求めているのである。

　そこで、次に問題とされることは、いかにして、我々は「現実性という観念(Idee der Würklichkeit)を得るのか、つまり、何を根拠として、多くの事物について、そうした事物は現実性を持っている、ということを認めるのか、或いは認めるべきなのか[53]」、ということである。

　ここで唐突に、「人間は自分自身が自身の知識の第一の源泉である[54]」と言われる。すると、先に言われた「現実的なものの源泉」とは、「自分自身」であることになろう。もちろん、この「自分自身」とは「変様の主体」、つまりは「思考する存在者」のことである。

　しかし、それはまた「或る物」とされる「変様の主体」のことでもある。

　「私が現実性を認めている第一のものは、私の諸々の思考や表象である。私は、それらが私の内的なもの(mein Inner)に伴っている限り、そして、それらが思考能力の諸変様として私に認められている限りにおいて、それらに観念的な現実性を帰する。あらゆる変様は変様させられる或る物を前提している。そこで、こうした変様の主体である私自身(Ich selbst)は、単に観念的な現実性ではなく、実在的な現実性を持っている。私は単なる変様ではなく、変様する事物そのものであり、単なる諸思考ではなく、諸々の思考や表象によって状態が変様させられる思考する存在者である[55]」。

　ここでは、表象や思考は「主体の変様」であり、その限りにおいて、「変様の主体」を前提としているというように、変様と、その主体とが分けられている。これは、先の区分に当てはめれば、「偶然的で可変的な存在者」である「諸概念」は「主体の変様」であり、「不変的に思考可能な存在者」である「思考する存在者」は「変様の主体」ということになる。

　しかし、それと同時に、「自分自身」とは、「私の内的なもの」、或いは「私自身」としての「或る物」と言われている。それも、その理由は、「あらゆる変様は変様させられる或る物を前提している」からである。「変様の主体」とは、何やらこの「或る物」とされるものらしい。

第五章 『朝の時間』(1785 年)　145

　また、先には「思考する存在者の諸変様」としての「諸概念」には「観念的な現実性」が認められると言われていたが、ここでは、そうした「変様の主体」には、つまりは「変様させられる思考する存在者」には「実在的な現実性」が認められると言われているわけである。

　こうしたことを踏まえて、さらにメンデルスゾーンは、「表象の現実性」と、「表象されている事物の現実性」、或いは「諸変様」と「諸変様の予象（Vorwurf）」とを分ける[56]。

　つまり、「私自身が単に変転する思考ではなく、存続〔性〕を持つ思考する存在者であるように、多様な諸表象についても、それらは単に我々の内なる諸表象であるとか、我々の思考能力の諸変様であるというだけではなく、我々の思考能力の予象としての、我々とは区別される外的な事物でもある、ということが認められよう。思考する存在者が単なる諸思考ではなく、それ自身の存立性（Bestandheit）や、実在的な現存在を持っているように、思考されたもの（das Gedachte）も、それ自身によって存立する単に観念的ではない現実性を持っている。多くの思考可能な事物がある。それは私と同じように、存続する現実性を持っている。〔しかし、〕その模像の或るものは我々のうちに現在するが、或るものは現在していないのだろう[57]」。

　そこで、メンデルスゾーンは、考察の対象を、「1）諸思考。我々が、その現実性を観念的な現実性と名付けているところのもの。つまり、単なる変様であるところのもの。2）思考するもの、或いは存続する実体。それに即して、変様が生じるところのもの。つまり、既に実在的な現実性が帰されていなければならないもの。3）思考されたもの、或いは諸思考の予象。多くの場合に、我々が、我々自身と同じような、実在的な現存在を帰そうとする傾向があるもの[58]」、の三種類に分類する。

　これは、先の区分で言えば、まず「思考するもの」としての「変様の主体」には、「実在的な現実性」が帰され、「諸思考」としての「主体の変様」には、「観念的な現実性」が帰される、ということである。

　その一方で、「思考されたもの」に関しては、「実在的な現存在」が帰されはするが、それは「主体の変様」が「変様の主体」を持つように、その変様の対象

もまた、それとして存立性を持つのではないか、と思われるからに過ぎない。そこで、この「実在的な現存在」とは、先の引用箇所における表現で言えば、「単に観念的ではない現実性」というものであろうが、だからと言って、それが「観念的な現実性」以上のものであるとは限らないのである。

これは、最初に言われていた形而上学的な前提からする当然の帰結である。

メンデルスゾーンは言っていた。「諸思考と、その諸対象とを、つまり模像と、その原像とを比較するための、いかなる手段もない。我々は、単に模像と向き合っているだけであり、それも唯一その模像によってのみ原像を判断することができる」。

それにしても、何らかの現実性を「思考されたもの」に帰そうとする我々の傾向とは、デカルトの言うところの「自然的傾向性」というものであろうか。ここではただ、それが「対象」ではなく「原像」、それも「予象」と言われていることに注意しておこう。

第二節　「感性的な認識の明証性」について

そこで、次の問題は「観念的な現実性」が認められている思考の予象、つまり我々が「実在的な現存在を帰そうとする傾向があるもの」としての「思考されたもの」が、「我々の外にも現実的な現存在を持っている[59]」ということが、或いは「我々のうちの単なる思考よりも以上の或る物[60]」であるということが、いかにして言えるのか、ということである。

メンデルスゾーンにとって、現実性とは認識に生気が伴うことであるから、「観念的な現実性」が帰されるものではあるが、現存在と関係づけられるものではなかった。しかし、「変様の主体」としての「思考するもの」が実在するように、そうした「主体の変様」の「予象」としての「思考されたもの」もまた実在するのではないか、という問題が提起された。なぜなら、この「予象」とは、「我々のうちの単なる思考よりも以上の或る物」と言われるようなものに過ぎないからである。

そこで、まずは「感官の多様な現象[61]」について、或いは「感性的な現象」について、その予象が「外的な現実性」を持つのかどうか、ということが考察される。この「外的な現実性」とは、もちろん「実在的な現存在」のことであって、先に言われた「現在性」としての第一義的な意味における「現実性」とは異なる。あくまでも「外的な」と言われているのはそのためである。

「我々は、我々の感官に印象を与えるものが、我々の外に現実的にあると看做す傾向がある。しかし、しばしば感官は欺く、ということもまた認められよう。つまり、しばしば感官は現象の主体が現在していると我々に信じさせるが、後になって、こうした諸現象は我々のうちにあった単なる諸表象であり、我々の外には、いかなる予象も持ってはいなかった、ということに我々は気づくのである。それは、諸々の構想や夢、錯覚なのであった。それらには単に観念的な現存在が帰されはするが、それらの予象は、少なくとも今のところは我々の外にはどこにも見出されないのである[62]」。

では、どのようにして、この「懐疑[63]」に答えるのか？

ここでのメンデルスゾーンの答えは、彼自身「月並みな仕方[64]」と呼ぶ常識的なものである。

まず、多くの感官を通じて現れる現象ほど、その現実性は確かなものとなる。つまり、「より多くの感官が、我々に或る予象の現存在を表すほどに、我々は、その現実性を信じるようになる[65]」。

また、多くの人たちによって感覚される現象であるほど、その現実性は確かなものである。

つまり、「私は、同一の諸対象が、他の人たちの感覚圏（Empfindungskreis）に現れるならば、それがその人たちに与える印象を検証する。この人たちにおいて、一致が多く見出されるほどに、我々は外的な現実性を確実なものとして信じるようになる[66]」。（ここで、「感覚圏」と言われているが、これは後の第六講において「一つの共通の世界」などと言われて主題化されることになる。）

しかし、そうすると、より多くの感官にせよ、より多くの人たちにせよ、「外的な現実性」に関する信念は、より確かである、というほどの量的なものにしかならないだろう。

では、感性的な認識は蓋然的な確実性しか持ち得ないのであろうか？

一応、メンデルスゾーンは、感性的な認識が明証性を獲得する仕方を次のように述べている。

「こうした仕方で、感性的な対象の客観的な現実性が認められるならば、我々は、この同じ対象に、既に我々に知られているところの、数学や論理学のあらゆる真理を適用する。そうして、我々は、こうした対象に、そうした否定すべからざる諸真理によって、その対象の概念に適合するはずのあらゆる述語を認める。同様に、我々は、こうした対象から、矛盾律によれば適合し得ないであろう、あらゆる属性を斥ける。こうした仕方で、我々は真理命題を作り出す。そうした命題の主語は、感性的な認識の明証性を、それ自体として持っている。また、そうした命題の述語は、数学的な規則や論理学の規則を適用することによって然るべき仕方で思考され得る。我々は、こうした諸命題から理性推理へと進む。そうすると、自然学において適用される数学や論理学の教説の体系が成立する[67]」。

ここでの主題は、あくまでも感性的な認識である。それも、その対象の「客観的な現実性」である。

しかし、「感性的な認識の明証性」とは何であろうか？

メンデルスゾーンにおいては、明証性とは、あくまでも数学や論理学の対象、つまりは「思考可能なもの」における真理性であって、「現実的なもの」における真理性ではない。しかし、ここでは、やや無理をして、感性的な認識にも或る種の明証性が認められると言われているのである。おそらく、言われていることは、より多くの感官や、より多くの人によって感覚されている感性的な認識の対象の現実性は、数学や論理学が適用されることによって、それなりの明証性を獲得するということであろう。

従って、ここで言われている「感性的な認識の明証性」とは、派生的なものであって、あくまでも数学や論理学における第一義的な明証性とは異なっていなければならない。実際に、第四講においては、感性的な認識には明証性とは区別されて別に「直観性」が認められることになる。

メンデルスゾーンとしても、結局は次のように言わざるを得なかったよう

である。
「我々は、現象の現実性から、それと一般に結び付いているところの、あらゆる他の感覚的な諸現象の共現実性（Mitwürklichkeit）を推論する。この推論は、数学的、或いは論理学的と言われるような否定すべからざる確実性を伴ってはいないが、蓋然性の教説に基づいた、帰納と言われる確信の度合いを伴っている[68]」。

要するに、感性的な認識に基づく推論は、どこまでも蓋然的な確実性しか持たない。つまり、「思考可能なもの」には必然的な確実性が認められるが、「現実的なもの」には蓋然的な確実性しか認められない、ということである。しかし、後者には、先に言われていたように、矛盾律とは異なった「別の原則」がある。「現実的なもの」は、矛盾律におけるような真理性を、つまりは明証性を持つことはないが、「帰納と言われる確信の度合い」と言われているところの蓋然性という別の真理性を持つのである。

第三節　認識の三重の源泉

上のような問題提起を受けて、第二講においては、こうした「感性的な認識」と、数学や論理学に代表される「理性認識」との関係が追及される。「続けて、現実的な事物についての我々の認識の第一の源泉を、さらに検証しよう[69]」。これは、もちろん第一講で言われていた「人間は自分自身が自身の知識の第一の源泉である」ということを踏まえて言われているものである。

ところで、以下におけるメンデルスゾーンの論述は次のようなことを前提とする。「二つの現象が、しばしば互いに継起するということは、それらは互いに結び付いているという根拠づけられた憶測を我々に与える。我々は先行する現象を原因と呼び、継続する現象を結果と呼ぶ。そして、両者は共に論理的な命題において結び付けられているということが、つまり主語としての原因の概念のうちには、述語としての結果が導き出される或る物が見出されるということが認められる。この或る物は、つまりは、そこから結果が導き出されるところの原因における徴表は、根拠と言われる。つまり、あらゆる

結果は、その原因のうちに基礎づけられているのである[70]」。

　要するに、先行する現象と後続する現象は、因果関係として、それも同時に、主語と述語という論理的な関係としても認められるということである。これが議論の前提となる。

　しかし、「根拠づけられた憶測」と言われはしても、それは、こうした因果関係や論理的な主述関係が帰納推理によって基礎づけられている、という程度の意味である。従って、こうした関係は、あくまでも「憶測」に過ぎない。ここで言われていることからして、メンデルスゾーンは「原因」概念と「根拠」概念を混同していると批判することもできようが[71]、後に見るように、メンデルスゾーンとしては、現象の基礎づけがなされるその仕方を問題としているのである。

　それもあって、第一講で言われていた感性的な認識と理性認識という区分が、ここではまた違った仕方で説明される。それは、「認識の三重の源泉 (dreyfache Quelle)[72]」と言われるものである。メンデルスゾーンによれば、「動物も同様の事例において同様の結果を期待するが、同一の認識根拠に基づいているわけではない。こうした場合、動物においては諸概念の単なる連合が、多くの人たちにとっては経験が、哲学者にとっては理性が導くのである[73]」。

　最初に、「認識の第一の源泉」と言われていたが、その「第一の源泉」が、ここではさらに「三重の源泉」と言われているのである。これは、感性的な認識から理性認識へと展開される或る種の弁証法的な論理である。

　メンデルスゾーンは斜面を例にして、このことを説明している。動物は、斜面を前にすると、度重なる経験から、「斜面」と「滑り落ちる」という観念が、「最も生気ある観念[74]」となり、恐れを抱く。しかし、人間は、「あらゆる重い物体は斜面から滑り落ちる」という「一般的な理性命題 (allgemeiner Vernunftsatz)[75]」を経験から導き出す。この命題は、「斜面についての展開された観念において、滑るということの可能性が導かれる或る物が見出される[76]」と言われているように、「可能性」に関わるものである。ここで言われている「或る物」とは、上に言われたように、「そこから結果が導き出されるところの原因における徴表」、つまりは「根拠」のことであろう。

人間は、動物とは違って、斜面を目にしなくとも、斜面では滑るかもしれない、と経験から推理することができる。しかし、ここからさらに哲学者は、これに力学から導き出された根拠の認識を付け加えて、つまりは適用して、「一般的な命題を純粋な理性認識へと、より近づける (näher bringen)[77]」。

とはいえ、こうした説明によって、「認識の三重の源泉」なるものが判然とするわけではない。動物と人間の区別も曖昧である。しかし、「認識の三重の源泉」と言われ、あくまでも「三種」ではなく「三重」と言われているのには理由があろう。メンデルスゾーンは、敢えて「三重」とすることで、動物から人間、そして哲学者へと至る認識の相違を、質的なものではなく、量的なものへと変えようとしているのである[78]。

実際に、続けて次のように言われている。「急な斜面を前にして感じる恐れは、動物が人間と共有するものであるが、そうした恐れのうちには、動物的な認識から純粋な理性真理へと段々と高められ得るような形式的な推理が隠されて (verborgen) いる。これは急な斜面である、という小前提を視覚器官は与える。さらなる展開がなくとも、動物においては、度重なる知覚によって定着している観念によって、滑り落ちるという観念が心のうちで支配的な概念となり、運動能力に働きかける。しかし、理性はこうした場合に展開されるべき多くのことを見出す[79]」。

ここでは、「人間」と「動物」という二分法が取られている。人間の理性は、「動物的な認識」のうちに隠されている「形式的な推理」を展開することで、「理性命題」を導き出す。

メンデルスゾーンは、いわば弁証法的な論理を語っているのである。

同様の主張は、やや違った観点から、「普通の人 (der gedankenloseste Mensch)」と「哲学者」という二分法によってなされてもいる。普通の人は、斜面で物体が滑り転がることや、楔を打つことによって物体は容易に分割できること、或いはスクリューによって簡単に運ぶことができること、といった「個別的な命題」を「経験命題」として、さらには「一般的な命題」として認める。

おもしろいことに、こうした命題は、「現前する事例において、大前提として役立てられる[80]」と言われている。そうすると、この「大前提」とは、動物

的な認識における「小前提」から展開されたもの、つまりは、そこに隠されていた「形式的な推理」ということになろう。

しかも、ここからさらに哲学者は、「純粋な理性認識」を導き出すのである。

「哲学者は、例えばこうした三つの経験命題においては、同一の一般的な自然法則が、つまり物体の重さや運動の伝達についての法則が、単に形態（Figur）の相違によって様々に変容しているに過ぎない、ということを見出す。哲学者は、この自然法則が斜面や楔やスクリューなどの形態によって被るに違いない諸変容を、幾何学的な原則によって、つまりは思考可能なものと思考不可能なものとの法則に従って説明する。そして、楔やスクリューは斜面と共に同一の原則から理解され得る、ということを見出すのである。従って、こうした側面において、哲学者の認識は純粋な理性真理である[81]」。

つまり、こうした「認識の三重の源泉」とは、動物から普通の人、そして哲学者へと至る三段階として説明されていることからして、それも、あくまでも「三種」ではなく「三重」と言われていることからして、段階的に展開されるものである。哲学者の認識が、「純粋な理性真理」とされ、幾何学的な認識を適用したものであるとしても、それは必ずしも厳密には個別的な「経験命題」から質的に区別されるものではないのである。そもそも、この「経験命題」からして、動物の認識のうちに隠されていた「形式的な推理」が展開されたものに過ぎない。

従って、メンデルスゾーンは次のように言うのである。

「感性的な諸現象や、それらの一致は、我々をして、そうした現象の根拠を含んでいるところの客体を推理させる。この対象を、我々は物体と名付ける。しかし、こうした我々に知られている客体についての徴表は、一般的な重さを推理するには、或いは、そもそも客体と論理的な命題において結び付いていなければならない運動力を推理するには、依然として至らないのである。多くの識者と共有されるであろう命題、つまり、あらゆる物体は重さを持っている、或いは、あらゆる物体は運動力を持っており、物体はこの力を何らかの仕方で伝達できる、といった一般的な自然法則は、哲学者にとっても、依然として不完全な帰納によって一般的なものとされた経験命題に過ぎない[82]」。

そこで、メンデルスゾーンは次のように結論する。「理性は、哲学者をして、単なる個別的な経験命題を一般的な自然法則へと変えさせる。しかし、一般的な主張の根拠は、学的なものではなく、純粋な理性認識でもなく、純粋理性の代わりを務めなければならないところの、不完全な帰納なのである[83]」。

自然学や天文学といった自然法則を立てる諸学における命題は「不完全な帰納」に基づいているから、数学や幾何学における命題のようには、学的な真理性、つまりは明証性を持たない。しかし、「こうした不完全な帰納は、説得力や明証性を欠いているのではないか、と言うのではない。不完全な帰納は、多くの場合、我々にとっては、完全な確信を与え、あらゆる疑いを斥けるには十分である[84]」。

ここで、「我々にとっては」という留保は重要である。この留保に基づいて、「不完全な帰納は、完全な確信を与えるのに十分であるほどに完全なものに近づく[85]」と言われ得るのである。

不完全とはいえ、それは一定の根拠に基づいた理性推理ということである。

メンデルスゾーンは次のように述べている。「現実的なものや非現実的なものの学問におけるあらゆる確信は、純粋な理性認識ではない。そうした確信は、多くの状態や変様における、様々な感官の一致や、様々な感性的な諸現象が、しばしば続いて、或いは同時に起きるということに基づいている。我々は、そうした事例において、〔帰納〕推理を正当化するための根拠を探究しなければならない[86]」。

この「根拠」とは、先行する現象に見出される「或る物」のことである。これを見出すことは、しかしメンデルスゾーンにとって現象を基礎づけることである。そこで、メンデルスゾーンは次のように述べているのである。「明らかな一致を盲目の偶然に帰するのではなく、どこでも多様なものが合わさっているところでは、その根拠が探求されもする、ということは人間知性の本性に適っている[87]」。

ここで、メンデルスゾーンは1756年に書かれた自身の論文を引いている。メンデルスゾーンは、「推理を正当化するための根拠」として、この論文で論じられた「蓋然性の論理学」を引き合いに出すのである。

第四節　論文「蓋然性について」(1756 年)

　メンデルスゾーンの論文「蓋然性について」は、匿名で学術雑誌に掲載されたものであるが、もともとはメンデルスゾーンが所属していたベルリンの研究会 (Gelehrtes Kaffeehaus) において発表されたものである[88]。会の成立は 1755 年のことであった。この会には、メンデルスゾーンの友人であるニコライやグンペルツ、レーゼヴィッツなどの他にも、ズルツァーやオイラー（有名な数学者の息子）といったアカデミーの若手メンバーたちも参加していた。このうち、グンペルツはアカデミーの総裁であったモーペルテュイの秘書を務めたこともある人物である[89]。ビリヤード台を取り囲む空間で、メンデルスゾーンは彼らと対等に議論できたのである。学術雑誌なども交換されていたようで、その中にはメンデルスゾーンも参加していた『カメレオン』という風刺雑誌も含まれていた。

　この論文が発表された 1756 年という年は、仕事でロンドンへと向かう旅の途中、ハーマンが初めてベルリンに立ち寄った年でもある。それは、10 月 14 日から 11 月 23 日のことであったが、メンデルスゾーンの発表が行われたのもちょうどこの頃である[90]。この時、ハーマンは「ユダヤ人のモーゼス[91]」と知り合ったと述べている。

　メンデルスゾーンの発表は、著者の名は伏せたままにして、論文を代読者が読み上げるという仕方でなされたようである。しかし、この代読者が、数字の 0 を「オー (oh)」と読んでしまったところを、メンデルスゾーンが「ゼロだ」と訂正したことにより、書き手が誰だかばれてしまったという逸話が伝えられている。レッシングは言っている。「僕は君の論文をよく理解できないかもしれないけれど、ゼロを 0 と間違うようなことはないと思うよ[92]」。

　さて、この論文は後に 1761 年に出版された『哲学著作集』に収録されることになるが、1771 年に出された同書の改訂版においても多少の加筆訂正が加えられている。その上で、この論文は晩年の『朝の時間』においても参照されているのであるから、メンデルスゾーンにとっては生涯を通して重要な論文

であったと言えよう。

　その冒頭には、次のようにある。「我々が到達し得る認識において、おそらく蓋然性は最も必然的なものと看做されるだろう。なぜなら、蓋然性は我々の制限された領域に適っており、多くの場合において、確実性に取って代わらなければならないものであるから[93]」。

　ここで、蓋然性は人間本性の問題として捉えられている。しかも、大方の場合、それは「確実性に取って代わらなければならないもの」と言われている。このことからして、『朝の時間』においては「感性的な認識の確証力」というようなことが言われていたのである。

　また、次のように言われている。「哲学や数学の普遍的な教説が、自然における現前する事例から余りにも遠く隔たっている、ということは長らく認識されてきた。そうした教説から導き出された推論が、個々の事例に適用されるならば、しばしば一般的な論理学の規則を失わざるを得ないのである[94]」。

　ここでは、「適用」ということが問題とされている。メンデルスゾーンによる「蓋然性の論理学」とは、最初から現実の事例に適用されることを念頭において構想された応用論理学なのである。

　しかも、メンデルスゾーンによると、哲学者にとって蓋然性の問題とは、ライプニッツの「願望」を充足することである。つまり、「蓋然性の論理学を発見するという、ライプニッツ氏の願望を充足する哲学者は、こうした偉大な数学者によって我々に与えられた個々の規則から、一般的なものを抽象し、そこから多くの個々の規則を、いわばア・プリオリに導出するという使命を負わなければならない[95]」。

　メンデルスゾーンは、蓋然性の問題という「ヒュームの問題」を、数学の問題としてではなく、あくまでも哲学の問題として、それも「蓋然性の論理学」を発見するというライプニッツから引き継がれた問題として捉えているのである。

　そこで、こうしたライプニッツによる「蓋然性の論理学」を発見するという「願望」に関して、メンデルスゾーンは次のような抱負を述べている。「数学的な洞察や発見力では、この困難な仕事を企てるには不十分であると思われる。そ

こで、私は、こうした偉大な学者たち〔＝ヤコブ・ベルヌイやスフラフェサンデといった数学者たち〕の試みが依拠している諸根拠を探究して、少なくとも、さらなる省察のための契機となるように、いくらか考察を加えてみよう[96]。

　ここで、メンデルスゾーンが「数学者」ではなく、「哲学者」として語っていることに注意すべきである。何せ、蓋然性を定義するに当たって、「ヴォルフによる蓋然性の定義を役立てて、ベルヌイやスフラフェサンデの定義によっては、なかなか導き出されないような帰結を引き出す[97]」と言われているのである。メンデルスゾーンが「発見の技法」としての「蓋然性の論理学」に関して、ヴォルフの『ラテン語論理学』第573節以下における定義を参照していることは、ランベルトのようなヴォルフ主義者の論理学観と比べた場合に特徴的である。

　例えば、メンデルスゾーンは、現象を説明するための「仮説（Hyopothese）」について、次のように述べている。「しばしば蓋然性とは、紛れもない確実性へと達するための方途でもある。或る主語のうちに存している、あらゆる真理根拠を一時に通観することができない場合は、まずは、そうした真理根拠のいくつかを認めよう。そうした真理根拠だけで、実際に主語の本質が尽くされているならば、そうした真理根拠から帰結するものが明らかとなる。このようにしてもたらされた帰結は、仮説と言われる。その次に、残りのあらゆる真理根拠が、こうして認められた仮説と一致するかどうか、ということが探究される。一致するならば、最初は単に蓋然性を伴っているに過ぎなかった命題は、完全な確実性を得る。真理が、仮説による以外の仕方で見出されるような例は、代数学を除いては、ほとんど見出されないだろう[98]」。

　ここでは、「紛れもない確実性」であるとか、「完全な確実性」などと言われているが、帰納推理から導き出されるものは、あくまでも「仮説」なのであるから、それは原理的には言えないことであろう。そこで、やはり次のように言われなくてはならない。

　「我々の経験推理は、それが依拠しているところの確実な根拠を持っている。我々は、たびたび繰り返される経験によって、或いは、同様の経験を持つ他者の信頼できる証言によって、より数学的な明証性へと段々と近づいていく。

もっとも、経験によっては、決して数学的な明証性そのものに達することはできない[99]」。

　帰納推理によっては数学的な明証性を得ることはできない。これは、メンデルスゾーンが生涯を通じて保持している一貫した見解である。メンデルスゾーンにおいては、あくまでも明証性は数学や論理学にのみ限られた真理性なのである。

　帰納推理によって仮定される仮説の具体的な例としては、コペルニクスの仮説が挙げられている。「コペルニクスの世界体系は、今となっては、古いプトレイマイオスの世界体系よりも、より確からしいものとして広く認められている。確かに、古代の人は、後になって観察されたあらゆる現象を説明するために、離心率や周転円を用いることができた。しかし、新しい世界体系に従えば、全ては諸々の単純な仮定から、つまりは少ない原因から説明されるのである。これに対して、古代の人達は、個々の現象について、それぞれ一つの新しい仮説（Hypothese）を構想しなければならなかった。従って、新しい世界体系が古い世界体系に対して持っている蓋然性の度合いは、或る程度は決定され得るだろう[100]」。

　ここで言われているように、コペルニクスを引き合いに出して、天文学や自然学における「仮説」について語ることは、ライプニッツの轍を踏むものである[101]。しかし、このことは、あくまでも形而上学的な「仮説（System）」を斥けた上で言われている、ということに注意しなければならない。後にまた述べるが、この点は、とくにランベルトの主張と比べた場合に特徴的である。

　さて、『朝の時間』の第二講において、メンデルスゾーンは、「理性は、哲学者をして、単なる個別的な経験命題を一般的な自然法則へと変えさせる。しかし、一般的な主張の根拠は、学的なものではなく、純粋な理性認識でもなく、純粋理性の代わりを務めなければならないところの、不完全な帰納なのである」と言っていた。するとメンデルスゾーンは、自然法則に関しては、帰納法しか認めておらず、仮説演繹法は認めないということになるのだろうか？

　これについては、ちょうど次のように言われている。「よく似た主語は、内

的な結合根拠によって、やはりよく似た述語を持つだろう。従って、重さの法則とは、我々が、諸物体の落下や上昇において観察される、あらゆる事例を数え入れるところの自然法則であり、一般的な命題である。こうした自然法則に、ニュートンやガリレイ、また他の発見者たちは、思考可能なものと不可能なものに関する諸定理を結び付けた。つまり、彼らは、数学や論理学の諸定理を重さの法則に適用して、諸物体の重力（Gravitation）についての理論の総体を発見し、我々の認識を、あらゆる期待を上回るような仕方で豊かにしたのである[102]」。

　これは、いわばメンデルスゾーンの科学論である。
　メンデルスゾーンは、「感性的な認識」から帰納によって導かれた自然法則に、「純粋な理性認識」における諸定理を適用することによって得られた理論に、科学認識としての存在身分を認めているようである。前者は「不完全な帰納」であり、後者は「純粋な理性認識」であるが、あくまでも両者が混ざったものとして科学認識は捉えられている。そうした意味では、メンデルスゾーンは、帰納法か演繹法か、というよりも、帰納に基づいた演繹という営みを科学として認めている、ということになろう。
　重さの法則という自然法則は、「感性的な認識」から「不完全な帰納」によって導き出されたものに過ぎない。しかし、それに数学の諸定理を適用することで、重力の理論が導かれる。こうした考え方は、科学論というよりも、「発見の方法」としての、いわば科学的発見の論理である。
　このように、単純な帰納推理ではなく、さらにそれに純粋な理性認識を適用した認識として科学理論を捉える仕方は、「蓋然性について」における、コペルニクスに関する記述を例とした、帰納推理のみによって科学認識を基礎づける仕方よりも進んでいる。これは、裏返せば、『朝の時間』では、「不完全な帰納」という表現がなされていることの理由でもある。
　もっとも、「蓋然性について」においても、帰納推理と数学や論理学における理性認識は、一応は区別されている。しかし、両者の関係は明らかではなかった。『朝の時間』においては、この両者の連関が見られる。
　ただし、そうすると、数学を用いて自然現象を定量的に記述する、などと

一般に言われている近代科学の特徴は消えてしまうことになろう。メンデルスゾーンにおける「仮説」とは、あくまでも「不完全な帰納」に留まる自然法則のことである。従って、この「仮説」は「純粋な理性認識」ではないのだから、仮説演繹法は認められないことになる。なぜなら、仮説演繹法を認めるならば、自然法則は原則として「純粋な理性認識」によって仮定されている必要があるからである。

　実際に、メンデルスゾーンは次のように言っている。「諸々の仮説に関する教説と、それらの真理性は、次のような根拠に基づいている。つまり、或る仮定から理解される自然の出来事が多いほど、それも多様であるほどに、また、さらには仮定が単純であるほどに、こうした仮定は、より一層の憶測の根拠、或いは蓋然性を伴い、より一層の正当性でもって、真理として認められるのである[103]」。

　ここで言われている「仮説」とは、自然法則のことであるが、この引用箇所からすると、どう考えても自然法則には蓋然性しか認められないことになる。しかし、それでも「我々にとっては」十分である、とは先に何度も言われたことである。

　結局、仮説としての自然法則は、「不完全な帰納」によって仮定されたものに過ぎないのだから、その真理性は、どこまでも経験的に確かめられる他なく、程度差こそあれ、どこまでも蓋然性しか得られないものである。しかし、そうすると次のように言われるかもしれない。

　「仮説のこうした試金石は、我々が、世界の構造を、自らの意図を達成するために最短の手段を選ぶに違いない理性的な知恵ある原因に帰する場合にのみ、妥当するものである、と思われるかもしれない。(中略)つまり、このような仮説の試金石は、それ自体として一つの仮説なのではないか、と[104]」。(この場合の「一つの仮説」とは、「蓋然性について」における区分で言えば、Hypothese としての「仮説」ではなく、System としての「仮説」である。)

　そうであれば、帰納という試みそのものが、いわば一つの大きな仮説を前提していることになる。これは、ライプニッツであれば認められることであろう。しかし、メンデルスゾーンにおいては、こうした「仮説の試金石」とし

ての形而上学的な仮説は必要ない。なぜなら、「単純な仮定から説明される多様な自然現象は、一致を認識させるが、その根拠を我々は仮説〔そのもの〕のうちに見出すのである[105]」から。

この点は、同時代におけるライプニッツ主義者の一人であった、ランベルトの見解と比べると対照的である。ランベルトにおいては、「真理の王国」という形而上学的な体系が前提されている。

それに対して、メンデルスゾーンにおいては、仮説は根拠として現象を基礎づけるものである。それも、そうした試みは、ひいては人間知性の「本性」に根拠づけられるのである。このことからして、メンデルスゾーンにおいては、現象の真理性が人間という「主体」のうちに基礎づけられることになる。以下においては、メンデルスゾーンの現象概念について、ランベルトの現象学と比較しながらその像論を明らかにしつつ述べよう。

第五節　三種の認識

第二講までの議論を踏まえて、第三講においては、認識には三種類あると言われる。

第一の認識は、「感性的な認識」であり、いわゆる感覚のことである。重要な点は、この感性的な認識は、「変様の直接的な意識[106]」、或いは「外的な感官と内的な感官の直接的な認識[107]」とも言われているように、あくまでも「直接的」なものとされていることである。ここで、「変様の直接的な意識」とは、これまでに言われてきたことからして、「(主体の)変様の直接的な意識」と補って読まれるべきものであるから、「直接的」とは、「変様の主体」と「主体の変様」が相即している、という意味でなければならないだろう。

しかし、メンデルスゾーンはまた次のように述べている。

「もっとも、知性による多くの判断や修正、訂正などが、多くの場合に感性的なものと結び付いており、それもそれらの境界が決して認識されないほどに、あまりにも密接に結び付いている[108]」。

そうすると、ここで言われている「感性的な認識」とは、純粋に感官を通し

た認識ではなく、知性による判断が含まれた混合的な認識ということになろう。

そこで、第二の認識は、「思考可能なもの」についての認識であって、「理性認識」と言われるものであるが、この場合の理性認識とは、既に第二講においても言われたように、「我々の知性の正しい使用によって、先の直接的な認識から導かれた判断や推理[109]」のことである。

つまり、「理性認識」と言っても、やはり純粋な理性認識というものは認められていないのである。「直接的な認識から導かれた判断や推理」とは、帰納的な理性推理のことであるから、純粋な理性認識ではない。このことは、「感性的な認識」について、それが直接的な認識ではあっても、既に知性による判断が混入してもいる、ということからする必然的な帰結である。従って、この二つの認識は、必ずしも明瞭に区別されるものではない。

それに対して、第三の認識は、「我々の外なる現実的なものの認識、或いは、我々が物理的-現実的な世界において見出すことについて、我々が持っているところの諸表象[110]」である。この認識は、上の二種類の認識が質的な区分であるというよりも、実際には、「感性的な認識」から理性認識が導かれ、それも前者には後者が既に含まれている、という連続的な関係にあったことを鑑みれば、いくらか異種的なものである。第三の認識は、あくまでも「我々の外なる現実的なもの」に関わっている。

さて、この第三講の冒頭において、メンデルスゾーンは、初めに第一講で提起された、「真理とは何であるか」という問いと、「いかなる徴表でもって、我々は真理を認識し、それを仮象と誤謬から区別するのか」という問いを反復している。

ここでの主題は、上の区分に基づいて、仮象と誤謬の区別について論じることである。

まず、「感性的な認識」について次のように言われる。

「視覚や聴覚のあらゆる錯覚（Täuschung）は、我々の感覚能力が制限されていること、つまりは我々の感官の状態や性状によって左右されるということに基づいている[111]」。

以下に見るように、この「錯覚」は「感官の欺き (Sinnenbetrug)」とも言われる。
また、「理性認識」における「あらゆる誤り (Falschheit)」は、知性の弱さや判明な認識能力の制限に基づいている[112]。

ここで言われている「誤り」とは、真偽判断における「偽 (Falsch)」のことである。

そして、「我々の外なる現実的なものの認識」における「誤謬 (Irrtümer)」は、以下に示されるように、これらと同一の源泉から生じてくる[113]。

この「同一の源泉から」という言い方は不明瞭であるが、以下の論述を参照すると、「誤謬」は「錯覚」と「同一の源泉から生じる」というように読まれるものである。実際、ここで言われている「誤謬」とは、後に明らかとなるように、理性認識における「偽」とは違って、直ちに「真」と対置されるものではない。なぜなら、それは「不十分な帰納」に基づいているために、蓋然的なものに過ぎないからである。

また、「錯覚」について言えば、それは、ランベルトの言葉を使えば、真と偽の「中間物」としての「仮象」に似たものである。或いは、より正確に言えば、ランベルトにおける「単なる仮象」のようなものである。

実際に、以下におけるメンデルスゾーンの論述は、ランベルトの影響を無視しては考えられない。メンデルスゾーンの像論は、ランベルトの『新オルガノン』における「現象学」の影響を強く受けているのである。とはいえ、ここにはまたメンデルスゾーンによるランベルト批判がある。この点は、感性的な認識における「錯覚」と、「現実的なもの」の認識における「誤謬」とが区別されていることの意図であるから重要である。

しかし、まずはメンデルスゾーンの論述を追うべきであろう。

メンデルスゾーンは次のように言っている。「我々は、次のようなことを普遍的な命題として認めることができよう。〈真理とは、我々に具わった心的な諸力の働き (eine Würkung unsrer positiven Seelenkräfte) であるところの、あらゆる認識や思想のことである〉。しかし、この思想が、無能力の帰結である限り、つまり我々に具わった諸力の制約により変様を被っている限り、それは非真理と呼ばれる。そして、この非真理の責任が、上級の心的諸力の無能力にあ

れば、つまりは知性、或いは理性の欠陥にあれば、我々は認識の偽を、誤謬
と呼ぶ。しかし、いわゆる下級の心的諸力の錯覚によって、我々が唆された
のであれば、認識の偽は、錯覚、或いは感官の欺きと呼ばれる[114]」。

　ここで言われている「普遍的な命題」は重要である。なんとなれば、これは
後の第八講において公理として展開されるものだからである。第一講におい
て言われていたように、「人間は自分自身が自身の知識の第一の源泉である」
ということである。

　また、ここで言われている「上級の心的諸力」と「下級の心的諸力」という区
分は、当時においては一般的なものであったが、「下級の心的諸力」に関して、
「いわゆる」と条件づけられて言われていることは、メンデルスゾーンがこの
区分を便宜的に用いながらも、その実、同時にこうした区分に対して疑問を
感じていたことを示している[115]。

　それもあって、ここでは「認識の偽」には二種類あると言われている。これは、
上に挙げられた三区分が、さらに整理されたものである。つまり、「錯覚」と「誤
謬」は、どちらも「誤り」を惹き起こす原因に基づいている。そうした意味でも、
「下級の心的能力」と「上級の心的能力」とは截然と区別されるものではない。

　そこで、この二種類の偽に関しては次のように言われている。

　「根本的には、感官の仮象（Sinnenschein）と、〔「現実的なもの」に関する〕誤謬は
出所を等しくしている。ただ、前者が未展開の諸概念の領域のうちにあるの
に対して、後者は展開された、或いは解明された（aufgelöst）諸概念の領域のう
ちにある[116]」。

　以下においては、この二種類の偽が検討される。これは、先に挙げられた
三種類の認識のうち、主として「感性的な認識」と「現実的なもの」の認識の関
係について考察したものである。

　結論から先に言えば、第二講でも言われていたように、「現実的なもの」の
認識は、残りの二種類の認識に還元される。それも、これら三種類の認識は、
結局は第一種の認識に、つまりは感性的な認識に還元されるのである。従って、
これら三種類の認識は、並行的な分類ではなく、第一種から第三種へと展開
される順序による分類である。

では、メンデルスゾーンは、「誤謬」と「感官の仮象」を、どのようにして区別するのか？

　まず、「誤謬」とは、「間違った判断」や、「誤謬推理」のことであるから、「知性の正しい使用」によって訂正されるものである。しかし、「感官の仮象」に関しては、事情は異なっている。以下において、この「感官の仮象」という言葉は、「錯覚」や「感官の欺き」とは区別された意味で使われている。メンデルスゾーンは、この「感官の仮象」とされるものを「現象」として強く基礎づけようとしている。

　メンデルスゾーンが出している例を挙げれば、「太陽が地球を回っている」のではなく、「地球が太陽を回っている」ということが証明されたとしても、依然として、我々には「太陽が地球を回っている」ように見える。では、そのように見えるということは、「感官の欺き」なのか？

　確かに、「太陽が地球を回っている」ということは、コペルニクスによって「誤謬」とされた。しかし、「太陽が地球を回っている」ように見える、という「感官の仮象」は変わらない。「太陽が地球を回っている」という判断が、理性によって「誤謬」とされれば、同時に「感官の仮象」は「錯覚」であった、ということになる。とは言っても、「太陽が地球を回っている」という「感官の仮象」は、つまり、そのように見える、という現象そのものは変わらない。

　そこで、「感官の欺きの主要な源泉は不完全な帰納〔＝理性認識〕である[117]」と言われる。

　つまり、「太陽が地球を回っている」ように見える、という感性的な認識から、「太陽は地球を回っている」と帰納的に判断されるならば誤っている。なぜなら、この判断は理性を正しく働かせることによって「誤謬」と看做されるからである。従って、「地球が太陽を回っている」という判断が正しい、ということになる。そうすると同時に、「太陽が地球を回っている」ように見える、という「感官の仮象」は「錯覚」であった、ということになる。

　しかし、たとえ「感官の仮象」が理性認識からして「錯覚」であるとしても、依然として、「太陽が地球を回っている」ように見える、ということに変わり

はない。つまり、それは感性的な認識としては、「誤謬」でもなければ「錯覚」でもないのである。言うならば、それは端的に現象である。

そこで、次のように結論される。「こうしたことは全て、我々の諸力の間違った使用の帰結であり、本来的には論理的な誤謬推理である。これは、展開されれば誤謬と等しい性質を持っている。しかし、それは未展開のままに留まっている限り、つまりは感性的な認識〔＝いわゆる下級の心的能力〕とあまりにも直接的に結び付いている限り、感性的な確信の不可抗力を持っており、上級の心的能力〔＝知性、或いは理性〕の使用によっては、決して変えられないのである[118]」。

これが、先に言われた「根本的には、感官の仮象と、〔「現実的なもの」の認識における〕誤謬は出所を等しくしている。ただ、前者が未展開の諸概念の領域のうちにあるのに対して、後者は展開された、或いは解明された諸概念の領域のうちにある」ということの意味である。

また、言われているように、感性的な認識は、「感性的な確信の不可抗力」を持っている。ヴォルフ派の哲学体系においては、「感性的な認識」は「下級の心的能力」による認識とされていた。しかし、メンデルスゾーンは、「感性的な確信の不可抗力」を持ち出すことで、「上級の心的能力」に劣ることのないものとして、「下級の心的能力」を認めているのである。

こうした主張を、メンデルスゾーンは、主として痛みの位置を例にして説明している。この前提として、「本来的に言えば、痛みの感覚は決して定められた座（Sitz）を持たない[119]」と言われる。

例えば、どのようにして痛みの位置を特定するのか？

「単に視覚と触覚の結合によって、我々は痛みを自身の体の特定の位置に置く。これ以外に方法があるだろうか？[120]」

虫歯の位置を目で見て、歯に黒い個所がないかどうか確かめる。また、手で触ってみて、どの歯が痛むのか、ぐらつく歯はないか確かめる。こうしたこと以外に、痛みの正確な位置を特定する手段はない。従って、「我々が自身の体の節々に対して持っている、あらゆる像的な表象は、根本的には、視覚、

或いは触覚の諸現象に他ならないのである[121]」。

　それも、「我々は、同じ痛みを繰り返し感覚する場合に、単に観念の結合を通じて、〔体の〕部位の像的な表象を再び呼び覚ますだけではなく、そうした部位における感触や、その他の感覚についても、まさに同じ作用を再び予想するのである。つまり、我々はこうした部位を痛みの原因と看做すのである[122]」。

　ここで言われていることは、まずは前半部においては、先にも言われたように、同じ現象が繰り返されるならば、そうした現象の間に因果関係が帰納的に推理されるようになる、ということの再説である。ただし、ここではさらに、現象のことが「像的な表象」と言われている。この「像的な表象」とは、「空間的な表象[123]」や「形象的な表象[124]」とも言われているが、いずれも先に言われた「直接的な認識」のことである。

　しかし、ここでの論述の主眼は後半部にある。単なる観念連合によっては、つまり「不完全な帰納」によっては、痛みの位置は特定できないのである。なぜなら、「痛みの位置とされるもの (das Örtliche) が単に観念の結び付きの作用に過ぎないならば、つまり、それが単に、しばしば二つの現象が相伴うことから、一方の現象が他方の現象の原因であろう、と憶測されるということから生じているならば、いとも容易に次のようなことが生じる。まず、この推測は、先の不完全な帰納に基づく推論と同様に欺き得る。そのために我々は、しばしば痛みを間違った位置に置く。そうすると、そうした観念の結び付きに対して、〔体の〕部位が必ずしも現実的にあるとは限らない[125]」。

　つまり、「感官の仮象」が「錯覚」となるのは、理性によって、あれこれ推論される場合である。しかし、たとえ感性的な認識が、理性推理によって「錯覚」と判断されたとしても、「感官の仮象」そのものは変わらずに残る。この意味において、感性的な認識には「不可抗力」が認められるのである。その一方で、知性による判断は、蓋然性を免れない「不完全な帰納」に基づいたものに過ぎないために、絶対に正しいとも、絶対に間違っているとも言えない。従って、いかなる判断であれ、それ自体が「誤謬」である可能性は払拭し切れない。

　ただし、感性的な認識と「現実的なもの」の認識との関係は、帰納推理を通じて、前者から後者が展開される、という一方的なものではない。

メンデルスゾーンは続ける。「自然研究者が生理学において、こうした〔痛みなどの〕現象に説明を与えようとするならば、次のように言えば足りる。つまり、痛みの座は外的な部位ではなく、神経が集合している脳、つまりはあらゆる感覚が集まっている所に見出される、と言えば満足なのである。このため、感覚の発端である神経の末梢が、もはや現存していないとしても、感覚は変わらずに同一に留まり得るのだ、と。生理学者にとっては、こうした説明で十分である。しかし、哲学者はさらに先へと進む。哲学者は、我々が神経や脳に対して持っている形象的な像でさえも、単に視覚や外的な触覚に帰されるべきである、と指摘する。快や不快、心地よさや痛みといった内的な感覚は、空間的なものや形象的なものとは何も共有していない。こうした様々な現象は、単にしばしば繰り返され、しばしば共存し継起することによって、我々がそうした現象の間に因果結合を推理するようになるほどに、心のうちでしっかりと結び付いているだけである。こうした推理は、何度も繰り返されて、古い習慣となることによって、いわば直接的な認識となる[126]」。
　ここでメンデルスゾーンが述べていることは、生理学に対する見解としては、バークリの主張を思い起こさせよう。神経や脳でさえも、結局は感覚されたものに過ぎないという主張は、バークリの観念論そのものである[127]。しかし、後に見るように、メンデルスゾーンは観念論を批判するのである。

　ところで、上のような主張は、主として感性的な認識と「現実的なもの」の認識との関係について論じられたものであって、後者そのものについて、つまり「我々の外なる現実的なものの認識、或いは、我々が物理的‐現実的な世界において感じることに関して、我々が持っているところの諸表象」について主題的に論じられたものではなかった。
　第三講における主題は、あくまでも「錯覚」と「誤謬」の区別にあった。それは、「錯覚」と「誤謬」が「同一の源泉から」、つまりは知性による判断（理性認識）から生じている、ということを明らかにするものであった。従って、「現実的なもの」の認識、或いは「現実的なもの」の表象、それも「像的な表象」なるものについて詳細に論じられることはなかった。これまでは、感性的な認識と「現

実的なもの」の認識が、とりあえずは区別されながらも、前者から後者へと展開するものとして、それも後者から前者へと再帰するものとして、関係的に論じられていたのである。

この区別は、第三講の終わりにおいて、「健全な人間知性」と「理性」との関係によっても説明されている。つまり、「健全な人間知性と理性との比較を進めて、両者は根本的に等しいということ、そして、感覚に際して感性的な認識において生じることは、理性において思考に際して生じることと同じである、ということを十分な例によって示そう。両者の違いは、単に次のようなことである。健全な人間知性は、感覚に際して、勇み足で躓くことを恐れもせずに、そそくさと先へ進む。それに対して、理性は、歩み出す前に、言うならば杖で辺りを確かめてみる。理性も同じ道を歩むが、慎重に、それも恐れ慄きながら進むのである。どちらも、わき道にそれたり、躓いたり転んだりすることがあるだろう。その場合は、理性の方が往々にして立ち直ることが難しいものである[128]」。

ここで対比されている「健全な人間知性」と「理性」は、「下級の心的能力」と「上級の心的能力」、つまりは「感性」と「理性」の関係に対応している。この関係は、実は『朝の時間』における隠された主題の一つである。

とまれ、第三講において言われたことは、メンデルスゾーン自身によって、次のようにまとめられている。つまり、「感官の欺きにおいては、つねに論理的な誤りが根拠として存している。誤った仮象 (der falsche Schein) は、理性認識の誤謬と共に等しい源泉から生じる。不完全な帰納や、不十分な類推、根拠なく仮定された因果結合などから導かれた間違った推理によって、我々の感性的な認識は、決して現実的には現存していない客体を推理する、或いは現実的には適合しない性質をそうした客体に帰することになる。一言で言えば、感官の欺きと理性の誤謬は、どちらも等しい起源を持っている。認識の無能力から、或いは我々の表象力の制限から、感性的な認識においては誤りが、理性認識においては間違ったことがもたらされる。前者においては、誤った仮象が、後者においては誤謬が生じる[129]」。

この引用文における「誤った仮象」という言い方は、ランベルトにおける「仮

象」と「単なる仮象」という区別を思い起こさせるものである。それは、いわば端的に現象である「感官の仮象」とは区別して、「感官の欺き」や「錯覚」を「誤った仮象」としているのである。しかし、メンデルスゾーンはランベルトにおけるこの区別を無批判に受け入れているわけではない。メンデルスゾーンとしては、この区別が現象のうちで基礎づけられるものではないことに着目して、ランベルトにおいては彼自身も用いている表現では「仮象学（Lehre von dem Schein）」として未完に終わった現象学を仕上げるべく思案しているのである。

第六節　メンデルスゾーンの像論

『朝の時間』は、早朝に、メンデルスゾーンが子供たちに授業をしているという設定のもとに書かれている。これは、息子のヨゼフや娘婿、或いはあのウェッセリの甥っ子などを集めて、メンデルスゾーンが朝早くに授業をしていたという事実に基づいている[130]。ガルヴェに宛てた手紙には、「13歳の息子に捧げている朝の時間[131]」とあるが、これがそのまま書名となったのである。それにしても、ヨゼフはまた1778年より始まったヘルツの私的な講義にも出席していた[132]。この講義はヘルツがカントの講義録などを用いて行っていたものであるから[133]、ヨゼフはまた間接的にカントの授業を受けていたことになる。批判哲学の台頭へと至る当時の哲学的な緊張を誰よりも感じていたのは他ならぬヨゼフであったかもしれない

　第四講では、ヨゼフたちの質問に答えるという仕方で、前講における主張が再説されている。しかし、これは単なる再説ではない。メンデルスゾーンはこれまでの議論を「像論」として体系化しようとしているのである。
　ヨゼフ「僕は水面に友達の像を見ましたが、右を向けば、僕は現実に僕の傍に立っている友達を見ます。この時、僕には仮象が認識された、ということとまさに同じ意味で、僕には真理が示されたのです。僕たちは、一方の場合には〔心に〕具わった力が現象をもたらし、また他方の場合には、その力の制

限が現象をもたらした、と言うことはできないでしょう。感官は、つまり視覚器官は、どちらの場合にも、自らの役割を果たしており、果たすべきことを果たしているのです。そうすると、前者を仮象と看做さなければならない一方で、後者を真理と看做さなければならない理由があるでしょうか？[134]」。

水面に友達の像を見るのも、現実に傍らに立っている友達を見るのも、どちらの場合も友達の像が見えていることに変わりはない。すると、その一方を仮象と呼び、他方を真理と呼ぶ理由は何であろうか？しかし、この疑問はメンデルスゾーンの主張を誤解したために生じたものである。

ヨゼフ「もう一つ別の例です！雲のまにまに虹が輝いて見えるのに、知られているように、虹は単なる仮象であり、いかなる現実性でも真理でもない、ということは、僕たちの視覚に具わった力によるものではなく、光学の真なる法則によるものですね？でも、先生が真理に与えた規準を採用するべきだとすれば、このようなあらゆる事例においても、その基準は有用なはずです[135]」。

この例は、いくらかランベルト的な問題意識に基づいている。つまり、虹は「単なる仮象」である、という科学的な真理と、雲のまにまに虹が見える、という視覚の「仮象」をどのように両立させるのか？ということである。後に述べるように、ランベルトとしてはそれらを形而上学的な真偽の「中間物」とすることで解決を図ったのであった。

メンデルスゾーン「私は、視覚器官が錯覚の原因であるとは主張していない。むしろ、視覚器官に関する限り、どちらの場合においても、それは純粋な真理を表明していると主張しているのだ。感官の現象として、君が水面に見た像は、他の像と比べても劣ることのない真理を持っている。そのどちらも、感官に具わった力の働きなのであり、私の考えに従えば、欺くことも錯覚を起こすこともできない[136]」。

これがメンデルスゾーンの主張であった。現象そのものは、いわば端的に現象であるから、それ自体としては「感官の欺き」とも「錯覚」とも言われ得ない。それどころか、ここではさらに「感官の仮象」ならぬ「感官の現象」が「純粋な真理」とまで言われている。「仮象」と「単なる仮象」という区別はランベルトにもあるが、メンデルスゾーンは前者を「現象」として認めるための論理

を求めている。

　ヨゼフ「しかし、そうすると、そもそも何が混乱の原因なのでしょうか？どちらの視覚像も真理を表しているならば、一方の像が、僕に友達を、この友達がいない場所において示し、他方の像が、この友達を、この友達が現実に現存している場所において認識させるということが、なぜ起こるのでしょうか？[137]」。

　メンデルスゾーン「それは要するに、現存している、という言い方に問題があるのだ。君は現実的である（würklich seyn）とか、現存している（vorhanden seyn）という言い方によって何を意味しているのか？[138]」

　水面に映った友人の像も、傍らに見えた友人の像も、どちらも「視覚像」であることに変わりはない。前者が「錯覚」と言われるのは、実際には友人が傍らに「現存している」と言われる場合のみである。しかし、そのどちらもが「像」であることに変わりはない。

　ここで「像」が引き合いに出されて議論されていることからも分かるように、この「現実に現存している」という事柄の説明は、同時に、メンデルスゾーンが、「像」という概念でもって理解していることの説明でもある。「感性的な認識」であれ、「現象」であれ、メンデルスゾーンにおいて、それはあくまでも「像」である。その事情は次のように説明される。

　「私は単に、あの友人の像が一方の場合には欺く像であり、他方の場合には現実的な像である、ということを、君がどのような徴表によって認識するのか、ということが知りたいのだ。君は、おそらくこのことを、これが君の友人の既知の声が水面からではなく、君の傍から聞こえたということ、また、君が友人を抱擁する、或いは何がしか手によって感覚しようとするならば、右側に手を伸ばさなければならない、ということから知るのではないか？こうしたことが、仮象を現存在から、或いは単なる仮象を現実的な実体から区別する指標なのではないか？――こうしたことが認められたとして、私はさらに、かくして視覚は錯覚の原因ではなかった、と結論するのだ[139]」。

　同様に、虹に関する質問についても、次のように答えられる。

　「虹を輝かせる強い色彩は、そうした色彩が帰されるところの確固とした対

象を君に予想させる。しかし、理論ばかりか、経験までもが、虹は雲を成り立たせているところの水蒸気のまにまに浮かんでいるだけで、君が立ち位置を変えれば、虹も位置を変える、ということを認めさせるのである。この場合も、君を欺いていたのは、君の感官に具わった諸力の働きとしての視覚ではない[140]」。

　このように、「感官の仮象」、或いは「感官の現象」は、それ自体としては、「錯覚」でもなければ、「誤謬」でもない。それどころか、「あらゆる直接的かつ感性的な認識、或いは別の箇所では直観的な認識と名付けたようなあらゆる認識は、外的な感官の感覚であれ、内的な感官の知覚であれ、最高度の確信を伴っている[141]」ということである。

　同様のことは、また「表象」と「描写 (Darstellung)」という区分を加えて、次のように言われてもいる。「直接的かつ直観的な認識は、理性も知性も必要としない。従って、それらの間違った使用によっては、決して誤って導かれることはない。では、錯覚、或いは感官の欺きとは何であろうか？我々は、我々が外なる諸対象を推理する場合にのみ、つまり、我々の認識が単なる表象であるばかりか、描写でもあるべき場合にのみ、錯覚や感官の欺きが生じるということを考察してきた。こうした場合には、理性的な認識において生じ、しばしば誤った帰結へと導くところの誤謬推理が、感性的な認識にまで及ぶ。心の内なる諸表象として看做される限りは、そうした認識においては、誤謬も錯覚も生じない。誤謬推理が、前者においては、誤謬を生じさせるように、後者においては、習慣を通じて、錯覚や感官の欺きを生じさせる。しかし、我々が感性的な認識に留まっている限り、それも我々がそれを描写ではなく、単に表象として看做す限りにおいて、それは懐疑を被ることも、確実性を損なうこともなく、最高度の直観性 (Augenscheinlichkeit) を伴うのである[142]」。

　ここで、「外なる諸対象を推理する場合」とか、「我々の認識が単なる表象であるばかりか、描写でもある場合」などと言われているが、これは先に挙げられた三種類の認識における第三種である、「我々の外なる現実的なものの認識、或いは、我々が物理的‐現実的な世界において感じることに関して、我々が持っているところの諸表象」について言われていることである。

つまり、「心の内なる諸表象」は、何か「外なる諸対象」を「描写」したものだ、と理性推理されることによって、感性的な認識、或いは直接的な認識は、錯覚に転じ、欺きと看做される可能性が生じる。その一方で、あくまでもそれが「心の内なる諸表象」として、「表象」に留まっている限り、それはいかにしても「錯覚」などではない。それどころか、それは「最高度の確信」、或いは「最高度の直観性」を伴っている現象である、ということである。

これが、メンデルスゾーンにおける「感性的な認識」の真理性である。「最高度の直観性」が、「純粋な理性認識」の真理性である明証性と、不完全な帰納に基づいた「理性認識」の真理性である蓋然性に並ぶ、「感性的な認識」の真理性なのである。

第七節　ランベルトの影響

メンデルスゾーンとランベルトの関係は、間接的には 1763 年におけるアカデミーの懸賞に始まる。この懸賞には、ランベルトも、カントやメンデルスゾーンと同様に挑戦していたのであった。この時の論文は、彼らの見解の微妙な相違を示していて興味深いものである。

メンデルスゾーンは、友人のアプトに宛てた手紙において次のようなことを言っている。

「ランベルトの『新オルガノン』を何年か前に読んでいたら、僕の懸賞論文は、きっと机の引き出しにしまわれたままになっていたと思う[143]」。

メンデルスゾーンによるランベルトの評価は高かった。しかし、メンデルスゾーンはランベルトの主張をそっくりそのまま認めたわけではない。以下に見るように、メンデルスゾーンはランベルトの「現象学（Phänomenologie）」を批判しているのである。

ところで、ランベルトは、1764 年の 4 月から、メンデルスゾーンと同じくベルリンに住んでいたのであるが、両者に面識があったとする証拠はない[144]。もっとも、ライプティヒの書籍市に参加しているニコライに宛てた手紙において、メンデルスゾーンは『新オルガノン』について言及しているが、これは

確かに同年の5月のことである。1766年の2月7日にはカントがメンデルスゾーンに宛てた手紙において、追って郵便馬車で『視霊者の夢』を何冊か送るから、ズルツァーやランベルトなどに渡して欲しいと頼んでいる。そこで、もしもメンデルスゾーンが同書を直接ランベルトに手渡すようなことがあったとしたら、この二人には面識があったことになる。しかし、メンデルスゾーンはおそらくこの仕事をズルツァーに頼んだのではないかと推測される[145]。

アカデミーの遠隔地会員にランベルトを推したのはズルツァーであった。ロシアを目指して旅していたランベルトであったが、これを機にベルリンに定住することになる。ランベルトがアカデミーの物理学部門の正会員になったのはオイラーがベルリンを去る前年、1765年のことである。

メンデルスゾーンがランベルトの『新オルガノン』の書評を書いたのはその翌年のことであった。これは、同書を全て読み解いたもので、カントの『証明根拠』に関する書評と並んでそれなりの分量を誇っている。ランベルトは1777年に49歳にして亡くなるが、その影響は確実にメンデルスゾーンのうちに残されている[146]。その遺稿集である『論理哲学論集』の第一巻 (1782年) も、なぜかあのドームから送られて手にしているのである[147]。

『新オルガノン』が出版されたその年、メンデルスゾーンはライプニッツの『人間知性新論』を収めたラスペ版 (1765年) の見本を手にしている。「印刷された41頁分を読んだ」とアプトに報告しながら、メンデルスゾーンは次のように言っている。

「これでもまだ外国の人たちはドイツの学問事情についてさげすんだ物言いをするだろうか？」

さて、この書評には、本論との関係からしても重要な点が三つある。

まずは、蓋然性をめぐる議論である。これは、ランベルトの『宇宙論書簡』(1761年) における主張なども合わせて理解される必要がある。というのも、先に述べたように、メンデルスゾーンにおける蓋然性の問題は、或る種の科学論としても展開されているからである。しかも、これはランベルトも共有する問題意識であった。つまり、メンデルスゾーンにとっても、ランベルト

にとっても、コペルニクスの宇宙論は、あくまでも「仮説(Hypothese)」であって、蓋然性を得るに留まると認識されていたのである。しかし、必ずしも「仮説」に関する両者の見解は等しくはない。その理由は、彼らが背景としている形而上学の体系が異なっていることに求められる。

次には、ランベルトによる神の存在証明に対するメンデルスゾーンの批判である。ランベルトによる神の存在証明には、ライプニッツの影響が指摘されている。そのため、ランベルトに対するメンデルスゾーンの批判は、間接的にはライプニッツ批判とも受け取れるのである。メンデルスゾーンの著作には、直接にライプニッツが批判されている箇所はない。従って、間接的な仕方ではあっても、ライプニッツに対する批判として解釈できるこの箇所は、一般に「ライプニッツ=ヴォルフ派」と呼称されているメンデルスゾーンの主張を検討するための貴重な資料である。

とりわけ、ランベルトが神の存在証明において用いている「思考可能性(Gedenkbarkeit)」という概念に対するメンデルスゾーンの批判は重要である。なぜなら、この点を踏まえてこそ、『朝の時間』の第十六講における神の存在証明は理解されるものだからである。メンデルスゾーンはこれを「思考可能性(Denkbarkeit)」と言い換えて独自な概念として用いることだろう。

最後に、ランベルトの「現象学」に対するメンデルスゾーンの批判である。既に述べたように、メンデルスゾーンは、『朝の時間』において「感官の仮象」について詳細に論じている。この論述は、『新オルガノン』におけるランベルトの「仮象」という概念の使われ方に対する批判を踏まえてこそ理解されるものである。そのためには、ランベルトにおける「現象学」、或いは「仮象の論理学」に対するメンデルスゾーンの批判を検討する必要がある。これにより、メンデルスゾーン自身の「現象学」である「像論」もより良く理解されるであろう。

メンデルスゾーンによる『新オルガノン』の書評は、まず1766年に書かれた。これは、1764年に出された同書の第一巻に関するものである。書評の冒頭では、同書は「見たところ、今世紀において出版された著作の中で、最も優れたものの一つ[148]」として高く評価されている。

続いて、論述は論理学に関する歴史の記述へと進む。それは、アリストテレスからベーコン、ロック、ヴォルフへと続く物語である。その中でも、着目すべきは、ベーコンとヴォルフに関する記述である。メンデルスゾーンは、ベーコンに関して次のように述べている。

　「ベーコンは、あらゆる学問領域を鋭い眼差しでもって通観し、それらの欠陥と完全性とを見通していた。そして、演繹法を、諸学問の詭弁（Spizfindigkeit）として斥け、自然探求における理性の使用を、つまりは帰納法を教えた。ベーコンは、あらゆる学問の改革に取り組んだ。そのため、彼にとっては、真理を導くためには論証〔=演繹法〕ではなく新しい原則が問題であった。ベーコンは、この原則を帰納法の助けによらなければ容易には見出し得なかった[149]」。

　ここで言われている「詭弁」とは、メンデルスゾーンが好んで「講壇哲学」を批判して用いていた言葉でもある。メンデルスゾーンは、公刊された著作において、「煩瑣な学術用語（subtile schulbegriffe）」とか「煩瑣な証明」をその「通俗性」の妨げになるものとして斥けたのである。もっとも、メンデルスゾーン自身、そうした証明そのものを不要としたのではないが、「学問的な些事（Subtilitäten der Schule）」であるとか、「形而上学の詭弁」といったものに対して強い反発があったことは事実である[150]。

　ともあれ、ベーコン以来、演繹法に代わって帰納法が用いられるようになった、という哲学史的に一般的な見解は、それ以来、帰納法が学問の「新しい原則」となったという見解と合わせて理解すれば、メンデルスゾーンの学問観を示したものと言えるだろう。

　また、ヴォルフについては次のように言われている。

　「ヴォルフは、論理学に新しい光をともすために、心理学に大いに着目した。これには、ライプニッツが与えたちょっとした示唆が役に立ったのである。ライプニッツは、見下げられていた演繹法に、もう一度かつての権利を認め、方法論において、あらゆる先人を凌駕した。彼は、発見の技法と蓋然性の論理学に期待したが、それは遠い望みに終わった[151]」。

　このように、ランベルトの著作に関する書評が、ベーコン以来の「帰納法」と、ライプニッツの「発見の技法」における「蓋然性の論理学」に関する記述から始

まるということは、論理学に関するメンデルスゾーンの問題意識を示していて興味深いことである。それも、ライプニッツにおいては、「それは遠い望みに終わった」と言われていることに注意しなくてはならない[152]。一般にライプニッツの論理学と言えば、矛盾律と充足根拠律という二つの原理に代表されるものであるが、メンデルスゾーンにおいては、「蓋然性の論理学」というライプニッツの構想が重要な意味を持っていたのである[153]。

一方、ランベルトは、『新オルガノン』の「序論」において次のように述べている。

「現象学は、これまでほとんど論理学のうちに現れてこなかったが、真理を仮象から区別するために必要なものである。もっとも、現象学は、専ら直接的にいわゆる論理学的な真理に関わっているわけではない。むしろ、それは形而上学的な真理に関わっているのである。なぜなら、たいていの場合、仮象は実在的なもの (das Reale) に対して定立されているからである[154]」。

このように、ランベルトにおいて、「仮象」は「実在的なもの」、或いは「真なるもの (das Wahre)」の対概念である[155]。ただし、あくまでもランベルトは次のように言っている。「我々は端的に真と偽を対立的に定立しているのではない。我々の認識のうちには、真と偽の間に、仮象と言われる中間物が見出される[156]」。そこで、ランベルトの現象学は、この「中間物」としての仮象を対象とするのである。

こうしたランベルトの主張を踏まえて、メンデルスゾーンは、「現象についての一般的な理論に関しては、つまり、いかにして現象を諸々の実在性から区別するのか、ということに関しては、これまで全く考えられてこなかった[157]」と言う。もちろん、この「現象についての一般的な理論」を創出したのが、他ならぬランベルトだ、ということになる。

つまり、ランベルトにおいても、メンデルスゾーンにおいても、これまでは「現象学」がなかったが、それは真理と仮象を区別するために、或いは実在性と仮象を区別するために必要な論理学である、と認識されているのである。それも、メンデルスゾーンにおいては、ランベルトによる「現象学」が、ベーコンによる「帰納法」と、ライプニッツにより構想された「新しい論理学」、つ

まりは「蓋然性の論理学」の延長線上に位置するものとして、哲学史的に位置づけられている、ということである。

さて、『新オルガノン』におけるランベルトの問題点は、彼自身が「序論」で述べているように、以下の四点である。つまり、「1．人間の知性には、躓くことなく真理への道のりを確実に歩む力が欠如しているのか？2．人間の知性は、簡単には誤謬と混合しないように、真理そのものを十分に認識できるのか？3．言語は、人間の知性が真理を奪われ、誤解や不一致、多義性などによって、真理を認識されない疑わしいものとする障害であるのか？4．知性は、仮象によって盲目にされており、いつまでも真理に達することはできないのか？[158]」。

こうした問題提起を受けて、メンデルスゾーンは、まずは最初の二つの問題を、次のように整理している。「1) 人間知性には、与えられた真理から他の真理を確実に導き出す力が備わっているのか？2) 既に定立されている真理そのものを、誤謬と区別する十分な指標はあるのか？[159]」。(メンデルスゾーンによれば、前者は「論証」に関わり、後者は「原則」に関わる。)

その一方で、残りの二つの問題に関しては、「認識が真理の仮象を伴っているのであれば、いかにして、この仮象は確実性と比較され、それによって確実性と区別されるのか？[160]」と言われ、むしろ問題が一元化されているが、これは、メンデルスゾーンの関心が主としてランベルトにおける「現象学」に向けられていることを示している。

そこで、ランベルトにおいて、最初の二つの問題点は、「真理と誤謬」を区別する方法に関わり、メンデルスゾーンにより一元化された後者の二つの問題点は、「真理と仮象」を区別する方法に関わっていることになるが、本論との関係において重要な点は、この後者である。

ともあれ、まずは『新オルガノン』の第二部「真理学」の第四章に関するメンデルスゾーンの書評を検討しよう。これは、ランベルトによる神の存在証明が批判されている箇所である。もっとも、この第四章においてランベルトが主題的に論じていることは、「真理と誤謬」を区別する方法である。しかし、

同章において、ランベルトは、充足理由律を介して、あらゆる真理の「根拠」であるところの神の存在を導き出してもいる。

まず、メンデルスゾーンは、ランベルトの主張として同章の234節 a) を引用している。メンデルスゾーンによれば、「ランベルトは、あらゆる真理の根拠を、神的な知性のうちに求めている。そして、永遠なる諸真理から、永遠なる知性的な自立体が推理され得る限りにおいて、諸真理を神の現存の認識原理と看做している[161]」。

確かに、同節において、ランベルトは次のように言っている。

「神学においては、神的な知性は、あらゆる単純な概念、或いはそれにより合成されたあらゆる概念の源泉である、ということが証明されている。そこで、神が存在するのだから、諸真理がある、或いはその逆に、諸真理があるのだから、神が存在する、と言われる。神は諸真理の存在原理であり、諸真理は神の現存の認識原理である。しかし、それにも拘らず、単純な概念は、それ自体として認識可能である。なぜなら、そうした概念は、思考可能性よりも以上のものは必要としないからである。しかし、そうした概念が実際に認識され思考されるということは、やはり知性的な自立体、つまりは思考する存在者が必要である[162]」。（ランベルトにおける「実際に (in der That)」とは、「現実的に (wirklich)」と同じ意味である。）

このように、ランベルトは、神は真理の存在原理であり、その逆に真理は神の認識原理であるという相互的な関係を認めているのである。

しかし、メンデルスゾーンはこうした証明を次のように批判する。

「この証明を、いくらか判明なものとしてみよう。なぜなら、諸表象の可能性から、表象する存在者の現存在を推理することには、なおもいくらか困難を伴うと思われるからである。もっとも、次のことは容易に理解されよう。つまり、〈神的な知性〉は、その現存在が他の諸根拠から確信されるや否や、あらゆる真理の源泉としても看做されなければならない、ということである。このことから、諸真理からも、遡及的に〈神的な知性の現存在〉が推理され得るだろうと思われるかもしれない。とはいえ、この方途は容易であると思われるかもしれないが、それほど容易ではないのである[163]」。

つまり、メンデルスゾーンにおいては、諸真理の「根拠」としての神的な知性が要請されるとしても、その「現存在」が証明されるかどうかは別問題である。なぜなら、諸真理の「根拠」は、神の現存在の「認識原理」ではあっても、「存在原理」ではないからである[164]。

この点において、神の存在証明に関するメンデルスゾーンの問題意識は、1762年に執筆された「懸賞論文」から変わることなく保たれていた、と言えよう。しかし、そうであればこそ、メンデルスゾーンは当時の合理主義者たちとは一線を画していた、ということでもある。

ところで、ランベルトにおいては、神の存在証明に関して、いくらか見解の移り変わりが見られる。それは、ランベルトがアカデミーの懸賞に応じて書いた「懸賞論文」(草稿)と、上に挙げた『新オルガノン』における証明を踏まえて、『建築術の構想』(1772年)において完成されたのである[165]。

まず、ランベルトの「懸賞論文」である「形而上学の方法について」(1762年)では、自然神学における次のような命題が問題とされている。つまり、「神的な知性は、あらゆる真理の可能性の根拠を含んでいる[166]」。とはいえ、ランベルトは、そのためにも「神の現存」を証明するのである。そこで、「永遠真理がある、故に神は存在する[167]」という「ア・プリオリな命題[168]」が証明されることになる。

ランベルトによれば、「永遠的な諸真理から、必然的に現存する存在者という概念は可能的な概念である、ということが証明されるのであれば、絶対的に必然的な存在者の現存は、そこからして導き出される。というのも、その非存在は、そうした真理と矛盾するからである[169]」。

しかし、この段階ではまだ次のように言われている。

「私は、こうした証明形式をただ仮定的なものとして提示しているのである。なぜなら、形而上学はこうした永遠的な諸真理を幾何学的な厳密さでもって展開すべきなのであるが、現時点ではまだ不足を残しているのだから[170]」。

その一方で、『建築術の構想』においては、これが次のような証明となって確立されている。

まず、「論理的な真理の王国は、事象そのもののうちにある形而上学的な真

理なくしては空虚な夢であり、現存する知性的な自立体なくしては夢であるどころか、全くの無である。そこで、次のように言える。つまり、〈論理的な真理の王国は、それが依拠するところの二つの基礎、或いは根拠を持っていなければならない。一つには、それによって真理が実際に思考されるところの思考する存在者であり、そして、思考可能なものの対象としての事象そのものである。前者は主観的な根拠であり、後者は客観的な根拠である〉。こうした根拠によって論理的な真理は形而上学的な真理へと変えられるのである[171]」。

　従って、「必然的な、永遠的かつ不変的な真理がある以上、必然的な、永遠的かつ不変的な知性的な自立体が存在しなければならない[172]」。

　この証明においては、ヴォルフ派の存在論における論理的な真理と形而上学的な真理という区分が前提されている。前者は「思考可能なもの」であり、後者は「事象そのもの」、つまりは「実在的なもの」のことである。この素朴な二元論は、「懸賞論文」において「概念」と「現存」という概念枠で言われていたことと同じことである。また、論理的な真理のもう一つの「根拠」として、そうした真理を「実際に」思考する存在者が求められている点に関しても、やはり「懸賞論文」から言われていたことである。

　しかし、実はこの真理を実際に「思考する存在者」ということでランベルトが何を言わんとしていたのかが、よくわからないのである。

　例えば、『新オルガノン』の「真理論」においては、「単純な概念の可能性は端的にその思考可能性に基づく（8節）[173]」と言われている。これは、その参照箇所である8節において、単純な概念は「何も矛盾するものを含んではいない[174]」と言われていることからして、概念の無矛盾性のことを指していると考えられよう。ところが、それに続けて「単純な概念の思考可能性は思考する存在者に属している[175]」と言われるとしても、この点に関してはとくに説明がないのである。

　それにしても、この「思考する存在者」が、「思考可能なもの」が実際に思考されるために必要とされるというランベルトの主張は、『朝の時間』の第八講において出されることになる諸公理が表明していることとよく似ていて興味深いものである。確かに、メンデルスゾーンはランベルトの言うように、「思

考可能なもの」の「対象」をその「客観的な根拠」として認めることはしない。しかし、そうであればこそ、メンデルスゾーンにおいては、ランベルトでは「主観的な根拠」とされていた「思考する存在者」が強く主題化されることになったと考えられる。

そこで、ランベルトにおいて「思考可能性」は概念の矛盾律に基づいた思考可能性のことを意味しているが、メンデルスゾーンが「思考可能（denkbar）」という言葉を使う時、それは概念の主観的な思考可能性を意味しているのである。しかし、このような意味の違いこそあれ、「思考する存在者」や「思考可能性」といった諸概念は、メンデルスゾーンがランベルトから意味を変えながらも引き継いだものであると言えよう。

以上は、『新オルガノン』の第一巻に関する書評であった。

同書の第二巻に関する書評は、翌年の1767年に書かれた。ここで重要な箇所は、第四部「現象学」に関するメンデルスゾーンによる批判的な言及である。メンデルスゾーンによれば、「ランベルト氏は、本来的には視覚の現象学であるところの光学やパースペクティヴの理論を、還元によって一般的なものとして、我々のあらゆる感官のみならず、我々のあらゆる認識能力にまで拡張することを試みている。蓋然性の教説は、こうした一般的な理論における非常に特殊な分野をなしている。というのも、それは単に判断における仮象的なもの（das Scheinbare）にのみ関わるからである[176]」。

ここでメンデルスゾーンが指摘しているように、ランベルトにおいては、「蓋然性の教説」が、「現象学」という「一般的な理論」のうちに含まれている[177]。この点は、先にも述べたように、「蓋然性」と「仮象」との結び付きを示すものであり重要である。つまり、ライプニッツにおいては未完に終わっていた「蓋然性の論理学」は、ランベルトにおいては「判断における仮象」を扱うものとして、「現象学」に包含されるのである。

しかし、それよりも重要なことは、ランベルトによって、「視覚の現象学」が一般化されて、認識能力一般にまで拡張された、というメンデルスゾーンの指摘である。つまり、ランベルトは、カントの言うところの「単に消極的な

学(一般現象学)[178]」を構想している、という点にメンデルスゾーンが注目しているという事実は、この書評が目指している点を明らかにしているのである。

　それは、次のような批判である。「ランベルト氏は、仮象という言葉をとても広い意味で用いている、ということが言えるだろう。真理と誤謬でさえも、それらが誰かに真であると思われている（wahr zu sein scheinen）限りにおいて、仮象という言葉のもとに含まれるのだ[179]」。

　確かに、ランベルトにおいては、「仮象」と「真なるもの」は対概念として使われている[180]。しかし、ランベルトにおいては、仮象と真理は混じり合っていて、判明に区別されるものではない[181]。これは、ランベルトにおいて、仮象が真と偽の「中間物」とされていることからする必然的な帰結でもある。

　ランベルトの「現象学」は、あくまでもこの「中間物」としての仮象を問題とするのである。これは、積極的に評価すれば、仮象に対して真と偽の「中間物」という位置づけを与えることで、仮象を独立した考察の対象とした、ということで、確かに「現象学」を基礎づける試みであったと言えよう。ランベルト自身の言葉で言えば、前者は「超越的な光学」、後者は「超越的なパースペクティヴ」ということになる。

　しかし、そのために却って、「中間物」とされた仮象は、いわば「現象」という固有の身分を持つことがなかったのである。そうした意味では、ランベルトの「現象学」は、文字通りにカントの言うところの「単に消極的な現象学」に留まってしまった、と言えよう。

　メンデルスゾーンによる批判も、まさにこの点に向けられている。

　メンデルスゾーンは、次のように言っていた。「ランベルト氏は、仮象という言葉をとても広い意味で用いている、ということがわかるだろう。真理と誤謬でさえも、それらが誰かに真であると思われている限りにおいて、仮象という言葉のもとに含まれるのだ」。

　それに対して、メンデルスゾーンとしては、「現象学」に関する書評の締め括りにおいて次のように主張している。「語法の上では、誤謬は空虚な仮象から、或いは単なる現象から区別される。つまり、誤謬によっては、知性〔＝上級の心的能力〕による誤った判断が意味され、空虚な仮象によっては、下級の

心的能力〔=感覚〕による誤った判断が意味されよう。この違いは見逃されてはならないはずである[182]」。

　この指摘は重要である。明らかに、『朝の時間』の「予備知識」におけるメンデルスゾーンの主張の多くは、ここで言われていることを敷衍したものである。この時点ではまだ、「空虚な仮象」、或いは「単なる現象」が知性による判断の誤謬と区別されているだけであるが、これに積極的な意味で「現象」を加えることでメンデルスゾーンの像論は成立したのである。

　さて、書評の最後では、蓋然性に関するランベルトの主張が検討されている。『新オルガノン』における「蓋然性について」と題された第四部の第四章は、メンデルスゾーンによって、「同書における最も意味深い章の一つ」と言われる。しかし、この章からして「蓋然性の論理学」に関するランベルトの問題意識を推し量ることは難しい。

　ランベルトは、例えば『宇宙論書簡』において次のように述べている。

　「現代の天文学者たちは、努めて、我々の太陽系の全体像を秩序づけ、それぞれの彗星の軌道を特定し、それが今度はいつ戻ってくるのか、ということを前もって決めようとしているが、星々の秩序や配置に蓋然的なものを見出すことまでは敢えてしていない。彼らがしていることは、隣の星は太陽からどれくらい離れているのか、ということを決めるということである。しかし、このことからして星々が従っている秩序を推理することまではなされていない、ということは間違いないのである。そうすると、計測が不完全であるから、必然的に一般的な考察を加えることになるが、これは幾何学的な厳密性を持つものではないものの、最高度の蓋然性を得ることはできるものである[183]」。

　また、『新オルガノン』の第二部「真理論」の第九章においては次のように言われている。

　「これまでは、論理学における真なるものや確かなものの根拠のみが論じられてきたということに注意すれば、蓋然性の論理学、或いは少なくとも蓋然性についての概念がもたらされるだろう[184]」。

　いずれにせよ、ランベルトにおいては、そもそも「道徳学的な確実性」、或

いは「蓋然的な証明」といった事柄が、『新オルガノン』の第四部「現象学」において論じられているということに注意する必要がある[185]。メンデルスゾーンと違って、ランベルトは「蓋然性の論理学」に論理学としての固有の身分を与えてはいないのである。

そこで、「仮説 (Hypothese)」についても、次のように言われているのである。「仮説とは、事象が解明されるように、事象について恣意的に仮定された概念である。経験が事象について教えることを理解されるようにし、導き出すために、そうした事象に或る種の構造や性質、機構などを与えるのである。デカルトの哲学が、これについての良い例である[186]」。

ここで、ライプニッツではなく、デカルトの名が出されていることに注意すべきであろう。メンデルスゾーンであれば、おそらくライプニッツの名を出すに違いないからである。メンデルスゾーンにおいては、「蓋然性の論理学」や「仮説」は現象の基礎づけに関わっている。従って、その蓋然性はそのまま現象の真理性として認められるものである。

しかし、それはまた、ランベルトでは「仮象」の対概念として認められていた真理の客観的な根拠としての「実在的なもの」を放棄するということを意味していた。そこで、メンデルスゾーンにおいては、「思考可能なもの」の対概念は「実在的なもの」ではなく「現実的なもの」となる。とはいえ、この転回はまた、ランベルトにおいて真理の主観的な根拠とされていた「思考する存在者」が、真理を「実際に(現実的に)」思考する存在者であったことを抜きにして理解されることではないだろう。「客観的な根拠」から「主観的な根拠」へのシフト、それは真理論を支えている形而上学の刷新を意味してもいたのである。

【註】

1　cf. J. J. Engel, *Moses Mendelssohns letzten Lebenstäge*, Prag, 1786, pp. 7-11.; Nicolai, *Etwas über den Töd Moses Mendelssohns*, p. 631.
2　*JubA*, Bd. 3-2, p. 3. 傍点は原文強調。
3　Von Jacobi an Hamann, Juli. 29, 1785. also see. Von Jacobi an Mendelssohn, Sept. 30, 1785.
4　cf. Von Hamann an Jacobi, Juni 2, 1785.

5　cf. Von Hamann an Jacobi, Juni 29, 1785.
6　cf. Von Hamann an F. K. Bucholß, Jan. 23, 1785. also see. Von Hamann an Lavater, Apr., 10, 1785.
7　Von Hamann an J. G. Scheffner, Jan. 24, 1785.
8　1783年の7月14日、プレッシングはドームと共にメンデルスゾーンのもとを訪れている。なお、ヤコービが最初にメンデルスゾーンにコンタクトを取ったのは、1781年の冬、このドームを介してのことである。メンデルスゾーンは送られてきたヤコービの『哲学著作集』(1781年) にコメントした上で、それをドームに送り返した。しかし、ドームはあくまでもそれがメンデルスゾーンに宛てられたものだから、という理由からして再びそれをメンデルスゾーンに送ったようである。『レッシングが言ったこと』(1782年) をめぐり、ドームを編者の一人とした『ドイチェ・ムーゼウム』誌上で繰り広げられた論争が、汎神論論争の前哨戦であることは、アルトマンによって既に指摘されている。cf. Altmann, *Moses Meneldessohn*, pp. 597-603.
9　J. H. Schulz, *Philosophische Betrachtung über Theologie und Religion überhaupt und über die jüdische insonderheit*, Frankfurt am Main, 1784, pp. 122 f.
10　Von Hamann an Jacobi, Jan. 16, 1785.
11　cf. Von Hamann an Herder Aug. 25, 1782.
12　T. Abbt. *Freudschaftliche Correspondenz, neue u. mit Anm. von Moses Mendelsohn vermehrte Auf.*, Frankfurt-Leipzig, 1782, Anm. g. 事情は不明だが、同書はアプトの『著作集』の第三巻の新版としても出されている。同年の7月18日付けのヘルダー宛ての手紙において、ハーマンは「メンデルスゾーンが新著を二冊送ってきた」と言っているが、そのうちの一冊はおそらくこの本であったのだろう。この手紙では、ここに引用したメンデルスゾーンの発言が「頑なな判断（ein hartes Urtheil）」と言われている。しかし、同じくヒュームの『宗教の自然誌』(1760年) に関しては、メンデルスゾーンもこれを評価していた。cf. Altmann, *Moses Mendelssohn*, pp. 338-339, 813 (n. 56).
13　cf. Von Hamann an Hartknoch, Sept., 16, 1782.
14　*JubA*, Bd. 3-2, p. 3. なお、おそらく「神経衰弱（Nervenschwachheit）」という言葉を最初に使ったのは医者であるツィンマーマンである。彼はメンデルスゾーンの症状を診て、ワイン、コーヒーなどを禁じて瀉血療法を勧め吉草根（鹿の子草）を処方した。cf. Von J. G. Zimmermann, Apr., 1771.; von Mendelssohn an Zimmermann, Juni 25, 1772.
15　cf. Von K. Lessing an G. E. Lessing, Nov. 26, 1774. この頃のメンデルスゾーンの病状に関しては、親友のニコライが、近隣にあったメンデルスゾーンの自宅への訪問を一年間は控えたという事情からも、事態の深刻さが察せられよう。メンデルスゾーンは自身の病状について多くを語らなかったために、同じベルリンに住んでいたニコライによる証言は貴重なものである。cf. Von Nicolai an Lessing, Apr. 26, 1773.
16　Von Mendelssohn an E. u. J. A. H. Reimarus, Nov. 18, 1783.
17　Von Mendelssohn an Kant, Apr. 10, 1783.
18　「テーテンスの本は一日かけてむさぼり読みました」。Von Hamann an Mendelssohn, Nov. 30, 1777.
19　しかし、メンデルスゾーンの本棚に残されていたのは、「第二部」(1782年)

の刊行後に「第一部」とされた初版の新版（1784年）である。「プラトナー博士の『箴言』が手に入れば見本を郵便で送ってください」。Von Mendelsshon an Nicolai, Oct. 8, 1775.
20　cf. Von J. G. H. Feder an Mendelssohn, März 30, 1769. フェーダーは同書の書評をメンデルスゾーンに依頼している。
21　cf. Von Garve an Mendelssohn, Apr. 13, 1771.; von Mendelssohn an Herder, Mai 18, 1781.
22　*JubA*, Bd. 3-2, p. 4.
23　坂部恵「啓蒙哲学と非合理主義の間—メンデルスゾーン—ヤコービ—カント—」、65頁。(『哲学雑誌』81巻、753号、有斐閣、1966年、62-88頁。)
24　同上、65-66頁。以下も参照。Beiser, *The Fate of Reason*, p. 106.
25　Von Mendelssohn an E. Reimarus, Jan. 5, 1784.
26　Nicolai, *Über meine gelehrte Bildung*, p. 51.
27　cf. C. Schulte, Kant in der Philosophie der jüdischen Aufklärung, pp. 206-207, in: V. Gerhardt, R-P. Horstmann, R. Schumacher (hgg.), *Kant und die Berliner Aufklärung. Akten des IX. Internationalen Kant-Kongresses, Band V, Sektionen XV-XVIII*, pp. 204-213.
28　言われていることは、同書の初版、176頁以下を指している。cf. *JubA*, Bd. 3-2, pp. 216-217.
29　Von Mendelssohn an Garve, Nov. 7, 1785.
30　cf. Von Mendelssohn an Jacobi, Juli 21, 1785.
31　Von Mendelssohn an E. u. J. A. H. Reimarus, Nov. 18, 1783.
32　*JubA*, Bd. 4-1, p. 559.
33　cf. Von Mendelssohn an Jacobi, Oct. 4, 1785.
34　cf. Von Jacobi an Mendelssohn, Sept. 30, 1785. なお、この手紙においてもヤコービは「朝の時間」と言っている。
35　cf. Von Mendelssohn an Nicolai, Oct. 8, 1785
36　Von Mendelssohn an Hennings, Nov. 5, 1785.
37　Von Mendelssohn an Zimmerman, Sept. 1, 1784. 傍点は原文強調。
38　Von Mendelssohn an Hennings, Juni 20, 1780.
39　その後、ニコライは徒弟修業によりフランクフルトへと赴くが、メンデルスゾーンはこの古典学者のもとでクセノファネスを読んだそうである。序論にも書いたが、メンデルスゾーンはグンペルツと共にギムナジウムでハイニウスというギリシャ哲学史家のもとに学んでいる。こうしたことは、ブフトンのドイツ語訳としても最初の例となる『フェードン』成立史としても、またドイツにおける哲学史の研究史としても重要な史実である。
40　ここに「出版の自由」をめぐる問題が生じた。メンデルスゾーンは言っている。「キリスト教徒はこれについて何と言うでしょうか？私たちが著作家に対してこのような権力を行使し、その思想を世に問うことを妨げるのであれば、人は私たちのことをどう思うでしょうか？」Von Mendelssohn an D. Friedländer, Apr. 17, 1782.
41　Von Mendelssohn an P. A. Winkopp, Juli, 28, 1780.
42　Von Hennings an Mendelssohn, Nov., 1785.
43　この一文は不明瞭だが、おそらく『プロレゴメナ』の一節を受けているのだろ

う。cf. Von Mendelssohn an E. u. J. A. H. Reimarus, Nov. 18, 1783.
44 *JubA*, Bd. 3-2, p. 5.
45 cf. Von Mendelssohn an E. Reimarus, Jan. 5, 1784.
46 *JubA*, Bd. 3-2, p. 10.
47 ibid.
48 ibid., p. 12.
49 ibid., p. 13. 引用文中、「生気 (Lebhaftigkeit)」を伴うということの意味は不明瞭だが、クルージウスの用例を踏まえたものとすると、「意識」を伴う、という程度の意味で解して問題なさそうである。cf. Crusius, *Weg zur Gewißheit und Zuverlä̈ßigkeit der menschlichen Erkenntniß*, § 85.
50 ibid. 傍点は引用者による。
51 ibid.
52 ibid.
53 ibid.
54 ibid.
55 ibid., p. 14. 傍点は引用者による。
56 最初に、「模像」と「予象」が対概念として使われていたが、ここでは、「模像」と「予象」が対概念として使われている。この両者において、「予 (Vor-)」という接頭辞によって表されている事態は共通している。後にまた述べるが、これらは「対象 (Gegenstand)」や「客体 (Objekt)」とはやや違った意味合いを持っている。
57 ibid. 傍点は引用者による。
58 ibid.
59 ibid.
60 ibid. 傍点は引用者による。
61 ibid., p. 15.
62 ibid. 傍点は引用者による。
63 ibid.
64 ibid.
65 ibid.
66 ibid.
67 ibid., pp. 15-16. 傍点は引用者による。
68 ibid., pp. 16-17.
69 ibid., p. 18.
70 ibid. 傍点は引用者による。
71 ヤコービは『スピノザの教説について』の増補版（第二版）において根拠律と因果律の混同を批判しているが、これは直接的にはこのメンデルスゾーンの主張に向けられているのではないかと思われる。cf. F. H. Jacobi , *Über die Lehre des Spinoza in Briefen an den Herrn Moses Mendelssohn*, Breslau, 1789, Neue vermehrte Aus., Beylage VII.
72 *JubA*, Bd. 3-2, p. 18.
73 ibid. 傍点は引用者による。
74 ibid.
75 ibid. この場合、allgemein は「一般的」を意味するのであって、「普遍的」ではない。なぜなら、この命題は帰納推理によって経験から導き出されたものに過ぎな

76　ibid., pp. 18-19. 傍点は引用者による。
77　ibid., p. 19.
78　こうした点に関しては、ライマールスの影響が考えられる。メンデルスゾーンは、ライマールスの『動物の本能についての一般的な考察』(1760 年) の書評を書いている。ライマールスは、同書において動物の「三種の衝動 (dreyerlei Triebe)」について語っている。メンデルスゾーンによれば、ライマールスは次のように主張した。「動物には固有の概念や判断はないし、そもそも形式的な推理をすることもできない。その諸表象の帰結が、しばしば形式的な推理によって説明できるものであったとしても、実際には、それはただ感覚や想像力の諸活動によって説明される得るものなのである。著者は、こうしたことを、まさしく他の哲学者たちが動物の理性の使用を認めるために出してきた例を用いて説明している」。*JubA*, Bd. 5-1, p. 285.
　なお、この本については以下において紹介されている。E. ヴァイグル『啓蒙の都市周遊』三島憲一、三島敦子訳、岩波書店、1997 年、128 頁以下。或いは、大津真作『啓蒙主義の辺境への旅』世界思想社、1986 年、115-16 頁。
79　*JubA*, Bd. 3-2, p. 19. 傍点は引用者。
80　ibid., p. 20. 傍点は引用者。なお、とりあえず「スクリュー」と訳した Schraube については以下に詳しい。C. Wolff, *Mathematisches Lexicon, darinnen die in allen Theilen der Mathematick üblichen Kunst=Wörter erkläret…*, Leipzig, 1716, pp. 385-389.
81　ibid.
82　ibid., pp. 20-21. メンデルスゾーンにとって、「物体は重い」という命題は分析命題ではない。cf. *JubA*, Bd. 1, p. 508.; *JubA*, Bd. 2, p. 302.
83　ibid., p. 21.
84　ibid. 傍点は引用者による。
85　ibid.
86　ibid., p. 22. 傍点は引用者による。
87　ibid., p. 26.
88　この点に関しては別に詳しく述べた。「メンデルスゾーンにおける「ヒュームの問題」」『日本カント研究』第 15 号、2014 年。
89　ニコライによる次のような証言がある。「ユダヤ人のグンペルツ氏 (優れた数学者) から、メンデルスゾーンはヴォルフを知りました。ヴォルフのラテン語の著作群をメンデルスゾーンは大変な集中力でもって通読したのです」。Von Nicolai an P. Uz, März 26, 1759.
90　アルトマンはこれを同年の 9 月としているが、それは以下に引用するレッシングの手紙が書かれたのが 10 月のことであったからである。cf. A. Altmann, *Moses Mendelssohns Frühschriften zur Metaphysik*, p. 211.
91　J. G. Hamann, *Gedanken über meinen Lenbenslauf*, London, 1758, p. 31, in:his *Sämtliche Werke*, J. Nadler (hg.), Bd. 2, Wien, 1950, pp. 9-54.
92　Von Lessing an Mendelssohn, Oct., 1756.
93　*JubA*, Bd. 1, p. 497.
94　ibid.
95　ibid., p. 498. 傍点は原文強調。

96　ibid.
97　ibid. なお、メンデルスゾーンは論文中においてベルヌイの名を何度か出しているが、単にベルヌイとしか言っていないため、ニコラ・ベルヌイのことなのかヤコブ・ベルヌイのことなのかはっきりとしない。しかし、おそらくヴォルフが述べていることからして後者のことであろう。cf. Wolff, *Vernünfftigen Gedancken von Gott, der Welt, und der Seele des Menschen, auch allen Dingen überhaupt*, § 245.
98　*JubA*, Bd. 1, pp. 504-505. 傍点は原文強調。
99　ibid., p. 509.
100　ibid., p. 511.
101　cf. Leibniz, *Nouveaux Essais*, book IV, ch. II, § 14.
102　*JubA*, Bd. 3-2, p. 25. 傍点は引用者による。
103　ibid., p. 26.
104　ibid.
105　ibid., pp. 26-27.
106　ibid., p. 28. 傍点は引用者による。
107　ibid. 傍点は引用者による。
108　ibid.
109　ibid.
110　ibid. 傍点は原文強調。
111　ibid. 傍点は引用者による。
112　ibid. 傍点は引用者による。
113　ibid., pp. 28-29. 傍点は引用者による。
114　ibid., p. 29. 〈　〉は引用者、傍点は原文強調。引用文中、「具わった」と訳した positiv という形容詞を、アルトマンは、nondefective と訳している。cf. Altmann, *Moses Mendelssohn*, p. 876.
　　これは非常に訳しにくい言葉であるが、要するに心的な諸力の「本来的に定まった働き」ということを意味していると思われる。人間の認識能力が本来的に制約を受けているということは、メンデルスゾーンが繰り返し述べていることであるから、positiv とは、「欠陥がない（nondefective）」というよりも、「具わった」というような意味であろう。この点については、続く第四講における論述を参照。
115　cf. Von Mendelssohn an Lessing, Dec., 1756.
116　*JubA*, Bd. 3-2, p. 29. 傍点は引用者による。
117　ibid.
118　ibid., p. 30. 傍点は引用者による。
119　ibid., p. 30-31.
120　ibid., p. 31.
121　ibid. 傍点は引用者による。
122　ibid. 傍点は引用者による。
123　ibid., p. 31.
124　ibid., p. 32.
125　ibid., pp. 31-32.
126　ibid., p. 32. 傍点は引用者による。
127　メンデルスゾーンは、バークリの『ハイラスとフィロナスの三つの対話』（1713年）を読んでいる。同書は、エッシェンバッハによって1756年にドイツ語に訳

されているが、それはフランス語訳 (1750 年) からの重訳であった。メンデルスゾーンがこのフランス語訳を入手できたことは確かだが、原書も手にしていたのかどうかは定かではない。cf. *JubA*, Bd. 3-1, p. 306.
128　*JubA*, Bd. 3-2, pp. 33-34.
129　ibid., p. 34. 傍点は引用者による。
130　その他にも、娘のブレンデル (後にドロテーアと改名) やフンボルト兄弟などが授業に出ていたとも言われるが、はっきりとはしない。cf. P. Honigmann, Der Einfluß von Moses Mendelssohn auf die Erziehung der Brüder Humbolt, in: *Mendelssohn Studien*, Bd. 7, 1990.
131　Von Mendelssohn an Garve, Jan. 8, 1784.
132　cf. Von Mendselssohn an H. Homberg, Nov. 20, 1784.
133　cf. Von Herz an Kant, Nov. 24, 1778.
134　*JubA*, Bd. 3-2, p. 36. 傍点は引用者による。
135　ibid., pp. 36-37.
136　ibid., p. 37. 傍点は原文強調。
137　ibid. 傍点は引用者による。
138　ibid. 傍点は原文強調。
139　ibid., p. 38.
140　ibid.
141　ibid., p. 39. 傍点は原文強調。
142　ibid. 傍点は原文強調。
143　Von Mendelssohn an Abbt, 12 Juli, 1764.
144　cf. *JubA*, Bd. 5-4, p. 40.; *JubA*, Bd. 22, Nr. 91, pp. 150-151.
145　ランベルトはズルツァーとオイラーの推薦によってアカデミーの会員となった。なお、この三人は皆、スイスの生まれである。
146　従って、「誰も彼の仕事を引き継がなかった」というベックの指摘は誤りである。Beck, *Early German Philosophy*, p. 441.
147　cf. Von C. W. Dohm an Mendelssohn, Nov. 1, 1781.
148　*JubA*, Bd. 5-2, p. 31.
149　ibid. 傍点は引用者による。
150　cf. Von Mendelssohn an Iselin, Sept. 10, 1767.
151　*JubA*, Bd. 5-2, p. 32.
152　同じことが論文「蓋然性について」では、ライプニッツの「願望」と言われていた。
153　拙論を参照。「「蓋然性の論理学」の行方」『ライプニッツ研究』第 3 号、2014 年。
154　Lambert, *Neues Organon*, Bd. 1, Vorrede, unpaged.
155　cf. ibid., Bd. 2, Haupt 2, §§ 61, 82.
156　ibid., § 1.
157　*JubA*, Bd. 5-2, p. 32.
158　Lambert, *Neues Organon*, Bd. 1, Vorrede, unpaged. 傍点は引用者。
159　*JubA*, Bd. 5-2, p. 33. 傍点は原文強調。
160　ibid. 傍点は原文強調。
161　ibid., p. 45. 傍点は引用者。「自立体 (suppositum intelligens)」という概念については、クルージウスによる次のような用例が参考になる。「個体が実体であるならば、そして我々がそれを唯一の実体として考察するのであれば、それは

suppositum と言われる。suppositum intelligens が理性的なものであれば、それは Person と言われよう」。Crusius, *Entwurf der nothwendigen Vernunft=Wahrheiten, wiefern sie den zufälligen entgegen gesetzet werden*, § 24.

162 Lambert, *Neues Organon*, Bd. 1, Haupt 2, § 234.
163 *JubA*, Bd. 5-2, p. 45.〈 〉は引用者による。
164 　この批判は重要である。なぜなら、ランベルトの証明は一見してメンデルスゾーンによる『朝の時間』第十六講における「新しい証明」とよく似ているからである。とくに、後に述べるように、ランベルトが「思考する存在者」について述べていることは重要である。
165 　カントと違って、メンデルスゾーンが『建築術の構想』を読んでいたことは確認される。cf. Von Mendelssohn an K. T. A. M. Freiherrn von Darberg, Sept. 5, 1777.
166 Lambert, Über die Methode die Metaphysik, Theologie und Moral richtiger zu beweisen, 1762, § 52, in: K. Bopp (hg.), *Kantstudien-Ergänzungshefte*, Nr. 42, 1918.
167 ibid., § § 52, 147.
168 ibid., § 147.
169 ibid., § 52.
170 ibid., § 53.
171 Lambert, *Anlage zur Architectonic, oder Theorie des Einfachen und des Ersten in der philosophischen und mathematischen Erkenntniß*, Riga, 1771, Bd. 1, § 299. 傍点は原文強調、〈 〉は引用者による。なお、この箇所については以下においても言及されているので比較されたい。手代木陽『ドイツ啓蒙主義哲学研究』ナカニシヤ書店、2013 年、64 頁。
172 ibid., § 290.
173 Lambert, *Neues Organon*, Bd. 1, Haupt 2, § 10.
174 ibid., § 8.
175 ibid., § 16.
176 *JubA*, Bd. 5-2, p. 58. 傍点は原文強調。
177 Lambert, *Neues Organon*, Bd. 2, Haupt 2, § 30.
178 Von Kant an Lambert, Sept. 2, 1770.; von Kant an Herz, Feb. 21, 1772.
179 *JubA*, Bd. 5-2, p. 58.
180 Lambert, *Neues Organon*, Bd. 2, Haupt 2, § 82.
181 ibid., § § 51-52, 69 f., 105.
182 *JubA*, Bd. 5-2, pp. 58-59. 傍点は原文強調。
183 Lambert, *Cosmologische Briefe über die Einrichtung des Weltbaues*, Augsburg, 1761, pp. iv-v.
184 Lambert, *Neues Organon*, Bd. 1, Haupt 2, § 624. 傍点は原文強調。
185 cf. ibid, Bd. 2, Haupt 2, § 13.
186 ibid., Bd. 1, Haupt 2, § 567. 傍点は原文強調。also see, ibid., Haupt 1, § 68.

第六章
『朝の時間』第五講〜第七講

　第四講までの議論で論じられたのは、「写像」や「模像」と言われる「像」の身分であった。それが「対象」を描写しているものであるのかどうか、ということは「不完全な帰納」によって推し測られるしかないことなのであった。しかし、そのようなものであるが故に、それは却って「現象」としての真理性を保つのであった。ここに、メンデルスゾーンの「像論」が成り立つ。

　第五講では、さらにこうした「像」を写し出している「主体」が問題とされる。「形而上学的な自我」とも言われるこの主体は、しかし現象の後景に退く「或る物」である。それは「変様の主体」とされるものであるが、そのためにまた「変様の主体」に過ぎないものでもある。

　その結果として、メンデルスゾーンの「像論」は限りなく観念論に近づく。

　ところが、メンデルスゾーンは観念論を斥けるのである。

　第六講から第七講にかけては観念論者と二元論者の対話である。メンデルスゾーンは観念論を批判するために、その主張を二元論と対峙させる。結論から先に言えば、メンデルスゾーンはこの相反する主張を、「原像」をめぐる「言葉の争い（Wortstreit）」に過ぎないものとした上で、その相違点を斥ける仕方で、それも発展的な仕方で解釈する。つまり、両者は共に同一の「原像」について語っているに過ぎない、とメンデルスゾーンは言うのである。相反する主張を「言葉の争い」に過ぎないとして調停する仕方は、メンデルスゾーンが好んで用いたものであるとよく指摘される。しかし、似たような論法は、同時代のドイツに限ってみても、フェーダーのような「通俗哲学者」ばかりか[1]、ランベルトの著作にも見られる[2]。

　メンデルスゾーンはラーファターとの論争を「言葉の争い」に帰せしめているが、それはこの論争がニコライをしてメンデルスゾーンの寿命を縮めたと

言わせたほど「忌々しい論争[3]」であったからである。この点、ここで観念論者と二元論者の争いが「言葉の争い」とされるのは、「原像」という概念の導入を図る積極的な理由があってのことである。

また、ここで「言葉の争い」と言われていることの背景には、カントの『純粋理性批判』の影響が見受けられる。観念論ということで、メンデルスゾーンはカントの「超越論的観念論」を考えていたという指摘がなされているのである[4]。しかし、それが、メンデルスゾーンがその「超越論的観念論」をバークリの観念論と同一視していた[5]、ということなのであれば臆断であろう。この点に関しては、既に引用したように「モーゼスは、バークリの観念論に対するカントの観念論の優位性をよく見抜いていた」というニコライの証言を忘れてはならない。メンデルスゾーン自身、バークリは「あらゆることを観念論的に説明しようとする[6]」と言っているのだから。むしろ、問われるべきは、その観念論なるものが、ヴォルフ哲学を観念論的として批判したダルィェースやエッシェンバッハにおけるその概念規定と区別されたものであるかどうか、ということであろう。メンデルスゾーンはエッシェンバッハの『形而上学』(1757年)を酷評した書評を残しているが、『ゲッティンゲン学報』誌において或る評者が、「形而上学を冗漫な用語から解放しようとした[7]」点において同書を評価していることは、その「観念論的」ということの意味を明らかにする一つのヒントであろうか。

第一節 「或る物」としての「形而上学的な自我」について

第五講は、第一講での議論の復習から始まるが、新たにデカルトの名が出されて議論は深化している。その冒頭では次のように言われている。

「現存在という概念を、そもそもの発端に至るまで追及してみよう。それを言葉によって定義するのではなく、ただその生成過程(Entstehung)を調べてみて、この概念がいかにして段々と(nach und nach)我々のうちに確立されたのか、ということを探究してみよう[8]」。

ここで言われていることは、ランベルトの影響を思わせよう。「生成過程」

とか、「段々と」という言い方は、ランベルトが好んで用いていたものである。また、「言葉によって定義する」ことをしないのは、カントの『証明根拠』の書評におけるあの否定的な結論が尾を引いているとも考えられるが、それよりも積極的にはランベルト的な、いわば現象学的なアプローチでもってこの現存在という概念を究明するということであろう。ヤコービだって、「現存在を──現わにし開示すること…定義は手段であり、目標への道のりであり、二の次であって──決して最終目的ではない[9]」と言ったのだから。

　そこで、ここに展開されるのは形而上学的な自我論である。

　「我々の思考は、思考として看做される限り、我々に与えられている第一のものである。そこで我々は、こうした思考は、我々のうちに現実的に現存しており、我々自身の変様であって、少なくとも主観的な現実性を持っているということを疑うことは決してできないだろう。そして、我々自身の現存在は、それなくしてはいかなる探究も、それどころかいかなる疑いも思考も生じ得ないような必然的な条件である。デカルトは、正当にも、あらゆる思慮の基礎（die Grundveste alles Nachdenkens）として、私は考える、故に私は存在するという推論を前提した。私の諸々の内的な思考や感覚が、私のうちで現実的であるならば、或いは、こうした私自身の変様の現存在が否定され得ないものであるならば、こうした変様が帰されるところの、自我が認められなければならない。変様のあるところ、変様を被る主体が現存していなければならない。私は考える、故に私は存在する[10]」。

　メンデルスゾーンにとって、「私は考える、故に私は存在する」という命題の意味は、思考が「主体の変様」である限りにおいて、「変様の主体」が存在しなければならない、ということである。これは、第一講で言われていたように、「あらゆる変様は変様させられる或る物を前提している」からである。

　また、言われているように、思考は「少なくとも主観的な現実性」を伴っている。なぜなら、それは「我々に与えられている第一のもの」であるから。この「我々に与えられている第一のもの」は、「主体の変様」に過ぎないために、「主観的な現実性」しか認められない。しかし、その限りにおいて、その真理性は保証されもするのである。

このような「主体の変様」と「変様の主体」という考えは、第一講において既に述べられていた。メンデルスゾーンは、第一講において、考察の対象を、「1) 諸思考。我々が、その現実性を観念的な現実性と名付けているところのもの。つまり、単なる変様であるところのもの。2) 思考するもの、或いは存続する実体。それに即して、変様が生じるところのもの。つまり、すでに実在的な現実性が帰されていなければならないもの。3) 思考されたもの、或いは諸思考の対象。多くの場合に、我々が、我々自身と同じような、実在的な現存在を帰そうとする傾向があるもの」、として三種類に分類したのであった。

これまでは、上の区分で言えば、「主体の変様」である「諸思考」とその「対象」との関係が問題とされていたが、ここからは、「変様の主体」である「思考するもの」が主題化されることになる。そこで、第一講において、「私自身」と言われていた「変様の主体」が、この第五講においては、上の引用箇所に見られるように「自我」と言われているのである。また、それに伴って、第一講で言われていた「観念的な現実性」が「主観的な現実性」と言い換えられている。

この言い換えは重要である。

なぜなら、先に見たように、「ア・プリオリに論証された神の現存在」において、「観念的」と「主観的」とは全く同じ意味で使われていたからである。

この 1778 年の論文においては、「観念的」とは「像的」とされるところの概念の心的な「現在性」を表し、「主観的」とは「客観性」と関係し得るような概念の真理性を意味していた。しかし、この場合、「主観的」と言われるにしても、それは「客観的」という言葉に対してそう言われているに過ぎないのであって、必ずしも「観念的」ということと意味の上での区別はないのであった。

この小論で欠けていたのは「主体」である。ひとたび、「変様の主体」としての「思考する主体」が導入されれば、主観的な像とは、「主体の変様」としての像、ということになる。この点を強く出すためには、「観念的」という形容は「主観的」と言い換えられなければならない。

メンデルスゾーンの思想には一定の進展が見られるということである。

さて、論述は次のように続く。「あらゆる認識において必然的にそうしなければならないように、我々が自分自身から出発するならば、現存在とは、単

に作用と受動をめぐる共通の言葉であるに過ぎない。我々は、生活のあらゆる瞬間において作用し、かつ受動する、ということを意識している。そして、この両者が共通して持っている徴表を、我々は現存在と呼ぶのである。私は諸々の概念や感覚を持っている、故に私は概念し感覚している存在者である。私は作用し、かつ受動する、故に私は現実的に現存している。私が、最高度に直観的な確信でもって、前者を認めるならば、その必然的な帰結としての後者を疑うことはできないだろう[11]」。

　この「作用」と「受動」の区別は、「変様の主体」と「主体の変様」という区別と対応している。先に言われたように、「変様のあるところ、変様を被る主体が現存していなければならない」。なぜなら、「変様を被る存続している或る物なくしては、変様は考えられない[12]」からである。

　つまり、「作用と受動に関する共通の言葉」とされる「現存在」とは、この「或る物」とされる「主体」のことである。それは、変様する「主体」でありながらも、同時に変様を被る「主体」でもある。

　従って、「私のあらゆる主観的な認識は、主観的なものとして看做される限りでは、争い得ない真理性を持っている。そうした認識の観念的な現存在は、仮象でもなく誤謬でもない。私自身の現実性は、錯覚でもなければ誤謬でもなく、真理なのである[13]」。

　ここで、「観念的な現存在」が認められているものは、「主体の変様」である。同様に、「私自身の現実性」が認められているものは、「変様の主体」である。また、「主観的なものとして看做される限りでは」とは、「主体の変様」が、あくまでも「主体の変様」として看做される限りでは、という意味である。その限りにおいて、現象は、仮象でもなければ誤謬でもないものとして基礎づけられ得るのである。

　結論として、メンデルスゾーンは次のように言う。

「かくして、私の諸表象の現存在は、単に主観的なものとして看做される限りでは、私自身の現存在や、そうした諸表象の現存在から思考可能なものの法則によって導き出され得るあらゆるものと同様に、あらゆる疑いを斥ける。私の諸表象の現存在は、直接的かつ感性的な認識としては、それが思い違い

によるのではないかと危惧されることは決してない。しかし、それが思考可能なものの法則によって、純粋な理性認識と結び付けられている場合は、規則は正しく適用されたのか、或いは誤謬推理や考え違いによって誤りへと導かれているのではないか、という疑いを完全に斥けることはできない[14]」。

　先にも言われていたように、思考は「単なる変様」、或いは単に「主観的なもの」(「単なる主観的なもの」ではない)として、つまりは「表象」として看做される限りにおいて、「主観的な現実性」を保持する。これには、あくまでもそれが「主体の変様」である限りにおいて、現実性が帰されるのである。従って、これは単に「主観的なもの」に過ぎない、とされるものではなく、むしろ単に「主観的なもの」である限りにおいて基礎づけられ得るものなのである。メンデルスゾーンが「主観的」という形容を用いる時、それはつねに「客体」に還元されることのない現象を基礎づけている「主体」の存在を前提してのことである[15]。

　もっとも、このようなメンデルスゾーンの議論においては、「変様の主体」と「主体の変様」とは、明快に区別されるものではない。実際に、上に引用した「私のあらゆる主観的な認識は、主観的なものとして看做される限りでは、争い得ない真理を持っている。こうした認識の観念的な現存在は、仮象でもなく誤謬でもない。私自身の現実性は、錯覚でもなければ誤謬でもなく、真理なのである」という箇所においては、主観的な認識の「観念的な現存在」というものと、「私自身の現実性」との区別が曖昧である。

　こうした事態は、表象が「主体の変様」である限りにおいて、「変様の主体」もまた認められなければならない、という前提からして当然の帰結であろう。

　メンデルスゾーンにおいては、「私は考える、故に私は存在する」という命題は、思考という「属性」から、その「実体」が導き出されるという意味ではなく、思考という「様態」は、変様を被る「主体」を前提しているという意味で理解されているわけである。思考が「変様」として捉えられるならば、それは、あくまでも「主体の変様」という意味でなければならない。なぜなら、「変様のあるところ、変様を被る主体が現存していなければならない」からである。

　そういう意味では、「変様の主体」が、思考が「変様」として捉えられる時点で既に仮定されてしまっていることになる。そこで、この「変様の主体」とは、

思考が「変様」であるならば、それは何か「或る物」の「変様」でなければならない、というように、いわば形而上学的に要請されたものに過ぎない。しかし、それは実体ではない。この「変様の主体」は、「主体の変様」である概念や表象とは異なり、それ自体として観念的なものの後景に退く「或る物」である。

では、結局のところ「像論」なるものは観念論と違わないのではないか？

ところで、こうした考え方は、メンデルスゾーンに固有のものであった。

例えば、1760 年に書かれた或る書評においては次のように言われている。

「想像力は、心に何か添え物のようなものとして与えられた独立した力なのではなく、心の本質を形成するところの根源的な表象力の単なる変様である。この本来的かつ根源的な力は、それ自体そのものとしては無規定であるが、心の状態なり体の状態に応じて、現在、過去、未来に向けられ、それらに振り分けられるのである。この力が、現在において規定されている限りでは、それは感覚能力であり、過去において規定されているのであれば、構想力、そして未来において規定されているのであれば、予想能力と言われているのである[16]」。

この場合、「根源的な表象力」であるとか「心の本質」と言われているものが、「或る物」であることは明らかであろう。それは、上の引用文に続いて次のように言われていることからしても、やはりそう考えざるを得ないのである。「構想力はそれ自体として存立している事物なのではなく、そもそもからして根源的な表象力の一つの規定である。この表象力を我々は力という名で呼ぶのだが、それはただ非本来的な意味でのことに過ぎない[17]」。

また、ボネの『宗教のパリンジェネシス』(1769 年) に関して書かれた「覚書」(1770 年、未刊行) においては、次のように主張されている。「我々の外の単純な実体は、決して我々の認識の直接的な対象とはなり得ない、ということは認める。(中略) しかし、我々自身については、我々は明らかに直接的かつ直観的な認識を持つのである。ボネ氏は、いかにして我々は、我々自身の現存についての感覚に達するのか？それは、我々自身の諸感覚に対する反省 (Überlegung) によって生ずるのではないか？と問うている。否、自身の諸感覚につ

いての反省や思慮によって、心は自身の現存在についての反省された概念に達するのではない。そうではなくて、我々の現存在についての直観的な概念は、それぞれの感覚のうちに直接的に存しているのである。事物が何であるのか、ということを知るということは、本来的には、それが作用する、或いは受動するということを知るということである。感覚の意識に際して、心は、事物が或る瞬間に作用する、或いは受動するために、その事物は存在しもする、ということを知る。もっとも、この概念は完全なものではない。というのも、およそ個別的な感覚は、心が作用し得る、或いは心に受容され得るあらゆるものを言い尽くしているわけではないからである。我々の感覚が多ければ多いほど、それも多様であるほどに、我々の現存在についての我々の直観的な認識は十分なものとなる。反省的な認識は、こうした多様感覚を一般的な規定へと還元し、そこから心の本質（Wesen）が抽象されるところの心の属性を導き出す。我々は、自らのあらゆる感覚や概念、欲求、嫌悪などの主体を、形而上学的な自我と呼ぶ。しかし、この主体の本質とは何か？──この問いは、私には不合理なものに思われる。私は、この主体に作用し、受動するもの〔＝変様〕以外に、どんな概念をそれに結び付けようか？ [18]」。

　ここで「形而上学的な自我」と言われているものが、『朝の時間』において「或る物」とされている「変様の主体」であることは間違いないだろう。それは、「私自身」であるとか、「自我」であると言われていたが、結局は「或る物」としか言われ得ないものであった。これは、上の引用箇所では「心の本質」と言われているものであるが、それについての「反省的な認識」を持つことができないために、それ自体として何であるのか？と問うことのできないものである。

　第一講においては、次のように言われていた。

　「私が現実性を認めている第一のものは、私の諸々の思考や表象である。私は、それらが私の内的なものに伴っている限り、そして、それらが思考能力の諸変様として私に認められている限りにおいて、それらに観念的な現実性を帰する。あらゆる変様は変様させられる或る物を前提している。そこで、こうした変様の主体である私自身は、単に観念的な現実性ではなく、実在的な現実性を持っている。私は単なる変様ではなく、変様する事物そのもので

あり、単なる諸思考ではなく、諸々の思考や表象によって状態が変様させられる思考する存在者である」。

このように、「或る物」とは、「私の内的なもの」とでも言われるものであり、「変様の主体」である「私自身」に他ならない。しかし、「覚書」において言われていたように、そうした「主体の本質」は、それ自体としては不可知なものである。

結局のところ、この「変様の主体」とは、当の「変様」からその存在が推し量られるものに過ぎない。なぜなら、「変様のあるところ、変様を被る主体が現存していなければならない」から。また、「主体の変様」を離れて、「変様の主体」は存在しない。なぜなら、「変様を被る存続している或る物なくしては、変様は考えられない」から。

しかし、結果として、「主体の変様」である思考や表象などの「観念的な現存在」と、「変様の主体」である私自身の現実性」との区別は曖昧なものとなってしまっている。この区別を付けるためには、「形而上学的な自我」とされるこの「主体」について積極的に語る必要があろう。そのために、メンデルスゾーンは「自己意識」を持ち出すのであるが──、これについては第十四講を俟つ。

第二節 「自己を定位する」こと

第五講の後半において、メンデルスゾーンは、先のような主張を再度「表象」と「描写」という区分でもって説明している。「私が意識しており、それも単に表象として看做され得るだけではなく、同時に外的な諸対象の描写としても看做されなければならないようなものとして認められるところの諸概念について述べよう。こうした概念は、単に私の諸変様ではないし、その主体としての私自身のうちにおいてのみ見出されるものでもない。それは、また同時に、自らに固有の現存在をそれ自体として持っているところの外的な諸対象の模写（Abdruck）である、と私自身によって認められなければならないものなのである[19]」。

第一講で言われていたように、「思考されたもの、或いは諸思考の予象

(Vorwurf)」とは、「多くの場合に、我々が、我々自身と同じような、実在的な現存在を帰そうとする傾向があるもの」のことであった。言うならば、それはvorwerfenされたものに過ぎないのだが、同時に「対象 (Gegenstand)」として看做されるものでもある、ということである。この点を強く取れば、「表象」は「模写」となる。

こうした「表象」と「描写」という区別は、覚醒時においては有効であるが、「夢や酩酊状態、妄想や熱狂のうちにあると、そうした区別は混同され、主観的な諸表象の系列が外的な諸対象の描写と看做されがちである[20]」。

このことからして、「表象と描写を区別するための判明な基準はあるのか?[21]」という問いが立つ。

ここでメンデルスゾーンは、「表象」と「描写」の区別に対応したものとして、観念の主観的な結合と客観的な結合という区分を持ち出して次のように言う。「我々が以前に同時に持っていた諸概念、或いは似た徴表を持つ諸概念や、理性の法則に従って相互に継起している諸概念などは、夢においても、覚醒時においても、相伴ってもたらされる。これは、主観的な観念結合と言われる。しかし、こうした諸概念が、我々には依拠していない因果結合に従っているのであれば、つまりは既知の自然法則に従って、原因と結果として相互に結び付いているために、継起する、或いは並存するのであれば、それは、観念の客観的な結合と言われる[22]」。

そこで、「我々の心において客観的な観念結合が支配的である状態を覚醒と言う[23]」。

これを受けて、第六講の冒頭では次のように言われている。

「覚醒とは、心に関する限り、諸概念の客観的な結合や、因果性、自然法則の秩序などが、最も強い光を放ち、心において、いわば統治権を行使している状態である。それらは、あらゆる主観的な観念結合に対して、時間と空間における位置を指示し、それらに適当な光と力の度合いを付与する。そして、注意を惹き付け、運動器官を統御し、継続的な思慮による理性の歩みさえも導く。心のあらゆる作用は、言うならば、よく整った調和のうちにある。つまり、現在するものの全体印象 (Totaleindruk des Gegenwärtigen) によって、心が

拠り所とする基調 (Grundton) が取り決められている、ということである[24]」。

ここで問われていることは、「理性の歩み」と言われていることからして、実は『朝の時間』における隠されたテーマの一つである。メンデルスゾーンは自らの像論が自我論という名の観念論に陥らないように工夫している。

続いて、夢における「感性的な印象」が、「想像力の像」、或いは「構想力の像」として説明される。メンデルスゾーンによると、「寝ている間は、感性的な印象が弱まっているが、それと比例して想像力も弱まっている[25]」。しかし、「そうした状態においても、想像力の何らかの像や過去の概念が偶然的な仕方でいくらかより生気を獲得し、それによって心のうちに主観的な観念系列が生じ、意識と結び付くことはあり得る[26]」。そこで、「夢においては、表象一般は運動器官に働きかける力を十分には持たないが、構想力の諸々の像は、寝ている間でも運動器官に働きかけ、自発的な行動を惹き起こすほどに生気あるものとなることがあり得る[27]」。

ここで、メンデルスゾーンは夢遊病について語っているのである。

夢遊病と言えば、メンデルスゾーンは、マイヤーの『夢遊病を解明する試み[28]』(1758年)の書評において次のように述べている。「マイヤー氏は、夢遊病者の運動は単に自らの構想力に従っているのではなく、現存する感覚的な諸対象にも従っている、ということを証明した[29]」。

夢に関してメンデルスゾーンが述べていることは、マイヤーの主張と比べた場合に特徴的である。その『形而上学』の第一巻 (1755年) において、マイヤーは夢について「形而上学的な真理」との関係から述べているが、それはヴォルフの形而上学を然るべき仕方で展開したものである[30]。

それに対して、メンデルスゾーンが言わんとしていることは次のようなことである。

つまり、「〔こうした場合には、〕それによって心が、現在する世界において、いわば自己を定位し、完全な覚醒へともたらされるところの全体印象がやはり欠けていることだろう[31]」。

メンデルスゾーンは、多くの人や、多くの感官によって認められる「感性的な現象」ほど、より確かなものである、という主張をしていた。そこで、第一

講においては、「感覚圏」という概念が持ち出されたのであった。この第六講で言われている「全体印象」というのも、これと同じ意味のことを言っていると考えられる。

それも、興味深いことに、この第六講においては、こうした事態が「自己を定位する（sich orientiren）」という言い方で表現されている。メンデルスゾーンにおいて、「自己を定位する」という事態は、覚醒時において、心が「現在するものの全体印象」において定位されている、ということである。言い換えれば、それは主体が「感覚圏」の中に身を置いているということになる。

そこで、これまでの主張をまとめて、今度は「夢見ている者」と「目覚めている者」との対比から、次のように言われる。「デモクリトスは、理由もなく次のように言ったのではなかった。つまり、夢においては、我々は各自に固有の世界を持っているが、目覚めている時には、我々は皆、一つの共通の世界へと移行するのだ、と[32]。夢においては、我々は各々、客観的に真なるものとは異なった諸事物の系列を考えている。この系列は、少なくとも我々が表象しているようには現実的なものとはならない。つまり、それは、諸事物を結び付けている秩序における観念結合の単なる主観的な規則の帰結なのである。こうしたものは、異なった諸体系から導かれた諸断片であり、決して全体を形成しない。それらが含んでいるところの、あらゆる客観的な真理は、夢において自らの明証性を持っている夢見ている者自身の現存在であり、あらゆる疑いを斥けるところのものである。他の全てのものは、この夢見ている存在者の単なる変様であって、外的な客体を持たない単に観念的な現存在を持つに過ぎない[33]」。

先にも言われたように、夢の世界は「全体印象」を欠いている。そこで、夢においては、「主体の変様」しか認められない。しかし、そのような変様であっても、その主体である「夢見ている者自身」の変様である限り、何らかの明証性を伴うのである。ただし、そうした変様には「観念的な現存在」が認められるに過ぎない。なぜなら、こうした場合には、夢を見ている「変様の主体」が「一つの共通の世界」において定位されてはいないからである。

では、この「一つの共通の世界」とは何か？

「目覚めている者の諸表象は、我々の外に現実的に現存している諸事物の諸々の写像であるから、秩序の規則に従っている。この秩序において、事物は我々の外に現実的にもたらされており、おしなべて一つの共通の世界に属している。確かに、そうした表象は、あらゆる主体において等しくはなく、主体の状況や立ち位置に応じて様々に変化する。しかし、そうした多様性そのものは、それが描写しているところの対象の統一性と同一性を示している。こうした表象は、様々な視点から捉えられた一つの対象の様々な写像なのである。表象が真であるとしても、それは多様でなければならない。ただし、そうした表象のうちの相似するものだけが客観的な真理を持っているのであって、相似しないものは見方によるもの（Perspective）に過ぎない。そうしたものは、写像である限りにおいて真であるが、それを我々が対象の描写として看做そうとするのであれば偽である[34]」。

　夢を見ている時とは異なり、覚醒時には、「主体の変様」は同時に我々の外の「現実的なもの」の「写像」と看做され得る。この場合、「表象」は「対象」の「描写」とも看做され得る。

　しかし、この対象が「一つの対象」と言われるとしても、結局のところ、それは表象の多様性からして想定されたものに過ぎないであろう。なぜなら、「写像」のうちに「相似するもの」と「相似しないもの」を認め、前者を対象の「描写」とし、後者を単に「表象」である限りにおいて真なるものとする、と言っても、こうした区分を当の「写像」において正当化することはできないからである。

　もちろん、ここで言われていることは、そうした「写像」であっても、「秩序の規則」なるものに従っており、一定の客観性を持っている、ということである。しかし、先の議論からすれば、この「秩序の規則」なるものも、結局は「不十分な帰納」によって諸現象から推し量られたものに過ぎないことになる。それどころか、そうした「秩序の規則」によって基礎づけられた「一つの共通の世界」において、主体が「自己を定位する」としても、そうした世界が結局のところ「主体の変様」なのであるから、「主体の変様」において「変様の主体」が定位されるという循環した事態は避けられないものとなる。

　ここに、メンデルスゾーンの像論は観念論への傾きを見せるのである。

だいたい、「現在するものの全体印象」とされる「現在する世界」なるものも、結局は「見方によるもの」を集めた「全体印象」に過ぎないのではないか？

この疑問を払拭するためには、表象の「多様性」を単に「見方によるもの」ではなく、同時に「客体の同一性[35]」を示しているものとして看做すことができるのでなければならない。そうでなければ、それは全て結局のところ「見方によるもの」となってしまうことだろう。

しかし、この「一つの対象」なるものはどのようにして確保されるのか？

そこで、メンデルスゾーンは神を持ち出すのである。

その目的は、観念論を斥けて、「我々の外なる現実的なものの認識」を確かなものとすることである。これまでの論述において繰り返し主張されてきたように、この種の認識は「不完全な帰納」に基づいているために蓋然性しか得ることができないのであった。

しかし、「我々よりも高い存在者は、事物を、それが場所によって被る変様と共に然るべき仕方で思考する、ということが認められるとしたら、我々が自身の外の事物の現存在を認識する確実性は、最高度の明証性にまで高められるだろう[36]」。また、「最高度の知性は我々の外の事物を現実的な客体として描写する、ということが認められ得るならば、そうした客体の現存在に関する我々の確信は、最高度の明証性を獲得するだろう[37]」。

ともあれ、「こうしたことは、決して当座しのぎの単なる思弁ではない。我々が、最高度の存在者の現存在や、その諸属性について確証するならば、そうした存在者の認識の無限性をいくらか理解して、そこからして、より多くの真理性でもって、それもおそらくは学的で論証的な仕方に基づいて、観念論者の主張を反駁し、我々の外の感性的な世界の現実的な現存在を反駁の余地なく証明するための方途が示されるだろう[38]」。

この箇所は、これまでの議論の弱点を補うものであると共に、後の議論を予測したものであるから重要である。今までの議論では、人間の認識に関して、「表象」と「描写」の区別をめぐって議論がなされてきた。「表象」が「描写」と看做されることで、判断に「誤謬」が生じ、「感性的な認識」は「感官の仮象」と看

做される可能性があると言われた。その一方で、「表象」は「表象」に留まる限り、端的に現象であって、「最高度の直観性」を伴うのであった。

しかし、上の引用箇所では、こうした事情が、「最高度の知性」、或いは「最高度の存在者」である神に関しては異なると言われているのである。神においては、「表象」と「描写」の区別はない、ということである。これは裏返せば、人間においては「我々の外の事物を現実的な客体として描写する」ということが不可能であるために、「表象」と「描写」という区分を入れざるを得ない、ということであるが、ここにまた二元論と観念論という相反する論が成立する余地もある、ということであろう。

そこで、メンデルスゾーンは、「とりあえずは、こうした証明をする前に、観念論者でも我々と合意するような諸命題を扱うことにしよう[39]」と述べて、観念論者の主張を二元論者の主張と比較検討することにしているが、結論から先に言えば、それは観念論者と二元論者は共に同一の「原像」をめぐって議論しているに過ぎない、という仕方で両者の調停を図るものである。実は、この第六講と、続く第七講における議論は、「原像」という概念を導入するためのものである。

第三節　観念論者との対話

ここで登場する観念論者とは、次のような者のことである。

「観念論者は、自己自身の諸変様として自身のうちに生じる諸思考は、それ自体の観念的な現存在を持つ、ということを認める。従って、観念論者は、こうした諸変様の主体としての自分自身が現実的に現存しているということは否定できない。この観念論者にとって他者である者も、観念論者と同様に、制限された存在者であり、自身に固有の現存在を持つことができるし、観念論者の外において、観念論者と同様に、現実的に現存することができよう。観念論者は、ただ自らのみが現実的な現存在であると僭称するような自我論者（Egoist）の不合理に陥らなければ、他者の現存在を否定することはないのである[40]」。

ここで、「自我論者」と言われているが、メンデルスゾーンの意図は、自我論を極端な観念論として斥けた上で、観念論者と二元論者の主張を吟味して、両者を折衷することにある[41]。
　そのためにも、「とりあえずは、自身の他にも思考する存在者〔＝他者〕を認め、ただこの自分だけが現実的に存在している唯一の実体である、などと吹聴することのないような観念論者のみを相手にする[42]」ということで、「観念論者」は慎重にも「自我論者」とは区別される。このことは、メンデルスゾーンが「像」という概念でもって、少なくとも単に主観的な「像」を考えていたのではない、ということを間接的に示唆してもいる。それは、「感覚圏」においてあるものであるから、間主観的なものでもあるのだが、それ以上に、「原像」において──それを現像させたものにおいて基礎づけられ得るものなのである。
　また、この点は単純に、メンデルスゾーンが「自我論（独我論）」を斥けていることを明らかにしているために重要である。このことは、ランベルトにおいては、むしろ「自我論者」であることが賞揚されていたことを思えば意味を持ってくる。ランベルトによれば、形而上学者は努めて「自我論者」でなければならない。そこで、その「現象学」においては、「感覚圏」におけるものは「見方によるもの」（仮象）として一蹴されるのであった[43]。
　第十四講において、メンデルスゾーンはレッシングの汎神論を、まるで神を「無限の自我論者[44]」とするようなものとして批判するが、自我論との対決は『朝の時間』における隠れた一つのテーマである。観念論というものの意味も、こうした観点からして理解されなくてはならないものである。

　さて、こうして観念論者と二元論者の対話が始まる。
　問題は次のようなことである。
　つまり、「感性的な諸対象は、我々が覚醒時に客観的な諸概念の系列を然るべく思考することの根拠を含むものとして、我々の外に現実に存在するのだろうか？我々の客観的な諸観念の総括は、我々の外に見出されるものとして描写されるところの、不活性な諸実体や、物体的な存在者を含んでいる。しかし、この描写は真理を伴っているのか？[45]」。

この問題提起においては、前半では「表象」の存在性が問われ、後半では「描写」の真理性が問われていると言える。しかし、今までの議論からも明らかであるように、メンデルスゾーンにおいては、どちらの場合にも同じことが問題となる。

こうした問いの立て方そのものが間違っているということが、そもそもメンデルスゾーンの主張なのであった。「感性的な認識」は、あくまでも「表象」と看做されている限り真理であり、それが「描写」と看做されるや否や、「誤謬」と判断され、「仮象」となる可能性が生じるのであった。

では、なぜメンデルスゾーンは、ここで改めて同じような問いを提起し、同じような主張を繰り返そうとしているのか？それは、今までに言われてきたことを、「表象」と「対象」という一般的な対概念ではなく、あくまでも「写像」と「原像」という対概念でもって説明するためである。このことによって、メンデルスゾーンの議論には本格的に「原像」という概念が導入されることになる。

そこで、以下における観念論者と二元論者の対話は、この「原像」という概念の意味を知る上で重要な箇所であるから、全て引用することにする。

先に提起された問題に観念論者は答えて言う。

「違う！そのように考えるのは、我々の感性的な認識の狭隘性であり、我々の無能力のうちに根拠が見出されるところの感官の欺きのせいだ。私のより良い理性は、いかなる実体も物体的なものではあり得ない、と確信している[46]」。

これに対して、「君の理性は、自らを誤謬推理によって誤謬へと導いてしまっている[47]」と言うのは二元論者である。「精神的な諸実体と同様に、物体的な諸実体も存在する。もっとも、物体的な諸実体は、我々によって描写されているがままのものであるとは限らない。なぜなら、我々の認識の制限は、諸実体についての表象において、多くのものを変様してしまっているからね。そうは言っても、そうした諸実体の多様な写像は、その全てが見方によるものではない、つまりは我々の有限性や制限された視点の帰結というわけではないのだ。むしろ、そうした写像における一致は、一つの共通にして、我々の外に見出されるところの一致の根拠を帰結している。この根拠とは、写像の原像である。確かに、感官はしばしば欺く。しかし、感官が表す全てのも

のが、単なる欺きと看做されるわけではない。むしろ、そうしたもののうちにある多くのものは、心に具わった思考能力から導かれたものであるから、真理なのだ[48]」。

ここでは、「写像」の「根拠」である「原像」が語られている。

しかし、「根拠」と言われようとも、その身分はここでも曖昧である。なぜなら、この「原像」は「我々の外にある」と言われながらも、「写像」のうちで「見方によるもの」ではないものは、「心に具わった思考能力から導かれたもの」と言われてもいるからである。そうすると、「原像」とは、心のうちにある「原型」のようなものであるようにも思われてくる。

——対話に戻ろう。

観念論者は言う。「私は、私自身のうちに、思考でき思考される実体に関する直接的な概念を持っている。私自身の現存在を認識している時、また、思考し思考される、或いは表象し表象される他の諸実体〔＝他者〕も私と並んで存在できるし現実的である、ということについて、私は十分な概念を持っている。しかし、単に物質的な諸属性を持っており、自身は思考することなく、単に思考されるしかない実体に関しては、どのような概念を持てるのだろうか？[49]」。

二元論者は答える。「そんなことでは、そうした実体の現存在を否定するための根拠を何も君の理性に与えはしないよ。むしろ、思考し思考される諸実体が存在するように、我々のあらゆる信条や信仰からして、単に思考し、いかなる他の存在者によっても自身の無制限性のうちでは思考され得ない、唯一の最高度の実体が存在する、ということだ。別の側面からすると、自身は表象を持たないが、感性的な諸感覚や諸思考にとっての諸々の原像であるところの、我々の外に見出される諸実体が存在する。ただし、単に思考される物質的な存在者は、思考できないだろうね[50]」。

ここでは、三種類の実体が言われている。つまり、「思考し思考される実体」、「単に思考する実体」、そして「単に思考される実体」の三種類である。上に言われたことからすると、観念論者は、「思考し思考される実体」である「私自身」、及び「他者」のみを認めて、「単に思考する実体」と「単に思考される実体」は認

めないだろう。しかし、二元論者は、「単に思考する実体」として「唯一の最高度の実体」を、そして「単に思考される実体」として「物質的な存在者」を認めている。そして、この二つの実体は、「思考し思考される実体」における「写像」の「原像」ということになる。

　ただ、二元論者において、神は「単に思考する実体」として、「単に思考される実体」とは区別される。なぜなら、前者は「いかなる他の存在者によっても、自身の無制限性のうちでは思考され得ない」からである。ともあれ、重要な点は、この「単に思考する実体」とは思考する存在者であるということである。後の議論を先取りして言えば、「思考する存在者」である人間は、また神によって「思考される存在者」でもあるのである。

　「しかし」、観念論者は問う。「君は、そのような実体に、どのような属性を認めるのか？君がそれに帰するところの、あらゆる感性的な属性は、君自身のうちに生じるところの単なる変様ではないのか？君は、例えば、物質は延長しており運動すると言う。しかし、延長や運動が、感性的な諸概念よりも以上の或る物、つまりは君が意識しているところの君の表象力の諸変様よりも以上の或る物であるとしたら、君は、いかにしてそうしたものを、いわば君の内から引き出しながらも、君の外に見出されるべき原像に帰することができるのか？51」

　二元論者は反論する。「〈それが困難なことであるとすれば、この困難は事柄そのものというよりも、言葉のうちにある〉。我々が、事物は延長している、或いは運動していると言うならば、こうした言葉は、延長しているものとして、或いは運動しているものしして考えられねばならない、という性質を事物は持っている、ということしか意味していない。Aである（A seyn）、または、Aとして思考される（als A gedacht werden）、という言い方は、その意味内容（Begriff）からすると、全く同じである。つまり、我々が、物質は延長している、或いは運動している、非透過的なものである、と言うとしても、それは、およそ思考する存在者の内で、延長し、運動し非透過的なものとして描写されている諸々の原像が、我々の外に存在する、ということ以上のことは何も言われていないのである52」。

ここで、メンデルスゾーンが言わんとしていることは、「Aである、または、Aとして思考される、という言い方は、その意味内容からすると、全く同じである」という一文に凝縮されている。これは、「観念的な現実性」（＝「諸概念」）と「実在的な現実性」（＝「思考されたもの」）が、意味内容からすれば実は同じものである、ということである。

ただし、これは単に言葉の意味の問題ではないだろう。

先に言われたように、「主体の変様」は「観念的な現実性」を持ち、「変様の対象」は「実在的な現実性」を持つ。しかし、ここで言われていることからすれば、「主体の変様」としての「変様の対象」が、そうした変様の対象（＝原像）として存在している、と言われようが、そうした対象の変様（＝写像）として思考されている、と言われようが同じことになる。

つまり、写像としての変様は、「予象」としての原像を持つが、この原像が「対象」と看做されたとしても、つまりは「表象」が「描写」しているところの当のものとして看做されたとしても、結局は、写像が写し出しているところの原像がある、或いはそうした原像がそのようなものとして写し出されている、ということしか言われていないのである。

ここに、メンデルスゾーンが「表象－対象」という一般的な対概念に代えて、「写像－原像」という彼独自の対概念を用いていることの理由がある。メンデルスゾーンは、「写像」と「原像」を共に認める限りで、二元論者なのであるが、結局のところ、そのどちらも「像」とする限りにおいて、観念論的な一元論者なのである。メンデルスゾーンは、単純に観念論と二元論を折衷しているわけではない。そこには、いわば「像論」とでも言うべき彼自身の主張があるのである。

以上のまとめとして、メンデルスゾーンは第六講の最後に、次のように語っている。「我々は誰も、物質の諸々の写像であるところの、こうした〔延長や、運動、非透過性などの〕感性的な諸概念や諸現象が物質そのもののうちに存している、ということは認めないだろう。我々は単に、延長し、運動する、非透過的なものとしての物質的な存在者に関して我々が持っている表象は、決し

て我々の弱さや無能力の帰結ではない、と言っているのである。そうした表象は、むしろ、我々の心に具わった力から導かれたものであり、あらゆる思考する存在者に共通のものであるから、単に主観的な真理ではなく、客観的な真理なのである[53]」。

ここでは、「表象」が「心に具わった力から導かれたもの」と言われている。すると、先にも述べたが、「表象」や「感性的な現象」、或いは「主体の変様」は、「我々の外にある」対象の変様とされながらも、「変様の主体」であるところの「心に具わった思考能力から導かれたもの」でもあるという両義的な事態を招いてしまっていることになる。

この場合、「我々の外にある」という点を強調するのが二元論者であれば、「心に具わった思考能力から導かれたもの」という点を強調するのは観念論者である。ともあれ、この両者の主張を調停するのが、メンデルスゾーンの目的である。そのために、「Aである、または、Aとして思考される、という言い方は、その意味内容に関しては、全く同じである」と言われたのであった。

しかし、上のような論述においては、観念論者の言い分が通ってしまっているようにも思われる。確かに、「表象」は、「心に具わった思考能力から導かれたもの」であるかもしれないが、あくまでも「写像」である限りにおいて、二元論者の意を汲んで、その「原像」が「我々の外」に存在する、と言うことは可能だろう。とはいえ、「写像」といえども、やはり「心に具わった思考能力から導かれたもの」である限り、結局のところ、「思考する存在者の内で」、そのように思考されているものに過ぎないのではないだろうか？

観念論者の言うように、「延長や運動が、感性的な諸概念よりも以上の或る物、つまりは君が意識しているところの君の表象力の諸変様よりも以上の或る物であるとしたら、君は、いかにしてそうしたものを、いわば君の内から引き出しながらも、君の外に見出されるべき原像に帰することができるのか？」ということである。

第四節　対話の続き

　第七講は、第六講における二元論者と観念論者による対話の続きである。
　先の対話からも推察されるように、この第七講においても、観念論的な主張が前面に出されている。確かに、二元論者の主張は、「私」の主張として強く一人称で語られている。とはいえ、その主張は著しく観念論に傾いている。メンデルスゾーンは「原像」という概念を導入することで、二元論者の主張をいわば観念論的に解釈するのである。ちなみに、この第七講において、観念論者は「精神論者 (Spiritualist)」とも言われている。そこで、二元論者は、いわば「物質論者」の役を演じることになる。それは、実在論ではない、あくまでも物質論（唯物論）である。メンデルスゾーンはハートリーを批判して「機械的に哲学すること[54]」を戒めているし、第十一講ではラ・メトリの機械論を批判してもいる。この頃にもなると、観念論と実在論という対立軸そのものが傾き始めていたということである[55]。観念論であれ、自我論との区別が言われていたことからしても、バークリの観念論が念頭に置かれていたと考えるべきであろう。

　さて、まずは第六講における観念論者の主張が次のようにして再説される。
　「観念論者は、我々の感官のあらゆる現象を、人間精神の諸々の偶有性と看做して、精神の他に、そうした偶有性が性質として帰される物質的な原像が見出されるとは信じない[56]」。
　見られるように、もはや「実体」という言葉すら使われないのである。
　しかし、事情は二元論者においても同様である。
　二元論者は次のように言うのである。「私は、君が心の偶有性と呼ぶところの感性的な諸現象のうちに、様々な感官の間や、人と人との間に、それどころか人間と動物の間にさえも、非常に多くの一致を見出す。こうした一致の根拠は、私自身のうちにではなく、私の外に見出される或る物のうちに定立されることが正しいと思う。私のうちの偶有性としての感性的な諸現象は、この或る物の諸々の写像である、と。この写像は、あらゆる写像が或る一つ

の視点から導かれたものであるように、やはりいくらか見方によるものではあるが、だからと言って真理を含んでいないわけではない。物質的な原像は、あらゆるこうした写像の真理と一致の根拠を含んでいる。この原像は我々のうちに延長や運動、形態や非透過性などの表象を惹き起こす。そのために、この原像そのものは、延長し、運動し、非透過的であり、何らかの形体を持っていると想定される。〔しかし、〕延長している、運動している、非透過的である、といった表現のもとに、それ以上のことを理解しようとするならば、空疎な言葉によって欺かれ、誤りへと導かれてしまう[57]」。

ここに、「原像」は、「物質的な原像」であるどころか、「或る物」と言われている。しかし、これは以下の議論を予想してのことである。問われるべきことは、まさにこの「或る物」と言われている「原像」の身分なのである。そんなものは、所詮「或る物」ではないか？ということである。

そこで、観念論者は、二元論者こそ言葉のあやに絡め取られているのではないか、と反論して、「原像」という言葉で何が言われているのか明らかにさせようとする。

「君が、こうした原像に帰するところの、あらゆる属性は、君自身の信条に従えば、心の諸々の単なる偶有性に過ぎない。しかし、知りたいことは、こうした原像の働きが何であるかではなく、この原像そのものが何であるか、ということだ[58]」。

観念論者は、二元論者の言っていることは、何も敢えて「原像」などを持ち出さなければ、結局は自分の主張と同じではないか、と言っているのである。前講においては、「Aである、または、Aとして思考される、という言い方は、その意味内容からすると全く同じである」と言われていた。そこで、観念論者はこの「原像」の存在性を問うのだ。

それに対して、二元論者は次のように答えている。

「君にとって、原像そのものが何であるか、ということが重要なことであるならば、君は絶対にいかなる知識の対象ともならないような或る物を知ろうとしているように思える。我々は、人間の認識のみならず、あらゆる認識一般にとっての限界のうちにあるが、どこへ行くのかも知らずに、それをさら

に越えて行こうとしている[59]」。

 とどのつまり、「それは問われ得ないことである。なぜなら、この問いは概念の外にあるはずだから、問いの意味そのものが、認識のいかなる対象でもあり得ないからである。君は、本来的にいかなる概念でもなく、従って何らかの矛盾したものであるような概念を探究している。ここで、我々は認識の制限のもとにある。そこで、我々がさらに進めようとしている歩みは、どんな目的地にも到達できない空虚への歩みである[60]」。

 二元論者においては、心の偶有性としての、つまりは「主体の変様」としての写像が、属性として帰される傾向があるところの原像〔＝実体〕としての「或る物」は、認識の限界を超えている。しかし、そのように言うことで、二元論者の主張は、却って観念論的な主張に傾いてしまっている。

 そこで、二元論者も結局は次のように言うのである。「私が、君は事物についてどんな概念を形成しているのか、と問うとしても、それ以上に、そうした事物はそれ自体そのものとして (an und für sich selbst) 何であるか？と問うことには何の意味もないのだ。哲学者たちは、昔から幾度となく根本的に答えられない問いをめぐって紛糾してきた。そうした問いは、空疎な言葉から成り立っており、どんな意味も持ってはいないのである[61]」。

 このように、この「或る物」に関して、「それ自体そのものとして何であるか？」という問いを出すことは意味をなさない、というのが二元論者の主張である。

 それは、結局のところ「或る物」なのである。

 この点は、『朝の時間』の末尾に付された注においても次のようにして述べられている。

 まず、「明らかに、あらゆる問い掛けは、それによって欠陥のある命題が補われて完全なものとなるような或る物を知ろうとするものである。答えはこの欠陥を補い、与えられた不完全な命題を完全な命題とするのである[62]」。

 しかし、「哲学者たちが苦心して探究してきた諸々の問いの多くは、問いそのものが成り立たないようなケースである。彼らは、それ自体として (an und für sich) 与えられ得ないような命題の完全性を求めている。彼らは人間の認識

領域の外にあるばかりか、そもそもあらゆる認識の外にあるような或る物を探究している[63]」。

　メンデルスゾーンは、こうした問いの例を五つ出しているが、そのいずれもが「求められているものが制限された人間にとっての認識領域の外にあるばかりか、認識領域一般の外にあるのであって、不合理に陥る[64]」ようなものということであるが、その最初の例が、ちょうど上で問題とされていたことに関係している。それは、「あらゆる感覚や表象、概念の外にあるような事物はそれ自体として何であるか？[65]」という例なのであるが、これについてメンデルスゾーンは次のように言っている。

　「この問いが含んでいるところの不完全な命題は、あらゆる感覚や表象、概念の外にある事物とはそれ自体として＝Xである、というものである。この命題は、問いが妥当なものであれば、そのうちの知られざるものを何か或る既知のものによって、つまりはXをAに換えることで命題をその完全性のうちで思考可能なものとすることによって完全なものとされよう。つまり、あらゆる感覚や表象、概念の外にある事物は＝Aである、と。さて、この場合、明らかにAはXよりも思考されるべきものを何も与えない。というのも、Aが思考され、感覚され、或いは表象され得る或る物である限り、問いが充たされることはないからである[66]」。

　そうすると、上の議論は「或る物」というXを「原像」というAによって置き換えるものと言えるだろう。観念論者としては、だからこそ「＝X」であるAを立てることに異議を唱えているのだが、二元論者としては、あくまでもそこにAを立てる必要性を言っているわけである。

　この箇所は、「それ自体そのもの」であるとか、「＝X」という表現からして、カントの『純粋理性批判』の影響を思わせるところでもある。ヤーコプに唆されてのことではあるが、カント自身、この第七講で言われていることに関して次のように述べているのである。「我々がつねに経験によってのみ諸事物について持ち得るあらゆる知識からして、いったいその客体は物自体そのものとして何であるのか？という問いは、まったく無意味なものと看做されることはできないだろう[67]」。

確かに、メンデルスゾーンは「原像」に関して、「それ自体そのものとして何であるか？」と問うことを無意味なものとして斥けている。しかし、その「それ自体そのもの」とされる「或る物」に代えてフィクショナルな仕方で「原像」を置くところに、メンデルスゾーンの像論は成立しているのである。それは、問われれば「＝X」であるが、やはりそこにAを立てることで成り立っているものなのである。メンデルスゾーンにとって、この或る物が存在するかどうか、と問うことは「自己を超える飛躍[68]」であった。サルト・モルターレ——、一見してカントの影響が色濃いこの箇所であるが、実のところヤコービの影響こそ読み込まれるべき箇所なのかもしれない。

【註】

1　cf. J. G. H. Feder, *Logik und Metaphysik*, Göttingen-Gotha, 1783, 3te Auf., §§ 62, 76.
2　cf. Lambert, *Neues Organon*, Bd. 1, 2te Haupt., § 632.; ibid., Bd. 2, 2te Haupt., § 32.
3　Von Mendelssohn an Zimmerman, Mai 12, 1778.
4　cf. B. Erdmann, Kant's Kritizismus in der ersten und in der zweiten Auflage der Kritik der reinen Vernunft. Eine historische Untersuchung, Leipzig, 1878, pp. 118 f.
5　cf. H. E. Allison, Kant's Critique of Berkeley, in: *Journal of the History of Philosophy*, XI/1, 1973.
6　*JubA*, Bd. 6-1, p. 84.
7　*Göttingische Anzeige von Gelehrten Sachen*, Bd. 2, 1758, p. 956.
8　*JubA*, Bd. 3-2, p. 43.
9　"Daseyn—zu enthüllen, und zu offenbaren..." *JubA*, Bd. 13, p. 146. これは、1783年の11月4日付けのメンデルスゾーン宛の手紙において言われていることであるが、同年の7月16日付けのハーマン宛の手紙においても同じようなことが言われている。
10　*JubA*, Bd. 3-2, p. 43. 傍点は引用者による。
11　ibid., p. 44. 傍点は原文強調。
12　ibid. 傍点は引用者による。
13　ibid.
14　ibid., p. 45.
15　「延長や運動を単に客観的な性質として証明し、二次的な性質についてはそれを現象と、つまりは客観的な性質の主観的な変様と看做す哲学者たちの仮説があるが、そうした前提からしては、ただ感性的な諸表象における客観的なものが証明されるだけで、その主観的なものは証明されないということになる。あらゆる

ものを延長と運動へと客観的に置き換えたところで、それについての感性的な諸表象を光や音、味などの諸感覚とするところの主観的な変様を証明することはできないだろう」。JubA, Bd. 3-2, p. 199.
　或いは、「確かに、一部の人は光線が雲の中で屈折して虹を形成する諸法則を知っている。とはいえ、虹が形成されると、それは愚鈍な人の目にも輝くのである。では、感覚する存在者との関連なくしても、虹は自然界のうちに見出されるだろうか？光線は定められた自然法則に則って進む。同様に、感性的な諸感覚も確固とした規則を持っており、そこから外れることはできない。従って、光の諸法則と〔感覚する存在者における〕諸感覚の諸法則との関連によって、我々が虹と呼ぶところの驚くべき色彩の戯れが生じるのである」。Von Mendelssohn an H. D. v. Platen, April 7, 1769.
16　*JubA*, Bd. 5-1, p. 500.
17　ibid.
18　*JubA*, Bd. 7, p. 70.
この引用箇所は、ボネが「直観的な認識（connoissance intuitive）」と「反省的な認識（connoissance réfléchie）」の区別について述べていることに対する批判となっている。ただし、メンデルスゾーンはラーファターによる翻訳によってボネの著作を読んでいることに注意しなければならない。メンデルスゾーンが言っていることは、あくまでもこの翻訳で言われていることに対応しているのである。
まず、ラーファターの翻訳において、Wesen は Etre の訳語、Wesenheit は Essence の訳語である。これは、ラーファター自身が訳文に注を付けて述べていることである。cf. Herrn Carl Bonnets, verschidener Akademieen Mitglieds, philosophische Untersuchung der Beweise für das Christenthum. Samt desselben Ideen von der künftigen Glückseligkeit des Menschen, aus dem Französischen übersetzt, und mit Anmerkungen herausgegeben von Johann Caspar Lavater, Zürich, 1769, p. 2.
　そうすると、本論中においては「本質」と訳したメンデルスゾーンの文章における Wesen という言葉の使われ方は、ラーファターの訳文を参照する限り、そもそもボネの主張に対する批判となっている、と言えなくもない。（これに関しては、以下に引用するボネの主張を参照。）
　また、「直観的な認識」と「反省的な認識」は、ラーファターによって、それぞれ anschauende Erkenntnis と überlegende Erkenntnis と訳されている。cf. ibid., p. 22.
こうした点を抑えた上で、ラーファターの翻訳を参照すると、ボネは次のように主張していることになる。「単純な実体は、我々の直観的な認識の直接的な対象となるだろうか？心そのものは、見られたり触れられたりするだろうか？心が自らの自我について持つところの内的な感覚は、それ自身や、そうした自我についての直観的な、或いは直接的な認識では決してない。心は、その都度の感覚に即して、自己自身に立ち戻り（zurücktreten）、自身が現存しているということを知るというのでなければ、自身の存在についての形而上学的な意識を得ることはできない」。ibid., pp. 25-26.
　つまり、ボネによれば、「単純な実体」である「自我」は、「反省的な認識」によって知られるのである。そして、そうした認識は「形而上学的な意識」と言われるのである。
19　*JubA*, Bd. 3-2, p. 45. 傍点は引用者による。
20　ibid.

21　ibid., p. 46.
22　ibid.
23　ibid.
24　ibid., p. 50. 傍点は引用者による。
25　ibid., p. 51.
26　ibid.
27　ibid., p. 52.
28　G. F. Meier, *Versuch einer Erklärung des Nachtwandelns*, Halle, 1758.
29　*JubA*, Bd. 5-1, p. 184.
30　cf. S. Carboncini, *Transzendentale Wahrheit und Traum*, Stuttgard-Bad Cannstatt, 1991, pp. 180 f.
31　*JubA*, Bd. 3-2, p. 52.〈　〉と傍点は引用者による。
32　これはデモクリトスではなくヘラクレイトスの言葉である。メンデルスゾーン自身、別の箇所では、これをヘラクレイトスの言葉としている。その際、メンデルスゾーンはプルタークの『道徳哲学集』第6巻（1777年）の634頁を典拠として挙げている。cf. *JubA*, Bd. 3-1, 278-279.
33　*JubA*, Bd. 3-2, p. 53.
34　ibid., pp. 53-54.
35　ibid., p. 55.
36　ibid.
37　ibid.
38　ibid. 傍点は引用者による。
39　ibid.
40　ibid., pp. 55-56.
41　ヴォルフによれば、「自我論者」とは、「先だって、パリで起こった世にも奇妙な一派で、あらゆる事物について、それが存在することを否定するも、私は存在する、ということは認める連中のことである」。Wolff, *Vernünfftigen Gedancken von Gott, der Welt, und der Seele des Menschen, auch allen Dingen überhaupt*, § 2.
42　*JubA*, Bd. 3-2, p. 56.
43　しかし、ここにまた「超越論的な光学」の要求も生じることだろう。この点に関しては拙論を参照。「メンデルスゾーンとランベルト—「仮象の現象学」から「像の現象学」へ—」『紀要』立正大学哲学会、8号、2013年。
44　*JubA*, Bd. 3-2, p. 116.
45　Ibid., p. 56.
46　ibid. 傍点は引用者による。
47　ibid. 傍点は引用者による。
48　ibid., pp. 56-57. 傍点は引用者による。
49　ibid., p. 57.
50　ibid. 傍点は引用者による。
51　ibid. 傍点は引用者。
52　ibid.〈　〉と傍点は引用者による。
53　ibid., pp. 57-58. 傍点は引用者による。
54　*JubA*, Bd. 3-1, p. 198. also see *JubA*, Bd. 6-1, p. 82.
55　cf. Eberstein, *Versuch einer Geschichte der Logik und Metaphysik bey den Deutschen*

von Leibnitz bis auf gegenwärtige Zeit, Bd. 1, §§ 351-352.
56 ibid., p. 59. 傍点は引用者による。
57 ibid. 傍点は引用者による。
58 ibid. 傍点は引用者による。
59 ibid., pp. 59-60.〈 〉と傍点は引用者による。
60 ibid., pp. 60-61. 傍点は引用者による。
61 ibid., p. 60. 傍点は引用者による。
62 ibid., p. 171. 傍点は引用者による。なお、この引用箇所に関してはハリスの『ヘルメス、言語と普遍文法についての哲学探究』(1751年)の影響が見られるが、この点をここで問うことはしない。ハーマンが方々で言っているように、ハリスの『哲学的アレンジメント』(1775年)を彼に紹介したのはメンデルスゾーンであり、何らかの影響が見られることは確かである。
63 ibid., p. 170. 傍点は引用者による。
64 ibid., p. 173.
65 ibid., p. 170.
66 ibid., pp. 170-171.
67 Kant, *Werke*, Bd. 8, p. 154.
68 *JubA*, Bd. 3-1, p. 203.

第七章
『朝の時間』第八講〜第十二講

　『朝の時間』の主題は、その副題にあるように、「神の現存在についての諸講義」である。しかし、メンデルスゾーンとしては、神の存在のみならず、その属性が証明されもしなければ、神の存在証明とは言えないのであった。そこで、以下の主題は、「神とその諸属性についての教説[1]」となっている。

　しかし、その「諸属性」ということで何が意味されているのか、それが必ずしも明らかではない。カンペ宛の手紙（1781年1月6日付け）に同封された「証明」において、メンデルスゾーンは時間と空間が神の属性ではないことを証明しているが、そのような議論はそもそも『朝の時間』には見られない。もっとも、これは思考と延長を神の属性とする「スピノザ主義」が主題化される第十三講以降の展開を睨んでのことなのかもしれないが、おそらくは「遺稿」におけるヒュームの主張に影響されてのことだろう。ヨーハン・ライマールスがメンデルスゾーンに宛てた手紙には次のようにある。「それにしても、今日においては驚くべき体系があるものですね！物質論と反物質論、それにはスピノザ主義、つまりは汎神論、それから観念論があります。有名なカントはその風変わりな例です。『一般ドイツ文庫』の書評からすると、この人は思考を現実的な事物とし、思考する存在者を非物としたのだそうです。エンゲル氏がこの本を綿密に読もうと努力しているとか、ガルヴェのような人がこの本によって頭を痛めているなんてことは信じられません[2]」。

　カントについて言われていることはともかくとして、以下の論述はこうした当時の状況を背景としてなされていることに注意しなくてはならない。1781年、ライマールスは父の著作『自然宗教の真理性』の第五版を出すが、そこに付した「編者の注」において同じく「風変わり」と言われているのがヒュームである[3]。

第十講から第十二講にかけては、神存在の「ア・ポステリオリな証明方法」が検討されているが、それは被造物の「意図」から神の「属性」を推理するというデザイン論証を難詰したヒュームに対する反論であると共に、まさにそれが属性の証明であるが故にその存在そのものを証明するものではないというその論点を受け入れながらも、あくまでもそれを「ア・ポステリオリな証明方法」とすることで、その限界が無神論を帰結するものではないことを主張するものであると言えよう。

第一節　学としての形而上学

まずは第八講であるが、ここでメンデルスゾーンはバゼドーの「信じる義務」を批判している。「バゼドーが言うには、或る命題が、その真理なくしては人間の幸福が成り立ち得ないほどに人間の幸福と結び付いている場合には、人間にはそれを真理と認め、それに賛同する義務がある[4]」。

確かに、バゼドーは次のように言っている。「真理、あるいは確実性とは、それによって我々が諸命題に疑いをかけることなく賛同を与えなくてはならないような、そうした命題と我々の知性との関係である[5]」。バゼドーは、この原理からして、神の存在証明をア・プリオリなものばかりかア・ポステリオリなものまでも批判するのである[6]。

しかし、メンデルスゾーンとしては、「この方法は、最高度の存在者の現存在が問題となっている場合には、あまり有用ではない[7]」と言わざるを得ない。

おそらく、これは表向きにはバゼドーに対して言われていることであるが、同時にヤコービに対して言われていることでもあろう。ヤコービと言えば、「信の哲学 (Glaubensphilosophie)[8]」で知られている。ニコライの表現で言えば、ヤコービは「信」を「人間のあらゆる認識の第一原理」とした、ということである[9]。

既に述べたように、『朝の時間』はヤコービとの議論をきっかけとして出版を急がされたものであるが、そのために執筆されたものではない。もちろん、『朝の時間』には、ヤコービの存在を感じさせる箇所がある。それは、第十三講から第十五講までの「スピノザ主義」、それも「レッシングのスピノザ主義」

なるものが論じられている箇所である。これは、やはりヤコービとの議論なくしては書かれることのなかったものであろう。

　しかし、「序文」において言われていたように、『朝の時間』の執筆背景には「形而上学の危機」意識があった。そして、この点においても、遠巻きにヤコービの影響を見ることができるのである。確かに、『スピノザの教説について』の初版にはラーファターの発言が引用されていた[10]。

　メンデルスゾーンの没後に発表された或る書評では、次のようなことが言われている。

　「メンデルスゾーンはレッシングとの友情のために身を捧げ、狂信と不信仰へと抑圧された理性の権利を擁護するために殉教者として死んだのである。──ラーファターの押しつけがましさはメンデルスゾーンの生命に最初の一撃を与えた。この仕事を完遂したのはヤコービである[11]」。

　ラーファター事件は、ラーファターがボネの『宗教のパリンジェネシス』の抄訳(1769年)に付した序文が原因で起こったものである。「ベルリンのモーゼス・メンデルスゾーン氏」に捧げられたこの訳書において、ラーファターは押しつけがましくもメンデルスゾーンに改宗を迫ったのであった。このモーリッツの書評によって「レッシングのスピノザ主義」をめぐる論争は「騒動(Aufruhr)[12]」として広まることになるが、それは論争の「根」を「信と哲学についての問い」に求めたヴィーツェンマンによりまた別の問い立ての下で展開されることになる。

　しかし、メンデルスゾーン自身の立場が何であったのかも知っておかねばならない。

　「ユダヤ教は信仰を歴史的な真理、つまりは事実に委ねる。私たちの実定的な典礼はこれに基づいている。しかし、最高度の立法者の現存在と権威とは理性によって認識されなければならず、ここにはユダヤ教という私の宗教の諸原則からして、どんな啓示もなければどんな信仰もないのである。つまり、ユダヤ教とは啓示された宗教ではなく、啓示された律法なのである[13]」。

　この一節は本書の冒頭に引いた安藤の問い掛けに対する答えともなっている。「ユダヤ教に固有のもの」である神という観念は、またその存在の認識を理性に委ねるものであった。

さて、幾何学を学の範例とする限り、形而上学といえども、何らかの公理系に基づいているものでなければならないことになる。そこで、メンデルスゾーンは公理を七つ挙げている。メンデルスゾーンとしては、「学的な方法で神の現存在を考察するに際して、どれほど数学者の明証性に近づけるのか、つまりは学的な確証を得ることができるのか[14]」ということを探究したいのである。

この点は重要である。なぜなら、第十六講で出される神の存在証明は、メンデルスゾーン自身によって「新しい学的な証明」と言われているものだからである。それは、公理に裏打ちされた形而上学に基づいた証明ということである。

その公理は全部で七つあるが、内容の上からして大きく二つに分けることができる。

まずは、最初の三つの公理である。

公理Ⅰ「真であることは、具わった思考力によって、そのように認識され得るのでなければならない[15]。公理Ⅱ「その現存在が、いかなる具わった思考力によっても認識され得ないものは、現実的に現存しない[16]」。公理Ⅲ「その非存在が、いかなる理性的な存在者によっても理解され得ないものは、現実的に現存する[17]」。

まず、公理Ⅰについて次のように言われる。「あらゆる真理は、最高度の知性にとっては――そうした存在者が存在するとすれば――、最高度の明証性を伴って認識されるが、それ以外の理性的な存在者にとっては、その能力の範囲内において、それも誤謬や欺きによって認識が妨げられていない限りにおいて認識される[18]」。

また、公理Ⅱについては次のように言われている。「Aが心のうちの概念だとすれば、それには、それが思考する存在者のうちの表象である限りにおいて、観念的な現存在が帰される。つまり、そうした概念は、思考する実体の偶有性、或いは思考能力の変様である。しかし、こうしたAは現実的に客観的な現存在を持っている、ということが、いかなる現実的な存在者にとっても自身に具わった力によって認識され得ないのであれば、Aの客観的な現実的存在

（Würklichsein）なるものは非真理である、つまりは誤謬であるか欺きである[19]」。

そこで、公理Ⅲについて次のように言われる。「従って、思考可能な概念Aについて、それは実在的に客観的な現存在なくしては思考され得ない、ということが示されるのであれば、同時に、このAは客観的に現実的に存在しなければならない、ということが示される[20]」。

このうち公理Ⅰは、第三講における「普遍的な命題」が公理化されたものである。公理ⅡとⅢはこれをそれぞれ展開したものであろう。従って、言ってしまえば、これら三つの公理は「普遍的な命題」として一括りにできるものである。それは、後に見るように「思考可能性」に関する命題である。しかし、それはランベルトにおけるように、公理の「思考必然性」と並ぶ公準の「思考可能性」のことではない[21]。

哲学史家のブーレは、これら三つの公理を「いくらか注目される」ものとして紹介している。しかし、そのブーレによる次のように言うのであれば、この「思考可能性」ということの意味を逸していると言わざるを得ない。「メンデルスゾーンは、こうした公理を自身による理論神学を根拠づけるために前提している。その第一の公理によると、あらゆる現実性は思考に基づいており、悟性のみで直接的に諸対象を認識できるということであるから、神の現存は悟性により認識されることになる。しかし、この公理は単に論理的な意味において妥当するものであり、現実的に存在するはずのものが思考されることはあるかもしれないが、単なる思考が諸対象の現実性を基礎づけることはできない相談である。メンデルスゾーンの公理によっては、いかなる客体にも対応していない空虚な悟性概念の現存が証明されるのみである[22]」。

続けて、次に公理ⅣからⅦである。

公理Ⅳ「AはBである、という命題が真であるならば、具わった思考力によって主語Aと述語Bとの間に結合が認められ得るのでなければならない[23]」。公理Ⅴ「この結合は、主語Aの認識の実質に基づいているか、その形式に基づいているかのどちらかである[24]」。公理Ⅵ「概念Aによって現実的な現存在が言い表されているのであれば、Aが現実に現存するのは、それがこの述語〔＝現

実的な現存在〕と共にしか思考可能ではないからか、他の仕方では承認（Billigung）と賛同（Beyfall）の対象となり得ないからかのどちらかである[25]」。公理Ⅶ「AはBではない、という命題が、AはBである、という命題と同様に思考可能であるならば、この命題が真理となり得るのは、それが最善である限りにおいて、選択する原因から承認され現実性へともたらされ得るから、つまりは、二つの等しく思考可能な、可能的な事物からは、ただ最善な方のみが現実化され得るからである[26]」。（ここで「選択する原因」と言われているものは、第十二講において「端的に必然的な原因」とされるところの「必然的な存在者」のことである。）

このうち、公理Ⅳは単純ではあるが重要なものである。これは矛盾律を言っているものではない。それは、「思考する存在者」について言われているものである。つまり、公理Ⅰで言われていたことが今度は命題に関して言われているのである。従って、この公理もまた概念Aからして概念Bが導き出されるという概念間の論理的な関係について述べたものではない。

もっとも、公理Ⅴにおいては、認識の「実質」と「形式」という区分が出されている。これは、「予備知識」では言われていなかったことであるから注意を要する。公理ⅥとⅦは、この区分の説明となっている。しかし、これら三つの公理はメンデルスゾーンによる「新しい証明」を検討する際にはあまり重要なものではない[27]。

留意すべき点は、こうした七つの公理が、あくまでも形而上学は学でなければならないという要求からして幾何学に倣って「公理」として出されているものに過ぎない、ということである。メンデルスゾーンは、何も形而上学の体系を「公理系」に基づいて構築しようとしているのではない。

既に述べたように、メンデルスゾーンにおける「思考可能性」という概念にはランベルトの影響が見られるが、ここで公理として展開されているその内実からすると、クルージウスにおける「思考可能性の命題（Satz der Gedenkbarkeit）」の影響を受けたものと考えられなくもない。ヴィンデルバントによると、それは「偽として思考できないことは真であり、そもそも思考できないことは偽である」ことを教える[28]。しかし、メンデルスゾーンにおいて、それはあくまでも矛盾律ではなく、第一講で言われていたような、それとは「別の原

則」から導き出されたものである。ブーレは「現実的に存在するはずのものが思考されることはあるかもしれない」と言っていたが、そうではない。「現実的に思考されるものが存在する」のであり、「対象の現実性」などというものは観念である。

第二節　ア・プリオリな証明方法とア・ポステリオリな証明方法

　続いて第九講であるが、ここでは公理Ⅰから公理Ⅲがさらに詳しく検討されている。最初に言われていることは、何度も繰り返されてきたことではあるが、数学と形而上学の違いである。
　つまり、「数学者の諸命題が現実的に我々の外に見出される諸事物に適用されるのは、ただ条件的な仕方でのことに過ぎない。我々の外の現実的な諸事物は、諸概念の観念的な存在と同様に思考可能性の諸法則に依存する。思考からして不可分な諸事物は、現実的な現存在からしても切り離し得ないだろうし、同時に思考し得ない事物は、現実的にも同時には現存し得ないだろう。そのため、数学者のあらゆる命題は、現実的に現存している諸事物に対して、それらの現実性という仮定のもとで、確実に適用されるのである[29]」。
　こうした事情は、神学においても同様である。「神学においても、思うに、学的な方法の全き厳密性でもって論じられ得るような思弁的な部門がある。ここでも、概念は純粋数学の明証性を伴って展開され、最も単純な徴表や関係のうちへと分解されるのである。しかし、これも現実的な現存在に適用されるならば、ただ条件的な仕方でのことでしかない[30]」。
　しかし、形而上学においてはそれでは済まされない。なぜなら、それは応用学ではないからである。形而上学は、事物の現実性が仮定されるその仕方を問題とするのである。
　そこで、次のようなことが問題となる。「どこに、概念と現存在を結び付ける、或いは現実性と可能性を結び付ける紐帯があるのか？我々は、幾何学者のように我々の感官の証を信用すべきなのか、それとも現実的な事物の領域へと移行する何か別の方途があるのか？[31]」。

ここで言われていることは、おおよそ「懸賞論文」で言われていたことと同じである。

しかし、この可能性から現実性を推理する方法が、「懸賞論文」では二通りあると言われていたが、ここでは三通りあると言われる。これは、単に方法が一つ増えて三通りになった、ということではない。メンデルスゾーンは、ここで新たに「ア・ポステリオリな証明方法」と「ア・プリオリな証明方法」という区分を導入するのである。

このうち、「ア・ポステリオリな証明方法」としては二種類の方法がある。一つ目の方法は、外的な感官によるものであり、二つ目の方法は、内的な感官によるものである。

前者は、「外的な感官が表明することを信頼して、外的な感性的な世界を現実的な世界として認め、そのような感性的な世界は、必然的な外世界的な存在者なくしては思考不可能である、ということを証明しようと試みる[32]」。それに対して、後者は、「ただ内的な感官の証だけを信用して、それが表明することに基づいて、我々自身の現存在を反駁の余地のない真理として認め、そこから神の現実的な現存在を推理する。私は存在する、故に神は存在する[33]」。

この場合、前者は「宇宙論的な証明」であり、後者は「デカルト的な証明」と言える。すると、「ア・プリオリな証明方法」とは、「存在論的な証明」のことなのであろうか？

では、その三つ目の方法であるが、これは「内的な感官の証も、外的な感官の証も斥け、観念的な存在者の王国から現実性の王国へと大胆な歩みを進める[34]」ものであるから、この方法は「ア・プリオリな証明方法」である。

つまり、「この方法は、必然的な存在者が思考され得る以上、そうした存在者は現存しなければならない、ということを証明する。つまり、単なる概念から実在的な現存在を推理し、可能性と現実性とを結び付けている紐帯を見出すのである。神は思考可能である。従って、神は現実的に現存する。実に、これは大胆な歩みである。というのも、我々の学的な認識の全領域において、こうした証明方法には例が見られないのである。概念から現実性は推理され得ない。ただ、必然的な存在者が問題となっている場合にのみ、こうした証

明は全き確実性を伴ってなされることができる[35]」。

　言われているように、「ア・プリオリな証明方法」とは、「神は思考可能である。従って、神は現実的に現存する」という推理のことである。これは、確かに「単なる概念」から「実在的な現存在」を推理するものであるが、必ずしも概念の無矛盾性からその実在性を推理するものではない。少なくとも、第十六講で出されているメンデルスゾーン自身が言うところの「新しい証明」は、そのような証明ではないのである。

　メンデルスゾーン自身、慎重にも次のように言っている。

　「最初の二つの方法は、それによって現存が仮定されるところのものであり、ア・ポステリオリな証明方法と言われる。後者の方法は、必然的な存在者の観念 (Idee) からその現存在を推理するものであり、ア・プリオリな証明方法と言われるが、この方法の確実性は、様々な哲学者たちによって、いまだ疑問視されている[36]」。

　「懸賞論文」においては、デカルトによる証明といわゆる存在論的な証明という二通りの証明方法が示された上で、主として後者が検討されていた。しかし、この伝統的な証明はここでは問題とされていない。やはり、この証明は、「ア・プリオリに論証された神の現存在」が構想された1778年の段階において既に棄却されていたのである。第一、ここでは「この方法の確実性は、様々な哲学者たちによって、いまだ疑問視されている」と言われている。このような問題意識は「懸賞論文」にはなかった。

　また、「懸賞論文」においては、デカルト的な証明と存在論的な証明とがどちらも認められていたが、ここでは、デカルト的な証明は宇宙論的な証明と一括りに「ア・ポステリオリな証明方法」とされている。すると、その代わりに、存在論的な証明が「ア・プリオリな証明方法」とされたのかと思われるかもしれないが、そうではない。この「ア・プリオリな証明」なるものは、第十六講においてメンデルスゾーン自身によって「新しい証明」と言われているものでなければならない。それは、「ア・プリオリに論証された神の現存在」において言われていた、概念の主観的な「思考可能」性に基づいた証明なのである。

　そして、「ア・ポステリオリな証明方法」とは、言われているように「それ

によって現存が仮定されるところのもの」である。ここに、デザイン証明を神の属性を証明するものとして、なおかつそれを斥けたヒュームの影響を見ることは可能だろう。つまり、それが属性を証明するものに過ぎないのであれば、そうした証明は「それによって現存が仮定されるところのもの」ということになる。メンデルスゾーンは、そうした証明を斥けることはしないが、それを「ア・ポステリオリな証明方法」とする点において、ヒュームの主張を或る程度は受け入れているように思われる。

　もっとも、これは「宇宙論的な証明」が結局は「存在論的な証明」を帰結するという批判期カントの論点を受け入れたものなのかもしれない。しかし、第十一講以降に見られるように、それが「スピノザ主義」と結び付けられて問題とされていることからしても、やはりヒュームの影響が大きかったのではないかと思われる。その思想史的な背景については既に少し述べたが、論述の都合からして、続く第四節においてまた詳しく述べることにする。

　さて、二種類ある証明方法のうち、まずは「ア・ポステリオリな証明方法」が検討される。

　しかし、ここでア・ポステリオリ証明とされるものは、神の存在証明というよりも、むしろ外界の存在証明と言えるものである。それは、まさしくこれがア・ポステリオリな証明であるが故の必然的な帰結でもある。

　そこで、ア・ポステリオリな証明は、以下のようにして定式化されている。

　「二つのア・ポステリオリな証明方法においては、外的な感官の、或いは内的な感官の証に基づいて、変化する世界の現存在が、或いは変化する思考する存在者の現存在が認められる。そして、このことから、それなくしては変化するもの (das Veränderliche) が考えられ得ないところの、不変的かつ必然的な存在者の現存在が推理されるのである[37]」。

　見られるように、これは神の存在証明というよりも、外界の存在証明とでも言えるものである。ア・ポステリオリな証明は、それ自身が依拠するところのものを、つまりは内的な感官によれども、外的な感官によれども、その対象、それも「変化するもの」としての現存在を前提としている。その限りに

おいて、それはア・ポステリオリな証明である。

しかし、そのためにも、この証明は最初に「変化するもの」の現存在を証明しなくてはならない。それを前提として、神の現存在が推理されるのであるが——、それはやはり仮定されるということなのであろう。「ア・ポステリオリな証明」とは、先に言われていたような、事物の現実性が仮定されるその仕方に関わるものである。

そうすると、この証明は観念論者（自我論者）や懐疑論者、或いはスピノザ主義者といった形而上学者たちによって反論されることになる。なぜなら、懐疑論者はともかくとして、観念論者は「変化する世界の現存在」を否定するし、スピノザ主義者は「変化する世界の現存在」を否定するからである。もちろん、この場合の「スピノザ主義」とはヤコービによるスピノザ解釈のことである[38]。

こうした「不合理なこと[39]」を主張する形而上学者たちの標的は「理性」に偏向した独断論者たちであるが、その結果は、より一層「健全な人間知性」から離れてその思弁を深めることにある。

その時、「哲学者（der Weltweise）」はどう振る舞うのだろうか？

第三節　「思弁的な理性」に抗うために

メンデルスゾーンは、神の存在証明を展開する前に、いわば外界の存在証明を行う。これは、当時の思想界において、観念論者や自我論者と言われていた哲学者たちが、外界の存在を否定していたからであるが、何よりもメンデルスゾーンとしては、「スピノザ主義」を斥ける必要があったからである。メンデルスゾーンは言っている。「形而上学者たちは、健全な人間知性が決して疑いもしないような事柄を否定することを厭わない[40]」。

メンデルスゾーンにとって、外界の存在を否定するような形而上学の思弁とは、「理性」の思弁である。そこで、重要なことは、再び「自己を定位する」ということである。つまり、「私の思弁が良識の大道から大きく逸れていると思われる場合には、私は立ち止まって、自己を定位する（mich zu orientieren）ように努める。そして、出発した地点へと戻って、二人の道案内を比べてみる

のである[41]」。

　ここで、「二人の道案内」とは、「理性」と「良識」(健全な人間知性)のことである。メンデルスゾーンにとって、「自己を定位する」とは、「理性」と「良識」を比べてみることなのである。(それは決してどちらかに依拠するということではない。或いは、思考の「方向」を定めるということでもない。)

　すると、「経験は、大方の場合において、良識の側が正しいのであって、もしも私がそこから離れて思弁へと向かってしまっているのであれば、それは理性がそうさせてしまっているのだ、ということを教えている[42]」。

　この一文は、シュトラウスによって次のように解釈されている。「テーテンスと比較すれば、メンデルスゾーンがいかに健全な人間知性の側に立っているか、ということが示される[43]」。

　確かに、そのテーテンスと比べると、メンデルスゾーンは「理性」と「良識」をただ並べているのではなく、どちらかと言えば後者の方に正当性を認めているようである。それはまた哲学史の通説であろう。ヴィンデルバントなどは、「健全な人間知性はドイツ通俗哲学の偶像(Idol)であった[44]」と述べている。

　しかし、事はそう単純ではない。「良識」に依拠すれば事足りる、ということなのであれば、「証明」は必要ないだろう。メンデルスゾーンの立場がスコットランド常識学派と異なることは、彼自身がビーティやリードの主張を紹介しているその仕方を参照すれば明らかである[45]。後に、メンデルスゾーンは同じようなことを「健全な理性」と思弁とを対比させながら述べているが、この点については『朝の時間』の続巻において詳説される予定であったらしい。この点は、ヤコービにとって、理性とは端的に「思弁的な理性」であったことを思えば対照的である。

　ここでは、思弁とはメンデルスゾーンにとって「形而上学的な些事(die metaphysischen Subtilitäten)[46]」、それも或いは「超越論的な詭弁(transcendentale Spitzfindigkeiten)[47]」であったこと、そして、それに際して「自己を定位する」のは決死の飛躍というヤコービ流の解決策を避けるためであったこと[48]、この二点を確認して先に進むことにしよう。なにしろ、この時はハーマンですら「敢えて賢かれ[49]」とヤコービを諭したのであるから——、「以下の考察において

は、良識の側に真理が見出されるのではないか、と大いに期待しているのである。とはいえ、それが果たされない限りは、我々が良識の表明するところに根拠づけている証明の明証性は、観念論者たちの懐疑によって減じられることになる。従って、そうした証明の第一のものである神の現存在のための証明は、物質的な世界の現実的な現存を根拠としているのであるから、そうした証明の確証力は、彼らの懐疑によっていくらか損なわれるように思われるし、それどころか、それは実践的な幾何学者による論証の手続きに伴っているような明証性には及ばないのではないか、とまで思われるのである[50]」。

ここで、「実践的な幾何学者」が引き合いに出されているが、この点に関するメンデルスゾーンの主張は、「懸賞論文」以来、一向に変わっていない[51]。では、『朝の時間』において新しく主張されていることは何かと言えば、それは、「自然神学」における証明は、その証明の過程において、外界の存在を前提としている、ということである。

つまり、「ここでは、存在者の客観的な現存在が推理される。このことが、客観的な物質的な世界という仮定から行われるとすれば、やはりまず始めに、そうした仮定を認める哲学者たちに対してなされている懐疑や疑念を払拭しておかなければならない。内的感官と外的感官の一致、或いはあらゆる感官の一致、それどころかあらゆる人間や我々に知られている生物における一致は、それによって健全な人間知性がそうした客体の現実的存在を認め、それもまさしく正当に認めることができるものなのであるが、幾何学的な厳密さで懐疑を払拭するものではないから、そうした懐疑からその可能性を十分に奪うものではない。とはいえ、これもまたそれとして最高度の憶測ではある[52]」。

しかし、そうすると、「明らかに、現実的な物質的な世界についてのこうした一致した表明は、人間のあらゆる感官や、おそらくは動物のあらゆる感官にも共通しているであろう能力上の制限に基づいており、そのために単なる欺きであるかもしれない、ということはあり得ることである[53]」。

結局のところ、このア・ポステリオリな証明は、「感性的な世界」なり「客観的な物質的な世界」なりを外的な感官の対象として認めるという仮定からして危ぶまれるのである。この場合、こうした仮定を疑う哲学者とは観念論者

のことである。

　そこで、同じア・ポステリオリな証明であっても、内的な感官に基づいている第二の証明方法の方が好まれる、とメンデルスゾーンは言う。まず、この方法は、観念論者どころか自我論者にさえも反駁され得ない。なぜなら、「我々の直接的な諸感覚は、予備知識で見たように、最高度の明証性を伴っている。主観的なものは、主観的なものとして看做される限りでは、どんな疑いも受けない。私は考える、故に私は存在する、という推理は、自我論者によってさえも認められなければならないのである[54]」。

　そして、「諸変化が私のうちで生じている、ということを私自身が意識しているのであれば、そのことが疑われることは決してない。私自身という観点（Absicht）において、主観的なものと客観的なものは重なり合うし、仮象と真理が乖離することもない。私が直接的に感覚するものは、単なる欺きではなく、現実的に私のうちに生じていなければならないし、私自身という観点（Rücksicht）からして、私にとっては客体としてもまた否定され得ないのである。かくして、私の現存在は、私の可変性と共にいかなる懐疑をも免れている[55]」。

　この場合、「私自身」とは、「変様の主体」である。そして、「私が直接的に感覚するもの」とは、「主体の変様」である。ここからして、それが私にとっての「客体」であることは、まさにこの私にとっては疑い得ないことである。

　そこで、「スピノザ主義」を前にしては、この第二の証明方法の優位性は明らかであるとメンデルスゾーンは言う。なぜなら、「スピノザ主義」者であれば、第一の証明方法に対して次のように反論するからである。「第一の方法に従って、物質的な世界の現実性が仮定され、日常的な経験からは世界の可変性が認められるとしても、スピノザ主義者は、物質的な世界の現存在は認めるとして、その可変性なる想定には、認めがたい恣意的な事柄を見出すのである。スピノザ主義者にとって、物質的な世界は、実体の上からして、永遠的であり不変的である。単に、我々のうちにある世界の形相、或いはその模写が諸変化に従っているのであって、つまりは偶然的なのである、と[56]」。

　第一の証明であれ、第二の証明であれ、メンデルスゾーンが問題としているものは、「変化するもの」としての対象である。メンデルスゾーンにとって、

「ア・ポステリオリな証明方法」とは、あくまでも「変化するもの」から「不変的で必然的な存在者」の現存在を導くものである。ところが、「スピノザ主義」者は、世界が「変化するもの」であることを否定する。

　第一の方法によっては、この主張に抗うことは難しい。なぜなら、「スピノザ主義」者においては、「変化するもの」としての世界が、唯一の実体である「神の変様」とされているからである

　しかし、第二の方法に則れば、次のように言える。

　「私自身は決して同一には留まらない、と私の直接的な内的感情（inneres Gefühl）は言うのである。この内的感情の表明は、主観的なものとしては最高度の明証性を伴っているし、客体としての私自身が問題であるとしても、客観的な真理である[57]」。

　ここでは、「内的感情」などと言われているが、言葉だけ拾えば、メンデルスゾーンはヤコービと似たようなことを言っているのである[58]。内的感官の対象としての「客体としての私自身」が「変化するもの」であることは疑い得ない。そして、この「変化するもの」は、「主体の変様」の対象である「客体としての私自身」として、「変様の主体」としての私自身によって意識されているのであるから、決して「神の変様」ではないのである。

　この点は、また第十二講において展開され、最終的には第十四講において結論を見ることになるが――実は、表向きは「ア・ポステリオリな証明方法」が論じられている第十講から第十二講までの議論は「予備知識」で展開された像論を「自我論的な像論」として完成させるためのものである。

　そこで、第十講の最後では観念論者の主張がまた別の角度から検討されている。

　論者は言う。「観念論者は、第一の種類の証明方法を諦めなければならない、とおっしゃるのであれば、それは不当な扱いです[59]」。

　なぜなら、「観念論者にとっても、現実的な世界は現実的な世界なのですから[60]」。

　事情は次のようである。「現実的な世界の表象は、あらゆる表象する存在者

にとって共通しており、その各々において、その把握力や立ち位置に応じた変様を被りながらも再現されるのです。目覚めている存在者における世界表象（Weltvorstellung）には、真なるものと見方によるものとが見出されます。真なるものはあらゆる存在者において再現され、同一のものに留まります。それに対して、描像（Gemählde）における見方によるものは多様なもので視点に応じたものです。観念論者は、単にこうした諸々の真なる写像にとっての原像として役立つとされる客体の現実的な現存在を否定するのであって、それも、それは心に見出される対象の写像以上には、対象についてのいかなる表象をも形成し得ないために、この原像は思考されるべきことを何も与えはしない、という理由からしてのことなのです[61]」。

つまり、「原像」など必要ない、ということである。なぜなら、それは結局のところ「写像」以上のものではないからである。従って、「こうした観念論者の世界表象からは、物質論者や二元論者の考えからして、客体の現実的な現存在について帰結し得る、或いは推理され得ることが、全て帰結し得る、或いは推理され得ることでしょう。客体は、前者にとっての世界表象よりも以上には、どんな述語をも後者に与えはしないのです[62]」。

これは、「予備知識」で言われていたことからして当然の帰結である。「客体の現実的な現存在」についての推理は、「不完全な帰納」に過ぎないのであった。それどころか、それは結局のところ「写像」からしてその「原像」が推理されたものに他ならないのであった。従って、「Aである、または、Aとして思考される、という言い方は、その意味内容からすると全く同じである」と言われ、「原像」についての問いは「根本的に答えられない問い」とされたのであった。

メンデルスゾーンの「像論」における問題点は、この「原像」にある。それについての観念論者の反論は、いったんは第七講で斥けられたのであるが、それで最終的な決着を見たのではない。観念論者は、繰り返し、この点を突くであろう。メンデルスゾーンは何度もその反論と向き合いながら、「原像」の身分を確かなものとしていく。

観念論者は続ける。「或る部屋を思い浮かべて欲しいのです。その部屋の壁は鏡張りになっていて、対象の写像はそれぞれの鏡のうちにその向きに応じ

て再現されます。さて、鏡が表象する対象は部屋の真ん中に現実的にあるのか、それともこの鏡を製作した職人が、それぞれの鏡にその向きに応じて写像を置き入れたのか、と問うてみましょう。鏡を見ている限り、対象の写像以上のものは何もありませんから、それ以上のものを何か見つけることもできないでしょう。あたかも論理的な帰結でも引き出せるがごとく、理性的に考えてみたところで、鏡の写像からは対象の現実的な現存在という仮定以上のものは何も導き出せないでしょう？それ以上には何も知りもできず経験もできないような対象が部屋の中に現存していようがいまいが、そもそもどちらでも構わないのではないのではないですか？[63]」。

これに対して、メンデルスゾーンは次のように答えている。

「諸々の写像において一致が認められるとすれば、何をもって一致の根拠としての原像を否定することが認められるのか？或いは、逆に言えば、原像の現存在を認めるとしたところで、そうした真なるものの一致よりも以上のことが要求されるとでも言うのか？[64]」。

ここで、「一致の根拠」と言われているが、これは第一の方法において「自己を定位する」ということに求められたのであった。この場合、「根拠」とは言っても、やはり「一致の根拠」である以上、それが「良識」によって基礎づけられるのは仕方のないことである。しかし、この方法では――ここで用いられている言葉で言えば――「原像の現存在」を証明するには不十分である。

第四節　像論の転回

さて、第十一講においては、前講で観念論者を相手として検討されていた二種類の「ア・ポステリオリな証明方法」がまた別の角度から検討されるのであるが、それはまた最初に第八講で言われていた公理VIIに関する事柄をめぐる問題でもある。

その問題とは、偶然的な事物の真理性に関することであるが、それは、「認識の実質」からすれば、「AはBである」と言っても、「AはBではない」と言っても矛盾しない場合に生じる問題である。つまり、このように、「どちらの命

題も等しく観念的な真理を含んでいるのであれば、それらはいかにして現実性へともたらされるのか？[65]」ということである。これは、「認識の形式」に関わることなのであった。

前講とは違って、ここではエピクロス派の主張が検討されている。つまり、今度は物質論者の主張に関して、「ア・ポステリオリな証明方法」が検討されているのである。物質論者であれば、外界の存在を否定しはしないであろうが、それはそれで今度は神など存在しないと言うことだろう。

ところで、なぜここでエピクロスの名が出てくるのか？

続いてラ・メトリの名が出され、「この人の諸著作は今日では評判で称賛されている[66]」と言われていることからすると、やはり物質論者を批判するということが意図されているのだろう。1774 年に出されたラ・メトリの『哲学著作集』(第一巻)にはちょうど「エピクロスの体系」という著作が収められている。

そもそも、メンデルスゾーンはボネの『心理学論』(1755 年)[67] やエルヴェシウスの『精神論』(1758 年)[68] などに見られる感覚論に対しては批判的であったし、ドルバックの『自然の体系』(1770 年) などは読んでもいないのに批判しているほどである[69]。しかし、上の引用箇所に続いて、「ここで目的論について述べることはしない[70]」と言われていることからしても、論述の主眼はまた別の所にある。

メンデルスゾーンによれば、ヘブライ語にはもともと「偶然 (Zufall)」に該当する言葉がないのである。メンデルスゾーンは言っている。「私はもともとヘブライ語で教育を受けた。そこで、それ以外の言語で読んだり聞いたりした言葉の中で気になるものは、どれも頭の中でヘブライ語に翻訳してみるという習慣がついた[71]」。

ここで、「ア・ポステリオリな証明方法」が「無限の因果系列」を軸として展開されているのであれは、同時代的にはクルージウスの『必然的な理性真理の論』(1745 年)[72] やライマールスの『自然宗教の真理』(1754 年)、或いはバゼドーの『フィラレティ』(1764 年) などが参照されなくてはならない。しかし、以下に見るように、それはあくまでも偶然的な事物の根拠という点からして展開されているのであり、そうすると、ここでエピクロス主義が批判されている

理由は、例えばエーベルハルトの『或る文通の記録』(1782年)に求められるのかもしれない。同書に収められた41通目の手紙とそれに注として付けられた「世界の秩序について」にはヒュームの名が出てくるが、これは明らかにヒュームの「遺稿」の第八対話を指示したものである[73]。

或いは、ライマールスが「始まりのない系列」について疑問を手紙にしたためたことが直接のきっかけなのかもしれない。この手紙はとても長いが、当時の状況を知る上では一級資料である。彼はテユーミッヒの『ヴォルフ哲学入門』(1725-26年)を用いていた父の講義に出たこともあるそうだが、ライプニッツもスピノザも読んだことはなく、ヴォルフの著作にしたってドイツ語のものを少し読んだだけだと言う。しかし、ボネの『心理学論』は何度も読み、最近ではヒスマンの『ライプニッツの生涯について』(1783年)とディーツの『スピノザの生涯とその教説』(1783年)を読んだ。

そのライマールスの疑問は、直接には『ゲッティンゲン学報』誌(1782年1月10日号)に載った或る記事で読んだティーデマンによる「始まりのない系列」の可能性の証明によって喚起されたものらしい。手紙の主題はヤコービの「スピノザ主義」であるが、それが「無限の系列」を論点として含むものである限り、両者は無関係ではない[74]。

さて、エピクロスを引き合いに出しながら、メンデルスゾーンは次のように言う。

「世界におけるあらゆる出来事は、それを現実性へともたらすところの原因を持っている、ということは認められよう。そこで、可変的な存在者の相反する規定のうち、なぜ一方の規定が現実性を獲得したのか？と問うならば、エピクロスであれば、直前の現実化する原因によってである、と答えることだろう[75]」。

しかし、そうすると、この原因はそのまた原因へと系列的にどこまでも際限なく遡っていくことになる。そこで、メンデルスゾーンとしてはまた次のように問わなくてはならない。

「この無限の因果系列は、必然的かつ可変的な存在者に依存することなく、それ自体として存立し得るのか？この始まりもなければ終わりもない系列は、

その無限性からして自らによって維持されているのか、それともどこかで全能者の玉座に繋がれており、必然的な存在者との結び付きによって、現実性へともたらされて維持されているのか？多くの哲学者たちは、始まりのない系列は考えられ得るものではあるが、現実性を得ることはできない、ということを示すことができると信じている[76]」。

　この場合、「始まりのない系列は考えられ得るものではあるが、現実性を得ることはできない」ということが何を理由として言われているのか慎重に判断されなくてはならない。というのも、以下において示されるように、これはいわゆる「停止の要請」によって言われていることではないからである。つまり、「始まりのない系列」とは、無限の因果系列を指しているわけではない。

　このことからして、エピクロスの主張を斥けて成立する神の存在のア・ポステリオリな証明も、いわゆる「宇宙論的な証明」とは異なったものとなる。それは、「第一原因」としての神を証明するものではないのだ。

　そこで、続く第十二講では、公理VIIに基づいてエピクロスの主張が斥けられることになるが、その前に、メンデルスゾーンはこの公理について次のように言っている。「ライプニッツ主義者は、これを充足根拠律と呼んでいる。彼らによれば、およそ現実的なものは十分な根拠を持っている。つまり、なぜそれは現実性を獲得したのか、それも他の仕方ではなくまさにこの仕方で現実化されたのか、ということが理解されるように、理性的に証明されなければならない、ということである[77]」。

　なぜ、メンデルスゾーンはこうした考えをライプニッツその人ではなく「ライプニッツ主義者」のものとしているのだろうか？この点に関しては、1771年に出された『哲学著作集』の第二版に収められた『哲学対話』の加筆箇所であるその第三対話において、ライプニッツとライプニッツ主義者とが区別されて論じられていることを思わざるを得ない。それも、その第四対話ではここで論じられているような事柄が「不可識別者同一の原理」によって説明されているのである。

　しかし、ここでの論点はヤコービの「スピノザ主義」を睨みつつも「始まりのない系列は考えられ得るものではあるが、現実性を得ることはできない」と

いうことを証明することである。そこで、メンデルスゾーンはエピクロスの主張を次のようにして斥けている。

まず、「偶然的な諸事物の無限の系列は、何らかの偶然的な事物の現存在が基づくところの命題に定まった真理性を与えることはできない。つまり、無限に背進する偶然的な諸事物の系列は、なぜ偶然的な事物が存在しないのではなく、むしろ存在するのか、或いは、なぜ他の仕方ではなく、このような仕方で現存するのか、ということの十分な根拠を含むことができない[78]」。

そこで、角度を変えて、次のように言われなければならない。

「かくして、偶然的な存在者が現実的に現存している以上、あらゆる偶然的な事物の根拠を自身のうちに含んでいる必然的な存在者もまた存在しなければならない。しかし、この必然的な存在者の現存在の根拠だけは、さらに他の存在者のうちにあるのではなく、それ自身のうちに、つまりはそれ自身に固有の本質、或いはその内的な可能性のうちにあるのである[79]」。

従って、「そうした存在者は現存する。なぜなら、そうした存在者は思考可能であるから。そうした存在者の非存在は考えられ得ないから非真理である。こうした概念を適切に展開すれば、我々はア・プリオリな証明方法を思い付く。この方法によれば、必然的な存在者の現存在は、単にかくある存在者の思考可能性から導き出される[80]」。

やはり、メンデルスゾーンにおいて、ア・ポステリオリな証明とは、いわば「必然的な存在者」の存在を仮定するものであって、そうした存在者の存在証明そのものではない。「必然的な存在者の現存在」は、結局のところ「ア・プリオリな証明」によって証明される他ないのである。なぜなら、そうした存在者の現存在の根拠は、そうした存在者の「内的な可能性」のうちにのみあるからである。

そこで、第十二講における主眼は、むしろ第二の方法の方にある。事情は第十講における場合と同様であって、第二の方法の方が第一の方法よりも優れているのである。しかし、それはこの方法が新たに「主観的な意識」という概念を交えて説明される時、また別の優位性を示すことになる。

つまり、「感性界は現実的に現存している、或いはより否定し難いことであ

るが——〈私自身は現実的に現存している〉、という感性的に明証的な命題が客観的な真理でなければならないとしたら、後者の命題の主語としての私は、その述語としての現存在との結合のうちに存している。つまり、私は、私のあらゆる個的な規定（Individualbestimmung）と共に、この現存在という述語なくしては考えられ得ないのである。というのも、あらゆる真理は、具わった思考力によって認識され得なければならないからである。ところで、こうした結合の根拠は、概念の実質〔＝思考可能性〕のうちに見出されることはできない。そうでなければ、私は思考可能であるから現存する、ということになってしまうだろう。そうすると、私〔という概念〕は不変的に留まらなければならないということになる。しかし、私の可変性についての主観的な意識は、いかなる疑いをも超えているし、自身の変化を意識している存在者は実際にも可変的でなければならない、ということもまた否定し難いことである[81]」。

　ここで言われている「主観的な意識」は、引用箇所に続いて、「直接的な意識[82]」であるとか、「私の主観的な意識[83]」とも言われている[84]。「私自身は現実的に現存している」という命題が、「感性的に明証的な命題」であり、なおかつ「客観的な真理」であるのは、この「主観的な意識」を根拠として言われ得ることである。

　ここには、「私」は意識「主体」でありながら、文字通りに「主語」でもある、という事態が見られる。つまり、「私自身は現実的に現存している」という命題において、私は「主語」であるが、その命題の真理根拠が、私は「変化するもの」であるという「私の主観的な意識」に求められるのであれば、命題は、「変様の主体」としての私が、その変様の対象である「客体としての私自身」について直観的に述べているものとなるのである。

　言い換えれば、「私自身は現実的に現存している」という命題の「思考可能」性は、「私の主観的な意識」に求められているのである。——これは、まさしくあの1778年の小論において言われていたことである。その時、「客観的な真理」の根拠はこの「主観性」に求められていたのであった。しかし、その主観性なるものの拠り所は定かではなかった。

　とまれ、問題とされているのは、神の存在のア・ポステリオリな証明なの

であった。「客体としての私自身」とは、内的感官の対象としての「変化するもの」であった。そこで、こうした方法に関しても、第一の方法と同様に、やはり次のように結論されることになる。

「遂には、主語そのものの思考可能性のうちに真理根拠が存しているような必然的な存在者に、つまりは、その客観的な現存在がその思考可能性からは切り離せないような存在者に、或いは思考され得るが故に現存する、というような存在者へと行き当たる[85]」。

つまり、この第二の方法においては、「変化するもの」としての「私」から、「変化しないもの」としての「必然的な存在者」を導くのである。これは、構図としては第一の方法と同じであって、「偶然的な存在者」から「必然的な存在者」を導く「ア・ポステリオリな証明方法」である。

しかし、「私自身は現実的に現存している」という命題は、その主語である「私」が「私の主観的な意識」として直観的に捉えられるや否や、第一の方法とは性格を異にしたものとなる。ことに、それは「思考可能」性ということの意味を大きく変えてしまうのである。なぜなら、意識主体としての「私」は主語「概念」ではないからである。この意識を加えることによって、メンデルスゾーンの像論は大きく転回していくことになる。

さて、第十二講の最後においては、自我論者と観念論者が批判されているが、それはまた「原像」概念の問い直しを帰結するものである。確かに、これは観念論批判というよりも、その批判の仕方の批判である。

例えば、次のように観念論を批判することができよう。
「そのうちで表象の対象としての物質が現実的に現存しているような諸事物の結び付きは、感性的な諸性質が外的にはいかなる対象も持ってはいないような結び付きよりも、より完全なものであるに違いない。後者においては、思考する存在者の諸表象──それらが写像であり真理を含んでいる限りで──における単なる調和が見られるのであるが、前者においては、その反対に、思考する存在者の諸表象が単にそれら同士の間で一致しているだけではなく、それら像的な諸表象にとっての予像であるところの、それらの外に現実的に

見出される客体とも一致しているのである。つまり、後者では、ただ写像と写像とが一致しているのに対して、前者では、写像と原像とが一致してもいるのである[86]」。

　これはこれで、「原像」を認める議論ではある。この批判は、物質論者による観念論批判と言えよう。第七講には「物質的な原像」という言葉もあった。

　しかし、メンデルスゾーンとしては、次のように言わなくてはならない。

　「そうした根拠からは、単に物質的な諸表象の対象の現存在が推理され得るだけである。しかし、この場合、物質的な諸性質の描写には、どれほど我々の感性的な認識の主観的なものが混じっているのか、つまりは、そのようなものがどれほど現象へと変じているのか、ということは決められないままである。感性的な認識には間違いなく真理が存している。しかし、この真理は、我々においては仮象を伴っているのであって、原像的なもの（das Urbildliche）は見方によるものと結び付いており、それも我々の感官によってはそれから切り離し得ないようなものである[87]」。

　まず、メンデルスゾーンとしては、表象の対象を「物質」と看做すことはできない。そこで、その対象は「原像的なもの」とでも言われるしかないのであるが、それは、現象には「主観的なもの」なり「見方によるもの」が含まれているから、というよりも、そうしたものを感官によっては「真なるもの」と区別することができないからである。

　そこで、この「原像的なもの」は、また別の仕方で認められなくてはならない。しかし、それは感性（良識）によるのでもなければ、理性によるのでもない。それは、「私の主観的な意識」、つまりは「自己意識」によるのである。「自己を定位する」ためにも、その自己が意識「主体」として形而上学に入り込んでくる——理性が結局は「思弁的な理性」に過ぎないことを示したヤコービがそこから飛躍することで自由を求めるのであれば、メンデルスゾーンとしては、その内部に自らを置くことで、あくまでも学としての形而上学という理念を追うのである。

【註】

1 *JubA*, Bd. 3-2, p. 68.
2 Von Raimarus an Mendelssohn, Juni 14, 1784.
3 J. A. H. Raimarus, Vorerinnerung des Herausgebers, § 1. in: H. S. Raimarus, *Abhandlungen von den vornehmsten Wahrheiten der natürlichen Religion*, Hamburg, 5te Auf., 1781.
4 *JubA*, Bd. 3-2, p. 69.
5 J. B. Basedow, *Das Methodenbuch für Väter und Mütter der Familien und Völker*, 2te Auf., Leipzig, 1771, p. 286.
6 ibid., pp. 152-153.
7 *JubA*, Bd. 3-2, p. 69.
8 この言葉はヤコービ自身によって使われたものではないが、一般にヤコービ哲学を特徴づける言葉として用いられている。従来は「信仰哲学」と訳されていたが、最近では「信の哲学」と訳すのが一般的である。
9 Nicolai, *Etwas über den Töd Moses Mendelssohns*, p. 630.
10 Jacobi, *Über die Lehre des Spinoza in Briefen an den Herrn Moses Mendelssohn*, 1785, pp. 172-173.
11 これは、1786年の1月27日にハンブルクの新聞に掲載されたモーリッツによるメンデルスゾーンの遺稿『レッシングの友人たちへ』の書評において言われていることである。引用は以下に再掲されたものから。M. Herz, *Betrachtungen aus der spekulativen Weltweisheit*, E. Conrad, H. P. Delfosse, B. Nehren（hgg.）, Hamburg, 1990, p. xxix.
12 Von Herz an Kant, Feb. 27, 1786.
13 *JubA*, Bd. 3-2, p. 196. 傍点は原文強調。
14 ibid., p. 73. 傍点は引用者による。
15 ibid.
16 ibid.
17 ibid.
18 ibid.
19 ibid. 傍点は原文強調。
20 ibid., p. 74. 傍点は引用者による。
21 ランベルトにおける「思考必然性」と「思考可能性」の意味については以下において簡潔に述べられている。H. W. Arndt, *Methodo scientifica pertractatum. Mos geometricus und Kalkülbegriff in der philosophischen Theorienbildung des 17. und 18. Jahrhunderts*, Berlin, 1971, pp. 153 f.
22 Buhle, *Geschichte der neuern Philosophie für der Epoche der Wiederherstellung der Wissenschaften*, Bd. 6, 2te Hälfte, p. 513. 傍点は原文強調。
23 *JubA*, Bd. 3-2, p. 74.
24 ibid.
25 ibid.
26 ibid., p. 75.
27 この点は、シュッツが『朝の時間』の書評で言っているように、「実質」と「形式」

という区分がそもそも適当ではないからである。cf. *Allgemeine Literatur Zeitung*, Montags, Jan. 2, 1786, p. 6.
28　Windelband, *Die Geschichte der neueren Philosophie*, p. 541.
29　*JubA*, Bd. 3-2, p. 76. 傍点は引用者による。
30　ibid., p. 77. 傍点は引用者による。
31　ibid.
32　ibid., pp. 77-78.
33　ibid., p. 78.
34　ibid.
35　ibid. 下線部は原文強調、傍点は引用者による。
36　ibid. 傍点は引用者による。
37　ibid., pp. 78-79. 傍点は引用者による。
38　汎神論論争については第八章において触れるが、あくまでも『朝の時間』の解釈に関する限りでのことである。ヤコービのいわゆる『スピノザ書簡』に収録されているメンデルスゾーン宛の書簡は、実際にメンデルスゾーンに宛てられたものと比べるとゲシュペルトによる強調箇所や語句の選択などに変更が見られるために注意を要する。ヤコービとメンデルスゾーンの関係については以下の論文において述べたので参照されたい。「汎神論論争とは何であったか？」『大学院年報』32号、立正大学大学院文学研究科、2014年。
39　*JubA*, Bd. 3-2, p. 79.
40　ibid.
41　ibid., p. 82.
42　ibid.
43　ibid., p. LXVIII. これは、テーテンスの『哲学的探究』（1777年）との比較から言われていることである。cf. J. N. Tetens, *Philosophische Versuche über die menschliche Natur und ihre Entwickelung*, Bd. 1, Leipzig, 1777, pp. 584 f.
44　Windelband, *Die Geschichte der neueren Philosophie*, p. 584.
45　cf. *JubA*, Bd. 6-1, p. 84.
46　*JubA*, Bd. 3-2, p. 198.
47　Von Mendelssohn an E. Reimarus, Jan. 28, 1785.
48　cf. ibid., pp. 202-203.
49　"Sapere aude—zum Himmelreich gehört kein Salto mortale." Von Hamann an Jacobi, Dec. 5, 1784. これと似たようなことを、ハーマンはカントに対しても言っている。それは、1759年のことである。cf. Kant, *Werke*, Bd. 10, p. 22.
50　*JubA*, Bd. 3-2, pp. 82-83.
51　cf. *JubA*, Bd. 2, pp. 284-286.
52　*JubA*, Bd. 3-2, p. 83.「最高度の憶測」とは、第二講で言われていた「根拠づけられた憶測」と同じ意味であろう。
53　ibid.
54　ibid., p. 84.
55　ibid. 傍点は引用者による。
56　ibid.
57　ibid., p. 85.
58　cf. G. di Giovanni, Hume, Jacobi, and Common Sence, p. 46-47, in: *Kantstudien*, 89

Jahrg., Heft 1, 1998, pp. 44-58. この点は、ヴィーツェンマンによって、その著書『ヤコービ哲学とメンデルスゾーン哲学の結末』(1786 年) において最初に指摘されたことである。しかし、それが違っていることは、『ベルリン月報』誌に掲載されたカントの論文が教えてくれるが、その根はかなり深いところにありそうである。この点に関しては以下を参照。後藤正英「宗教と啓蒙主義—モーゼス・メンデルスゾーンとユダヤ啓蒙主義の場合—」『宗教哲学研究』24 号、京都宗教哲学会、2007 年。

59　*JubA*, Bd. 3-2, p. 86.
60　ibid.
61　ibid., pp. 86-87.
62　ibid., p. 87.
63　ibid. 傍点は引用者による。また、以下も参照。*JubA*, Bd. 5-1, pp. 298-299.
64　ibid.
65　ibid., p. 89. 傍点は原文強調。
66　ibid., p. 91.
67　メンデルスゾーンは同書の書評を著している。なお、これはラーファターとの論争の渦中において執筆されたものであることを付言しておく。cf. *JubA*, Bd. 2, pp. 35 f.
68　「この方はとても優れた文体をお持ちである、そのことは否定できない。しかし、またそれだけのことだ。その哲学は底の浅いものだ」。Von Mendelssohn an Abbt, Feb. 22, 1762.
69　Von Mendelssohn an P. Campe, Jan. 6, 1781.
70　*JubA*, Bd. 3-2, p. 91.
71　ibid., p. 89.
72　なお、第十二講は「必然的なものにおける偶然的なものの十分な根拠、前者は *irgendwo* と *irgendwann*、後者はどこにおいてもいつにおいても」と題されており、明らかにクルージウスと関係があるが、論点が見えにくいので本書では扱わない。
73　エーベルハルトは同書の見本をニコライを通じてメンデルスゾーンに送っている。メンデルスゾーンがその頼みを聞いて感想を述べたことも知られる。cf. Von Eberhard an Mendelssohn, Jan. 13, 1783.; von Mendelssohn an Eberhard, Apr. 19, 1783.
74　cf. *JubA*, Bd. 3-2, p. 200.
75　ibid., pp. 91-92.
76　ibid., p. 92.
77　ibid., p. 95.
78　ibid., p. 96.
79　ibid.
80　ibid., p. 97.
81　ibid., p. 99.〈　〉と傍点は引用者による。
82　ibid.
83　ibid., p. 100.
84　これらは、先に「私の直接的な内的感情」と言われていたものであろう。しかし、「内的感情」という表現は先の引用箇所にしか見られない。つまり、この点においてこそヤコービとの違いがあるということである。

85 *JubA*, Bd. 3-2, p. 100.
86 ibid., p. 103. 傍点は引用者による。
87 ibid.

第八章
『朝の時間』第十三講〜第十五講

　第十三講から第十五講にかけては、スピノザの汎神論が問題とされている。そこで、この箇所は『朝の時間』の主題からして、「やや断絶した論題」を扱っているように思われる、と指摘されたこともある[1]。確かに、今までの論述からすると、この展開にはいくらか違和感がある。

　これは、一つには、『朝の時間』が、書簡によるヤコービとの論争に迫られて出版を急がされた、という事情からして仕方のないことである。ヤコービは、メンデルスゾーン宛の手紙において、レッシングを「スピノザ主義者」としたのであった。

　この場合、「スピノザ主義者」とは無神論者と同義である。ヤコービは、また別の手紙において次のように述べている。「スピノザの亡霊が様々な姿で久しくドイツを彷徨しています。それは、無神論者や不信仰者たちによって相応の重要性を持つものと看做されているのです[2]」。

　しかし、メンデルスゾーンとしては、ヤコービに反対して、旧友であるレッシングのスピノザ主義は、「純化されたスピノザ主義」、或いは「純化された汎神論」であると言う。そこで、メンデルスゾーンは、レッシングは「スピノザ主義者」であるかもしれないが無神論者ではない、と主張しながらも、それ以上に、レッシングは「スピノザ主義者」である以前に汎神論者であった、と主張するのである。

　ここにあるのは、無神論ではなく、汎神論としての理想化されたスピノザの「体系」である。つまり、「スピノザ主義」ではない「純化されたスピノザ主義」とは、まさにメンデルスゾーンがレッシングのうちに読み込んだ理想化されたスピノザの「体系」なのである。これを築き上げるためには、まずは「スピノザ主義」が純化されなければならないのだが——、メンデルスゾーンはこ

の「純化されたスピノザ主義」と批判的に対峙することによって、自身の像論を「自我論的な像論」として仕上げていくことになる。

　つまり、この箇所は決して挿話的に「スピノザ主義」を論じているのではない。従って、『朝の時間』の論述を第一講から第十二講までと第十六講から第十七講までに分けることが「できるばかりか必要なことでもあるかもしれない」などと言うことはできない[3]。ヤコービのように、「序文」を読んだ後で第十三講から第十五講に目を通しては同書を放り投げてしまうようなことがあっても困る[4]。

　メンデルスゾーン自身、次のように述べている。「差し当たり、私の研究はスピノザ主義のみに向けられているのではありません。それは神の現存在の証明一般の或る種の検査（Revision）なのです。もっとも、その後で私はスピノザ主義の体系の個々の根拠に携わってもいます[5]」。

　この「神の現存在の証明一般の或る種の検査」がなされているのは第十七講である。おそらく、この箇所は早い段階に書き上げられたのだろう。なぜなら、その後でなされる「スピノザ主義」という体系の「個々の根拠」の検討があってこそ、第十六講において展開される「新しい証明」は可能となっているからである。第十三講で実際に使われている言葉で言えば、「スピノザ主義」という体系の「根拠観念」を検討することなくしては、第十六講における「新しい証明」はなかったということ、そして、その結果として、『朝の時間』は「神の現存在の証明一般の或る種の検査」に終始するものではなくなったこと、この二点をまずは確認しておこう。

第一節　「スピノザ主義」論駁

　第十三講の主題は端的に「スピノザ主義」である。

　メンデルスゾーンによれば、「我々自身と我々の外の感性的な世界は、自己によって存立しているもの（für sich Bestehendes）ではなく、無限な実体の単なる変様であるとスピノザ主義者は主張する。無限なものの思考は、無限なものの外で、その存在（Wesen）から離れて現実性を得ることはできない。なぜ

なら、無限の思考力と無限の延長を具えた唯一の実体のみが存在するからである。神は、唯一の必然的な実体であり、それも唯一の可能的な実体である、とスピノザ主義者は言う。その他の全てのものは、神の外で生き、動き、存在しているのではない。それらは全て神的な存在者の変様なのである。一は全であり、全は一である[6]」。

　注意すべきは、こうしたことが「スピノザ主義者」の主張として言われているということである。以下における批判も全て、スピノザ本人というよりも、こうした「スピノザ主義者」に向けられている。なぜなら、こうした批判は、あくまでも次講においてレッシングの「スピノザ主義」を検討するための布石として打たれているに過ぎないからである。要するに、こうした「スピノザ主義」とは違った「純化されたスピノザ主義」がある、とメンデルスゾーンは言うのであるから、そのために、まずはスピノザ自身の主張といわゆる「スピノザ主義」とを区別しておく必要があるのである。

　或いは、ここにはメンデルスゾーンの本音がある。つまり、ユダヤ人であるメンデルスゾーンは、スピノザその人を批判したくはないのである。彼にとって、スピノザは「私の同胞」なのであった。「スピノザ主義」が無神論であるとしても、スピノザが無神論者であってはならないのである。ヤコービにしたって、「スピノザ主義をスピノザの教説から区別すれば、無神論ではない哲学が出来ることもあるかもしれない[7]」とこぼしたほどである。

　さて、メンデルスゾーンによれば、「私が知っている限り、スピノザ主義者の教説は、以下の諸命題において我々と一致するのである。つまり、必然的な存在者は、端的に必然的な〔もの〕として、自己を思考し、偶然的な存在者を、無限の系列に解消可能な〔もの〕として、つまりはその本性からして、遡れば始まりのない系列を自身の現存在のために前提し、進めば終わりなき系列を現実性へともたらす存在者として思考する[8]」。

　しかし、それ以上に、「スピノザ主義者は、唯一の無限な実体のみが存在する、と主張する。なぜなら、実体は、自己によって存立していなければならず、自らの現存在のためには、いかなる他の存在者をも必要とせず、非依存的でなければならないからである。そして、いかなる有限的な存在者も非依存的

には存立し得ないのであるから、いかなる有限な存在者も実体ではないのである、と[9]」。

そこで、メンデルスゾーンはスピノザによる実体の定義を問題とするのである。

言われているように、スピノザの実体は、「自己によって存立していなければならず、自らの現存在のためには、いかなる他の存在者をも必要とせず、非依存的でなければならない」。

しかし、「自存的なもの（Selbständige）と、自己によって存立しているもの（Fürsichbestehende）は区別される。自存的なものは、非依存的であって、その現存在のためには、いかなる他の存在者をも必要としない。つまり、独立的なものは、無限であり必然的である。しかし、自己によって存立しているものは、その現存在において依存的ではあるが、無限なものからは切り離された存在者として現存している。従って、単に他の存在者の変様として存立しているのではなく、それ自体の変様であるような存在者が考えられるのである。この二種類目の実体性であれば、有限で偶然的な存在者にも帰されることができよう。そこで、スピノザがその実体の定義から幾何学的な厳密性でもって導き出していることは、我々としても認めるにはやぶさかではないが、それはただ自存的な存在者にのみ、つまりはそれにのみ力の上での無限性が認められるような必然的で非依存的な存在者にのみ妥当することであって、自己によって存立している諸事物には決して妥当しないのである。スピノザが、こうした事物を、その依存性のために実体と呼びはしなかったのであれば、彼はただ言葉の上で争っていたに過ぎない[10]」。

ここで言われている「自存的なもの」とは、例えばヴォルフにおいては次のように定義されている。「その現実性の根拠を自らのうちに持っており、存在し得ないことが不可能であるものとして示されるような事物を自存的な存在者と言う[11]」。

それに対して、「その現存在において依存的ではあるが、無限なものからは切り離された存在者」というのが、メンデルスゾーンの言うところの「自己によって存立しているもの」の定義である。メンデルスゾーンによれば、これも

「自存的なもの」と同じように実体として認められることができる。

　しかし、狭義における実体とは、やはり「自存的なもの」のことであろう。そこで、メンデルスゾーンとしても、「自己によって存立しているもの」としての実体について語る際には、それとは区別して「実体性」という言葉を用いているのである。ただし、これは単に表現の問題ではない。メンデルスゾーンは、「自存的なもの」と「自己によって存立しているもの」という実体の区分を持ち出しているように思われるが、実は——次講において説かれるように——スピノザの実体概念を認めながらも、別に実体性という意識論的な概念を導入しようとしているのである。

　従って、次のような批判は論点を逸している。「メンデルスゾーンは、実体に関するスピノザの諸証明は、単に「自存的なもの」にのみ適用されるのであって、それに依存しながらもそれとは切り離された、それ自身の個体性を持っている「自己によって存立しているもの」には適用されないと言う。しかし、メンデルスゾーンは、この区分を正当化するための試みを何もしていないのである。実に、この区別は問いを曲げるものであって、スピノザによって受け入れられることはまずないだろう[12]」。

　また、次のような批判もある。「メンデルスゾーンの解する真のスピノザ主義の実体は、たとえ独立的と見なされても、das Selbstständige としての実体ではない。それは das Fürsichbestehende としての実体であり、決して無限実体と称されるものではなかった[13]」。

　しかし、この das Fürsichbestehende としての実体とは、メンデルスゾーンが「他の存在者の変様として存立しているのではなく、それ自体の変様であるような存在者」とするところの実体のことであり、慎重にも実体性と言われているところのものであって、もとよりスピノザの実体とは関係のないものである。メンデルスゾーンは、何もスピノザの実体概念を否定してはいないし、それを別の実体概念によって置き換えることもしていない。スピノザの実体概念はそのままにして、「自己によって存立しているもの」もまた或る種の実体として認める、ここにメンデルスゾーンの主張がある。

ところで、メンデルスゾーンは次のように言っている。

「こうした注意は、スピノザの教説を覆すものではないにせよ、やはりスピノザの諸証明や諸根拠に向けられている。つまり、スピノザは証明したかったことを証明していない、ということを示しているのである[14]」。

ここで、「スピノザは証明したかったことを証明していない」と言われていることからして、メンデルスゾーンが、スピノザその人の主張と一般に「スピノザ主義」とされているものとを区別しようとしている、ということも理解されよう。スピノザ自身が「証明したかったことを証明していない」がために、「スピノザ主義」なるものを許してしまっている、ということである。

この点に関しては、別の箇所ではまた次のように言われている。

「スピノザが、こうした根拠観念に基づいて自らの体系を築き上げ、それもその隅々に至るまで幾何学的な厳密さでもって関係づけてしまう、その鋭さには驚かされる。こうした根拠観念が認められれば、その構築物は揺るぎなく存立するのである。君は、この構築物から、どんな小さな石ころでさえも抜き取ることはできないだろう。そこで、ただこうした根拠観念を探究することにして、それが我々の一般的な考え方と事柄の上からして異なっているのか、それとも単に言葉の上からして異なっているに過ぎないのか、ということを確かめてみることにしよう[15]」。

ここからして、「スピノザは証明したかったことを証明していない」ということの意味もより明らかとなろう。まず、スピノザの「体系」と、それを構築している「根拠観念」とは区別される、そして、スピノザの「体系」ではなく、その「根拠観念」を批判する、ということである。なぜなら、メンデルスゾーンとしては、スピノザの「体系」を無神論ではなく、汎神論の体系として再構築することを試みているからである。

こうして再構築されるスピノザの「体系」とは、スピノザが「証明したかったこと」であり、無神論とされるいわゆる「スピノザ主義」であってはならない。ともあれ、それはあくまでも汎神論の体系として再構築されることにより現れる理想化されたスピノザの「体系」である。

メンデルスゾーンは、1759年の段階において次のように述べている。

「哲学の批評家（Kunstrichter）たちは、様々な哲学者たちの教説を一致させようとするものであるが、実際には、それらは辛うじていくつかの一般的な命題を共有しているに過ぎない。彼らは、哲学者たちの諸体系を、ちょうど政治史家たちが王室の秘密を知るような仕方で、それもちょうど彼らがそうした秘密を新聞紙上に暴き立てるような仕方で、ただ外面的に認めているに過ぎないのである[16]」。

　メンデルスゾーンにおいては、哲学者の思考のうちに「体系」を読み込むことが要求されていたのである。もちろん、こうした「体系」なるものは、一つのフィクションであるかもしれない。

　とまれ、ヤコービによって問題とされたことも、実はレッシングの言うところの「スピノザの精神[17]」であった。メンデルスゾーンにおいても、スピノザが「証明したかったこと」とは、この「スピノザの精神」であったろう。ただし、メンデルスゾーンとしては、いったんスピノザの「体系」を解体して、その「根拠観念」を点検した上で、それを今度はレッシングの「スピノザ主義」として再構築することによって、「スピノザの精神」を顕現させることを目指しているのである。そうすると、それはむしろ「レッシングの精神」と言われるべきものなのかもしれない。

第二節　レッシングの「純化されたスピノザ主義」

　そこで、第十四講であるが、ここでレッシングが出てくる。メンデルスゾーンの反論を受けて、レッシングはスピノザの汎神論を擁護するのである。レッシングは言う。「君がスピノザに対して指摘した諸注意が全て正しいものであったとしても、結局のところ、ただスピノザを反駁しただけで、スピノザ主義を反駁したわけではないのだ[18]」。

　この場合、「スピノザ主義」とは、レッシングの言うところのスピノザの汎神論、つまりは「純化されたスピノザ主義」のことである。ややこしいが、前講で問題とされていたのは、「スピノザ主義者」の「スピノザ主義」である。それに対して、この第十四講で問われているのは、レッシングによる「スピノザ

主義」である。

　ここに、いわばトリックがある。メンデルスゾーンは、スピノザその人については語らずにスピノザが「証明したかったこと」をレッシングの口を借りて語り出そうとしているのである。これは、無神論とされるスピノザ主義を解体しながらも、そこから「純化されたスピノザ主義」をスピノザ自身が「証明したかったこと」として、それもレッシングのスピノザ主義として再構築する試みなのである。その上で、メンデルスゾーンは、レッシングをして、君は「ただスピノザを反駁しただけで、スピノザ主義を反駁したわけではない」と言わせているのであるから、ここにはレッシングを思わせるアイロニーがあるわけである。

　だいたい、汎神論論争が「スピノザ主義」をめぐるものであるならば、これほどアイロニカルな論争もないだろう。ヤコービはレッシングを「スピノザ主義者」としながらも、そのレッシングがヘムスターホイスの『アリステ』（1775年）に「スピノザ主義」を認めたかと思えば、それを否定してもいるのだから[19]。ビースターなどは、汎神論論争は一つには「レッシングは実際に無神論者であったのか、という事実に関わる問題[20]」であるとしているが、その問題が「レッシングはスピノザ主義者であったのか」という仕方で提起されたところにこの論争の争点があったと言えよう[21]。

　さて、レッシングによれば、この「純化されたスピノザ主義」なるものは、メンデルスゾーンの「像論」と矛盾しないのである。「思考と、思考するものと、思考されたものとは、思考能力がまだ単に能力として留まり、現実の思考とはなっていない限りにおいて、つまりは、思考する存在者が、単に思考する能力を持っている主体であり、思考されたものが、単に思考されることができる客体であって、こうした主体と客体との関連から、思考がまだ現実的には生じていない限りにおいて、我々が差異を意識するところの三つのアスペクト（Rücksicht）である。しかし、思考能力が現実化するや否や、主体は客体と密接な結合のうちにもたらされ、思考を産出するのである。この思考は、思考するもののうちにおいて成立し、思考されたものの厳密な模写であ

る限りにおいて、客体そのものからは区別されない。だから、僕の汎神論を反駁する前に、よく注意してくれよ！君は、現実的な思考に際しては、それもその思考が真理である限りでは、こうしたアスペクトの差異は消えてしまい、思考されたものは現実的に真の思考とは区別されず、両者は完全に一である、と言っている。それで、〈思考が思考する存在者の属性であり、その実体から切り離せないものであるとすれば、この思考は思考するもののうちに、それもその単なる変様として見出されるものに他ならない〉、ということになろう。そして、神のうちには、誰もが認めるように、単なる能力が見出されるということは決してなく、全てはむしろ最大限に活動的な現実性のうちになければならないのだから、それも、神のあらゆる思考は真で的確なものでなければならないのだから、〈神のうちのいかなる思考も、その原像〔＝思考されたもの〕からは区別されないのである。つまりは、神の諸変様として神のうちに見出される神の諸思考は、同時にそれ自体の原像そのものである〉。神的な表象力の内的かつ連続的に現実化している作用は、神自身のうちに諸々の偶然的な存在者の不滅の像を、それらの相互に継起するあらゆる変様や差異性の無限の系列と共に産出するが、そうしたものが、我々なのであり、我々の外の感性的な世界なのである。こうしてみると、君が打倒したと信じている汎神論は、再び自らの足ですっくと立ち上がるように思える[22]」。

　これがレッシングの汎神論である。それを否定するとすれば、「神の外なる原像は、神のうちに見出される原像の表象、或いは像以外の述語〔＝現存在！〕を持っている[23]」ことを証明しなくてはならない。しかし、このことは「君自身の体系[24]」からしても無理なことだろう、そうレッシングは言う。

　こうした主張は、前半部はスピノザの『エチカ』第二部の定理7の注解から、後半部は、レッシングの断片「神の外の現実的な諸事物について」から、メンデルスゾーンがレッシングのスピノザ主義として再構成したものである。

　まず、前半部で言われていることであるが、これは、実体・属性・様態という三分法に則って説明されよう。つまり、実体としての「思考する存在者」と、その属性としての「思考(能力)」、そして、その様態としての「思考」と「思考するもの」と「思考されたもの」である。言われているように、「思考が思考す

る存在者の属性であり、その実体から切り離せないものであるとすれば、この思考は思考するもののうちに、それもその単なる変様として見出されるものに他ならない」ということであるから、「思考」、「思考するもの」、「思考されたもの」というマイモニデス以来の三分法は、近代の形而上学における実体・属性・様態という三分法を前にしては、一様に「思考する存在者」の「単なる変様」ということになる。

そこで、レッシングは、この「単なる変様」は、メンデルスゾーンの言うところの「主体の変様」と同じものではないか？と言っているのである。ただし、ここでレッシングは、あくまでもこの主体が神であるとしたら、神の思考の変様としての「像」は、同時にその「原像」でもなければならない、と言っているわけである。次講において見られるように、論点はこの「主体」に関わってくる。

では、次に「神の外の現実的な諸事物について」においては何が言われているのか。これは、書き出しからして、レッシングに特有のイロニーに満ちている。レッシングは言う。「神の外の事物の現実性について説明しよう。なぜなら、私としては、それについてはいかなる理解をも持ち得ないと言わざるを得ないからである[25]」。

そこで、ヴォルフとバウムガルテンによる現存在の定義がそれぞれ批判される。

まずは、ヴォルフの定義である。「人は、事物の現実性とは可能性の補完である、と云う。では、私は問うのだが、この可能性の補完とは、事物のうちにおける概念なのか、それとも違うものなのか？誰が違うものであるなどと言えようか？しかし、この概念が神のうちにあるのであれば、事象そのものもまた神のうちにあり、あらゆる事物は神自身のうちにおいて現実的であることになる[26]」。

次に、バウムガルテンの定義である。「或いは、事物の現実性とは、それに帰され得るところのあらゆる可能的な規定の総括である、と云われる。〔しかし、〕この総括もまた神の観念なのではないか？神の外の現実的なものは、もしも神のうちに〔その〕原像が見出されないとすれば、どのような規定を持つのだろう

か？そこで、この原像が事物そのものである、ということであるから、事物がこの原像の外においても現存する、ということは、この原像が不必要、或いは不合理な仕方で二重化 (verdoppeln) されている、ということなのである[27]」。(この「二重化」という表現は重要である。)

この「神の外の現実的な諸事物について」は、1795 年にレッシングの弟のカール・レッシングによって出版されたものであるが、メンデルスゾーンとしては、レッシングとの文通によって、1762 年の末頃か、その翌年の初頭には手にしていたものである。この点は、後に見るように、汎神論論争の係争点を見極める上での重要な証である。

ところで、こうした考え方は、レッシングにとっては生涯を通じて変わらないものであったように思われる。例えば、1757 年に書かれたとされる「理性のキリスト教」(遺稿)には次のようにある。「こうした存在者は、神そのものであり、神とは区別されない。なぜなら、人が神を思考するや、この存在者を思考するからであり、この存在者は神なくしては思考し得ないからである。つまり、人は神を神なくしては思考し得ないのだから、或いは人が神から神自身の表象を取り去れば、もはや神は神ではなくなるであろうから[28]」。

ここで言われている「こうした存在者」とは、「神の子」のことである。レッシングによれば、「神は永遠の昔から自らが所有しているところのいかなる完全性をも欠いてはいない存在者を創造してきた[29]」。そして、「こうした存在者を聖書は神の子 (das Sohn Gottes) と呼ぶが、神たる子 (das Sohn Gott) とでも呼んだ方が良いであろう[30]」。

そこで、「こうした存在者は神の像と、それも同一的な像と言われよう[31]」。

つまり、レッシングにおける「像」とは、「原像」と「模像」が一致した「像」のことである。そうでなければ、それは不必要な仕方で「二重化」された「像」となってしまう。

また、最晩年の 1780 年に書かれた『人類の教育』の第 73 節においても似たようなことが言われている。(この節はヤコービによって参照された箇所でもあるから無視できない。)

まずは、次のように問われる。「神は少なくとも自己自身についての最も完全な表象を持っていなければならないのではないか？つまり、そのうちに神自身のうちにあるあらゆるものが見出されるような表象を、である。しかし、表象のうちに神自身のうちにある全てのものが見出され、それが神のあらゆる属性に関するものであるのと同様に、神の必然的な現実性に関するものでもあるとしても、それは単に表象であって、可能性に過ぎないのではないだろうか？この可能性によって、神のその他の属性が尽くされているとしても、その必然的な現実性までもが尽くされているのであろうか？そうは思えないのである[32]」。

これに対して、レッシングは次のように言うのである。

「鏡のうちの私の像は、私の空虚な表象でしかない。なぜなら、それはただ光線が鏡の表面に落とした私の像に過ぎないからである。しかし、この像が例外なく私自身が持っているところのもの全ての像であるとすれば、それでもそれは空虚な表象なのだろうか？むしろ、それは私の自己の真なる分身（Verdopplung）なのではないだろうか？[33]」。

この『人類の教育』の第73節に関しては、それが重要なものであるにも拘らず、メンデルスゾーンはなぜかそれに言及していない、と批判されたことがある[34]。しかし、メンデルスゾーンは同書を出版以前にレッシングから見せてもらっているし、それについて二人は議論してもいるのである。

その上で、メンデルスゾーンとしては、こうした一連の著作におけるレッシングの主張を、先に引用したように、「神のうちのいかなる思考も、その原像からは区別されないのである。つまりは、神の諸変様として神のうちに見出される神の諸思考は、同時にそれ自体の原像そのものである」として、いわば「純化された汎神論」のテーゼとして定式化しているのである。従って、もしも問われるとすれば、この定式化が正確にレッシングの主張を反映したものなのかどうか、ということでなければならない。

しかし、ここでのメンデルスゾーンの狙いは、これをレッシングの主張としてフィクショナルな仕方で立てた上で、それと批判的に向き合うことで自身の「像論」を完成させることにある。いわゆる汎神論論争とは、スピノザ主

義をめぐる争いではなく、レッシングのスピノザ主義をめぐる争いであった[35]。そう考えれば、なぜそれが面識もないヤコービとメンデルスゾーンとの間で争点となったのか、ということばかりか、それが『朝の時間』において持つ意味もまた理解されよう。メンデルスゾーンはスピノザ主義とされるレッシングの汎神論を像論として問うことで、それを無神論とするヤコービの嫌疑を払いのけながらも、自らの像論を展開させる機を窺っているのである。

第三節　メンデルスゾーンの自我論的な像論

なるほど、「原像」と「模像」という区分はレッシングのように不必要な仕方で像を二重化したものなのかもしれない。第七講以来、「原像」の身分は何度か観念論者によって問題とされてきたが、遂には、仮に原像を認めたとしても、それは却って意味もなく像を二重化しているだけではないか、と言われたわけである。

しかし、メンデルスゾーンとしては、あくまでも「原像」と「模像」は区別されなければならない。つまり、「まさに像たるもの (das allertreueste Bild) は、像〔＝模像〕であることをやめてはならない。像が原像となるようなことがあれば、その真理性は失われてしまう。それで、友よ！これこそが、僕らが争っている点なのだ。だから、この点さえ決着できればと思う。対象としての私と、神のうちの表象としての私を、つまりは、原像としての私と、神的な知性における像としての私を、誤りなく区別する確かな徴表があるのではないか。私自身の意識 (das Bewußtseyn meiner selbst) は——私の思考域には上らない全てのものについての無知と結び付いているが——[36]、私の神の外なる実体性 (meine außergöttlichen Substantialität) の、つまりは私の原像的な現存在 (mein urbildliches Daseyn) の最も説得力ある証明である[37]」。

ここで、メンデルスゾーンは、「神が私について持っている概念が神の外で現実化されるとなれば、神の思考にはなおも或る物が付け加わらなければならないのではないか？[38]」とレッシングに反論させている。これは、先に引用したレッシングによるヴォルフ批判、つまりは「この可能性の補完とは、事物

のうちにおける概念なのか、それとも違うものなのか?」という問いを踏まえて言われていることである。

　ヴォルフにおいては、「可能的なもの」が現実化されて「現実的なもの」となる場合には、まさに「なおも或る物が付け加わる」のであった。そこで、ヴォルフはこの「或る物」を「可能性の補完」として現存在と同一視するのである[39]。メンデルスゾーンとしても、レッシングの問いに答えながらも、この「或る物」に相当する「私の原像的な現存在」なるものを持ち出しているのである。しかし、これはもはや存在論的な意味で「現存在」と言われるものではないだろう。なぜなら、その徴表は「私自身の意識」であるから。それは、私が「現に存在している (da seyn)」ということの意識でなければならない[40]。

　メンデルスゾーンにおいて、いわば「可能的なもの」(神のうちにおける「原像としての私」)は、「私自身の意識」という徴表が付け加わることによって、「現実的なもの」(「私の原像的な現存在」)となる、つまりは「神の外なる実体性」を得るのである。

　従って、メンデルスゾーンは次のように言っている。

　「神における有限な精神の表象には、〔それに〕固有の意識 (das eigene Bewußtseyn) が――その閾の外にある全てのものについての無知と共に――付け加わらなければならない。精神は、神の外なる実体なのである。その他の諸事物に関しては、こうした徴表を何ら示すことはできないために何とも言えない[41]」。

　途中、やや文意が不明瞭ではあるものの、メンデルスゾーンが言わんとしていることはレッシングの主張と照らし合わせてみれば明らかである。それは、「神のうちの表象」としての私と、つまりは「神的な知性における像」としての私と、そうした表象の「対象としての私」、それも翻ってはそうした像の「原像としての私」とは区別されなければならない、ということ、そして、この区別は「私自身の意識」(＝私に「固有の意識」)によって付けられる、ということである。そこで、「その他の諸事物に関しては」、つまりは物体に関しては、この「意識」という徴表がないために、その実体性が証明できない、ということになる。

　ただし、「他の種類の実体に関わり合うことなく、自身に固有の実体性を持つところの神の外なる有限な精神が存在している、ということを示しさえ

すれば、あらゆる事物が無限なものの単なる諸思考であるわけではない、ということが証明できる。つまり、私自身が私に固有の意識を持っている以上、私によって（für mich）存立している神の外なる実体がなければならない、ということが示されれば十分なのである[42]」。

ここでは、前講において、「自己によって」と言われていたことが、強く「私によって」と言われている。それは、前講において問題とされていた「自己によって存立しているもの」は、「自身に固有の実体性」を持つということであったが、ここでは、その内実が「私に固有の意識」を持つ「私によって存立している神の外なる実体」として強く打ち出されている。

この場合、いわゆる「実体」が何であろうとも問題ない。スピノザが言うように神が唯一の実体であっても構わないのである。この点を見誤ったために、従来の研究は解釈を違えたと言えよう。

実は、ここでの論点は、プラーテン宛の書簡において既に言われていたことである。それは、次のようなことであった。「我々の思考は、単に神の思考でも変様でもないばかりか、神的な存在者の外において我々の内に見出されなければならない」。

これを言うために、『朝の時間』では「私に固有の意識」が持ち出されているわけである。

そして、いわばこの「意識の事実」のみによって、有限な精神の実体性は証明されるのである。

では——、なぜこの意識はまた私の意識でなければならないのか？

これについて、メンデルスゾーンは次のように言っている。「私が自身を意識している存在者（ein sich selbst bewußtseyendes Wesen）について示し得ることは、私が私自身に基づき（aus mir selber）認識していることである。なぜなら、私自身がそのような存在者であり、私に固有の意識を持っているからである[43]」。

ここには、メンデルスゾーンという「哲学する主体」がいる。この主体は、もはや——「懸賞論文」においてそうであったように——形而上学という学問を学ぶ主体ではない。この主体が「私」として形而上学に入り込んだが故に、スピノザの形而上学を批判することができるようになったのである。この私

が意識「主体」としてあるが故に、唯一の実体しか認めないスピノザの体系は破られるのである。

そこで、主題はこの「主体」についてである。

メンデルスゾーンは続ける。「他の制限された存在者が、私におけるような実体性を持っているのかどうか、ということは、ライプニッツを引き合いに出せば、あらゆる存在者は、ただそれが表象力を持っている限りにおいてのみ自己によって存在し、物質は単なる仮象実体である、ということなのか、或いは、物質に固有の或る種の実体性があるのかどうか、ということなのであるが、こうした探求は本題から逸脱するため脇に置いておこう。今はただ、私と私のような思考する存在者について考察し、汎神論者との争い〔！〕を決着しなければならないのであるから44」。

ここで「汎神論者」とは、スピノザであり、レッシングでありヤコービである。ヤコービが言うには、「論証」を事とする形而上学の行き着く先は無神論としてのスピノザの体系である。ところが、メンデルスゾーンは「私自身」を形而上学の内部に引き込むことによって、その実体論としての体系を「神の思考」とすることでそれが宿命論という閉じられた体系として極まることを阻止している。

「制限された存在者を客体とする神の思考は、神のうちではいかなる固有の——いわば神とは断ち切られた意識をも獲得し得ない。〔しかし、〕このことによって、神的な概念の真理性が損なわれることはない。むしろ、我々による真理の定義からすれば、こうした神のうちにおける概念は、単に主観的なものに留まらなければならず、決して、高次の完全性を全て放棄してまで〔それに〕固有の意識を現実的に所有してはならないのである。そうでなければ、それは客体となり、もはや客体の概念ではないことになる45」。

つまり、「意識の事実」とは、私が「私自身の意識」、或いは「私に固有の意識」を持っているということであるが、それは、たとえ私が「神の思考」の客体（レッシングの言うところの「神の観念における像」）であるとしても、その「神の思考」ですらも「単に主観的なもの」とさせてしまうような「固有の実体性」を持っているもの、つまりは「私の原像的な現存在」ということである。

この私は「神の観念における像」を模像とさせてしまうような「原像」なのであり、それを「客体の概念」とさせてしまうような「客体」、いわば或る物としての現存在なのである。

こうしたメンデルスゾーンによる「原像」という言葉の使われ方について、アルトマンは次のように指摘している。「レッシングが、原像（Urbild）という用語を神的な精神のうちにある事物の概念にあてがっているのに対して、メンデルスゾーンは、神の内なる現存と神の外なる現存を区別せんがために、神の外なる、実在的な事物を原像として、神の知性におけるその理念的な現存を像（Bild "image"）としているのである。そうすると、事物の神の内なる概念が実在的な事物の原型とされていた伝統的な用語法が、否定されはせずともひっくり返されていることになる。しかし、メンデルスゾーンの非伝統的な用語法は、明らかにレッシングの主張を反駁するためのものであって、それ以上のことを意図しているわけではないだろう[46]」。

この点に関しては、シュトラウスも問題としている。この用例は「書き間違い（lapsus calami）」ではないか、ということである。しかし、シュトラウスとしては、あくまでも次のように言うのである。「第一に、純化されたスピノザ主義の批判において、事物の神の外なる現実性は、自我としての人間の神の外なる現実性ほどには問題とされていない。そして、何よりもメンデルスゾーンは、単に自我の外神性を主張しているのではなく、自我の原像性を主張しているのである[47]」。つまり、メンデルスゾーンにとっては、「有限な自我についての神の諸思考でさえも、こうした自我の模像でしかない[48]」。

このシュトラウスの解釈は魅力的である。レッシングが、「神の外の原像は、神のうちに見出される原像の表象、或いは像としての述語しか持っていない」と主張するのであれば、メンデルスゾーンとしては、「神のうちに見出される原像の表象」は、どこまでも「模像」であって、その原像は「私自身の意識」を持つ「自我」として「神の外」にある、と主張するのである。従って、それはレッシングの言うように、「不合理な仕方で二重化」されたものではないのである。

そこで、シュトラウスの言うように、「メンデルスゾーンは、単に自我の外

神性を主張しているのではなく、自我の原像性を主張している」ということなのであるが、そうではなく、むしろ「メンデルスゾーンは、自我の外神性を主張するために自我の原像性を主張している」と言うべきであろう。

確かに、アルトマンの言うように、神の外にあるものが「原像」と言われるのであれば、一般的な用語法とはずれている。しかし、上に述べたように、それは単にレッシングの主張に対する反論であるから、という理由からしてのことではなかったのである。

ところで、メンデルスゾーンは、スピノザの『エチカ』第二部の定理47の注解から次のような一節を引用している。「多くの論争が生じる原因は、人が自分の精神を正しく説明しないか、それとも他人の精神を誤解しているかによる。なぜなら、彼らが極めて激しく対立している時でも、実際は同じことを考えているか、それとも全く異なったことを考えているからであって、他人の側にあると思われる誤りや不条理は、実は存在しないのである[49]」。

では、汎神論をめぐる争いも実は存在しないのであろうか？

「全ては一である、と汎神論者は言う。我々は、神と世界が存在する、と言うが、論者は、神はまた世界である、と言う。無限なものはあらゆる有限なものを持ち、そうした多くのもののうちから一つのものを現実性へともたらすのだ、と我々が言えば、論者は、無限なものは全てを包摂し、それ自体が全てであり、一であると同時に全である、と言う。汎神論者によると、多くのものが一つのものなくしては現存し得ないように、無限な一は全なくしては現存し得ないのである[50]」。

しかし、メンデルスゾーンによれば、この違いは乗り越えることができる。

そのためには、ここで言われたことが、次のようにして言い換えられなければならない。

つまり、「我々としても、有限なものの現存は、無限なものなくしては考えられ得ない、ということ、そして、無限なものの現存は、あらゆる有限なものの最も判明な認識なくしては考えられ得ない、ということも認める。しかし、我々としては、無限なものの現存在は、あらゆる有限なものの現実性

なくしても可能であるし思考可能でもあるから、現存の上からして、後者は前者に依存しているが、前者は後者に依存してはいない、と考えるのである。そこで、我々は神と自然を切り離して、世界に神の外なる存在を帰するように、神には外世界的な存在を帰している。これに対して、汎神論に与する者たちは、神の外なる現存在など絶対に存在しないと言う。無限なものの諸表象が、その必然性によって、神自身のうちにおいて、根本的に神の存在と密接に結び付いているところの或る種の現存在を獲得するのだ、と[51]」。

しかし、メンデルスゾーンとしては、やはり次のように問うのである。つまり、「神のあらゆる思考が、我々が我々自身のうちに認め、それも否定し得ないところの固有の自己意識（Selbstbewußtseyn）を持つのか、それとも、ただいくつかの思考が他を斥けてそうした自己意識を持つのか？[52]」。

これは、神の思考は全て現実化するのかどうかというライプニッツ以来の問いでもあるが、ここでは、メンデルスゾーンの問題意識が反映されて、それらは全て「固有の自己意識」を持つのかどうかという問いになっている。これは、先に言われていたように、「その他の諸事物に関しては、こうした徴表を何ら示すことはできないために何とも言えない」からである。

ただし、メンデルスゾーンは次のようにも言っている。「神性の思考（Gedanke）としての人間である私が、神性の思考であることをやめることは決してないだろう[53]」。メンデルスゾーンは、この「神性の思考」の主体を「私の思考者[54]」と表現してもいる。「私の思考者」である神は、その思考のうちで、私を思考している。

このように、メンデルスゾーンにおいても、私が「神のうちの表象」、或いは「神的な知性における像」であることに変わりはない。しかし、それはあくまでも私の「模像」であって、当の私は「神の外」にいなければならない、ということである。そして、こうした私の実体性の唯一の徴表（＝根拠）が、「私自身の意識」、つまりは「自己意識」である。

この「自己意識」は、「神的な知性における像」ですらも「模像」とさせてしまうような強い反発力を持っている。そうした意味で、それはやはり「原像」ということになる。「私」の実体性とは、「原像性」とでも言えるものということ

である。

　実体論としてのスピノザの形而上学を批判するに「自己意識」をもってする、ここにメンデルスゾーンの「自我論的な像論」とでも言うべき固有の形而上学が成り立つのである。

　第七講以来、「原像」の存在性をめぐっては様々に議論されてきたが、ここに至って、それは「私の原像的な現存在」のこととされた。それは、存在論的には「或る物」であるが、直観的には「自己意識」である。ここに、メンデルスゾーンの「像論」は「自我論的な像論」として完成する。残る課題は、「私の思考者」としての神の存在を証明することである。

第四節　レッシングの残像

　スピノザ主義をめぐる一連の論述は、第十五講をもって完結する。前講の主題は、レッシングの「純化されたスピノザ主義」であったが、ここでは、レッシングの性格や気性が問題とされている。メンデルスゾーンにとって、レッシングは30年来の友人であったから、まだ若いヤコービによってレッシングが無神論者の代名詞とされる「スピノザ主義者」とされることには我慢ならなかったのである。

　メンデルスゾーンがレッシングと出会ったのは、おそらく1754年のことである[55]。二人を引き合わせたのはグンペルツであった。レッシングの演劇『ユダヤ人』の主人公のモデルはグンペルツである。

　いったい、そんなユダヤ人がいるのかと疑ったのはゲッティンゲン大学の宗教学教授のミヒャエーリスであったが——、そのミヒャエーリスに宛てた手紙においてレッシングは次のように述べている。「何の指導も受けずに、言語、数学、哲学、詩学において大変な上達を見せている20歳ばかりの若者がいますが、この者は実はユダヤ人です。同信の者たちが彼の成長を見守るのであれば、彼は何よりもユダヤ教徒の誇りであると思います。彼らは、彼のような者たちに対して不幸な迫害心を抱いてきたものです。つまり、その誠実さと哲学的な精神からして、彼は誰よりも第二のスピノザであると思いま

す。スピノザは、その誤謬を除いては、何もかも彼とよく似ているのです[56]」。

　ここで、レッシングがメンデルスゾーンをスピノザと比較しているのは興味深いことである。それも、スピノザの誤謬を除けば、メンデルスゾーンは「第二のスピノザ」であると言われているのである。そうすると、メンデルスゾーンがレッシングのうちに読み込もうとしている「純化されたスピノザ主義」とは、レッシングに言わせれば、むしろメンデルスゾーン自身のうちにあるべきものであろう。メンデルスゾーンのスピノザ解釈がどう評価されようと、それはレッシングによって「第二のスピノザ」と言われた者によるスピノザ解釈なのである。

　第十五講の冒頭、メンデルスゾーンはレッシングとの思い出を語っている。

　「こうした事柄に関する判定者（Beurtheiler）を探せば、いつもそこにはレッシングがいた。彼とは長いこと哲学的な議論を交わしてきたから、長年もの間、こうした事柄に関する考えは互いに共有していた。これは、偏見のない真理愛によるものであった。そこで、レッシングは、哲学的な命題を解いたり、根拠と反対根拠を比較検討したりする際には、今でもその像が、時としてただ習慣的に心に浮かんでくるような存在なのだ[57]」。

　1756年、『朝の時間』が書かれるおよそ30年前、メンデルスゾーンはレッシングに宛てた書簡において次のように述べている。「形而上学の全てを自分なりの仕方で論じてみては、とよく言われるけれど、君と共に過ごすという喜びを味わうまでは[58]、この仕事はしないでおこうと固く決めている。今はまだいつのことになるのかわからないけれど、念願の時は近づいてきているように思うから、僕は望みをまだ捨ててはいない。その時までに、少しは数学にも通じておいて、自分の哲学的な思考を成熟させておくことにしよう。世界は、まるで何もなかったかのように、僕の形而上学には目もくれないだろうね。でも、正直なレッシングが判定者としていてくれなかったら、たとえ一つの形而上学を世に出したとしても、僕はちっとも満足できないだろう[59]」。

　メンデルスゾーンの思考は、まさしくレッシングを「判定者」として形成されてきたものなのである。自我論的な像論とでも言うべきメンデルスゾーンの形而上学がレッシングの像論を批判して成り立つものであったとしても不

思議ではないだろう。

　メンデルスゾーンにとっては、あの「純化されたスピノザ主義」、つまりはレッシングの汎神論なるものは無神論ではなかった。

　その例証として、メンデルスゾーンはレッシングの遺稿「理性のキリスト教」から、重要な諸節を引用している。この著作は、遺稿とはいえ、執筆されたのは 1753 年のことであり、それも他ならぬメンデルスゾーンがレッシングの死後に公刊を希望したものである[60]。

　メンデルスゾーンとしては、この遺稿が、レッシングの最晩年の著作『人類の教育』(1780 年) と変わらない内容を持っている、ということを示したいのである。なぜなら、ヤコービが、同書の第 73 節に「スピノザ主義」を読み込んでいるからである[61]。しかし、この初期の草稿に、「純化されたスピノザ主義」を読み込むことができれば、レッシングにとって汎神論とは、「スピノザ主義」である以前に理神論そのものであった、ということが示せるだろう。

　レッシングの没後、メンデルスゾーンは、ニコライ宛の書簡において次のように述べている。

　「私たちのレッシングは逝ってしまった！私たちは友人として、侯爵に手紙を出して、レッシングの原稿について尋ねてみようではないか？[62]」。

　そして、レッシングが没したヴォルフェンヴュッテルのフェルディナント侯に宛てた書簡には次のようにある。「私モーゼス・メンデルスゾーンは、私の最良の友人のために、記念集を作成して彼の人となりを後世に残したいのです。そのためには、必要な原稿を全て手に入れる必要があるのです[63]」。

　こうした原稿が、レッシングの弟カール・レッシングによって公刊されたのは 1784 年のことであるが、それに先立って 1783 年に、メンデルスゾーンは、そのうちの一編である「理性のキリスト教」を彼から受け取っている。「これは、レッシングの若い時の小論であって、思い起こせば、私たちが出会ったばかりの頃に、それについて彼が最も本質的なこと (das Wesentlichste) を説いて聞かせてくれたものである[64]」。

　二人が出会ったばかりの頃とは、1754 年のことであろう。メンデルスゾー

ンは、この今や遺稿となってしまったが思い出のある小論を手にして、不遇のうちに亡くなった親愛の友人を擁護すべく、筆を執ったのであった。

　それにしても、「最も本質的なこと」という表現は読み過ごされてはならないものである。メンデルスゾーンは、『哲学対話』において、予定調和という仮説の「本質的なこと」は既にスピノザによって説かれていた、と述べていた。そこで、それを展開したに過ぎないライプニッツは、予定調和説の「第一の発見者」ではないのであった。

　さて、この論法を用いれば、次のように言える。つまり、かつてレッシングがメンデルスゾーンに説いて聞かせてくれた「最も本質的なこと」とは、まさしく「純化されたスピノザ主義」のことであった、と。

　では——、メンデルスゾーンはレッシングの哲学を展開したのか？『哲学対話』には哲学史の構想があった。メンデルスゾーンは「スピノザ主義」の「本質的なこと」をレッシングを通じて展開したのであろうか？しかし、そのように言うとすると、現代の「スピノザ主義者」は次のように答えるのかもしれない。「スピノザの「永遠の相のもと」からみれば、哲学の歴史というべきものはなく、いわば永遠の哲学の変種というべきものが時間的な縦の系列の中で並べられているにすぎないと感じられるのではなかろうか。このことをスピノザ的に実体に対する様態の関係としてとらえることがゆるされうるならば、スピノザ以降、特にレッシング以後のドイツ哲学は時間の系列から見られた、永遠なるもののスピノザ主義的な展開であるといえよう[65]」。

　かつて、レッシングはメンデルスゾーンに宛てた書簡において次のように語った。

　「僕の言葉は、しばしば僕の言わんとしていることの邪魔をしているし、僕はちょくちょく不明瞭な仕方で、それも不注意な仕方で話しているということは自覚している。だから、親愛なる友よ、僕が言わんとしていることを、君自身の手によって僕の体系の精神のうちへと組み込んでみてくれ。その方が、僕自身の表現によるよりも、より良く理解してもらえるかもしれないから[66]」。

　これが書かれたのは、1756年のことである。メンデルスゾーンは、「レッ

シングはスピノザ主義者であった」というヤコービの告発を受けて、レッシングの「体系の精神」のうちに「純化された汎神論」を、それも翻っては「純化されたスピノザ主義」を読み込むことでそれに答えたのであった。

【註】

1　cf. M. D. Yaffe, *Interpreting Spinoza's Ethics as a 'System'. Moses Mendelssohn's Morning Hours* (1785), Academy of Jewish Philosophy/American Philosophical Association Eastern Division, Dec. 28, 2006, p. 3.
2　Von Jacobi an Mendelssohn, Apr. 26, 1785.
3　D. Bourel, Nachwort, p. 28, in: M. Mendelssohn, *Morgenstunden*, Bourel (hg.), Stuttgart, 1979, pp. 243-266.
4　Von Jacobi an E. Reimarus, Nov. 7, 1785.
5　Von Mendelssohn an E. Reimarus, Jan. 28, 1782.
6　*JubA*, Bd. 3-2, p. 104. 傍点は原文強調。
7　Von Jacobi an Herder, Juni 30, 1784.
8　*JubA*, Bd. 3-2, p. 105.
9　ibid. 傍点は原文強調。
10　ibid., pp. 106-107. 傍点は引用者による。
11　Wolff, *Vernünfftigen Gedancken von Gott, der Welt, und der Seele des Menschen, auch allen Dingen überhaupt*, § 929. 傍点は原文強調。ただし、ヴォルフとしては、「実体」という概念を避けるためにこの「自存的な存在者」という概念を用いているのである。cf. Wolff, *Vernünfftigen Gedancken von Gott, der Welt, und der Seele des Menschen, auch allen Dingen überhaupt, anderer Theil*, 3te Auf., Halle, 1733, § 39.
12　Bell, *Spinoza in Germany from 1670 to the Age of Goethe*, pp. 73-74.
13　工藤喜作「メンデルスゾーンのスピノザ主義解釈」、2頁。(『筑波哲学』6号、1995年、1-10頁。)
14　*JubA*, Bd. 3-2, p. 107.
15　ibid., p. 106. 傍点は引用者による。
16　*JubA*, Bd. 5-1, pp. 43
17　Jacobi, *Über die Lehre des Spinoza in Briefen an den Herrn Moses Mendelssohn*, 1785, p. 24. 傍点は原文強調。この言葉は、メンデルスゾーン宛の手紙においても使われている。cf. Von Jacobi an Mendelssohn, Nov. 4, 1783.
18　*JubA*, Bd. 3-2, p. 114.
19　この点、ヤコービ宛のレッシングの手紙 (1780年12月4日付け) における「ヘムスターホイスの体系」についての発言をめぐるヤコービとハーマンの見解の相違は示唆的である。cf. Von Hamann an Jacobi, Jan. 16, 1785; von Jacobi an Hamann, Dec. 30, 1784; von Hamann an Jacobi, Dez. 1, 1784.
20　Von J. E. Biester an Kant, Juni 11, 1786. 傍点は原文強調。
21　工藤喜作は、汎神論論争の「核心」を「スピノザ主義とは何か」ということに求

めている。そのことからして、工藤は次のように言っているが、この論争の核心を「レッシングのスピノザ主義」に求めるならば、また違ったことが言えるはずである。「ヤコービとメンデルスゾーンとのいわゆる汎神論論争を単にこの「ヘムスターホイスへの書簡」〔『スピノザの教説について』に所収〕にかぎって考察するだけでも、両者のスピノザ主義に対する理解には大きな懸隔があり、ほとんど論争というべきものにならなかったと思えるのである」。工藤喜作「ヘムスターホイスについて（特にスピノザとの関連において）」『哲学・思想論集』13号、筑波大学、1987年、4頁。

22　*JubA*, Bd. 3-2, pp. 116-117.〈　〉と傍点は引用者による。なお、引用文において、"Rücksicht"に「アスペクト（aspect）」という訳語を選んだのは、以下の英訳に倣ったものである。Mendelssohn, *Morning Hours, Lectures on God's Existence*, Dahlstrom and Dyck (trans.), Springer, 2001, pp. 84-85.

23　*JubA*, Bd. 3-2, p. 117.

24　ibid.

25　Lessing, *Über die Wirklichkeit der Dinge außer Gott*, p. 243, in: *Lessings Werke in fünf Bänden*, Bd. 2, 9te Auf., Berlin-Weimar, 1982, pp. 243-244.

26　ibid., p. 243.

27　ibid.

28　Lessing, *Das Christenthum der Vernunft*, § 7, in: *Gotthold Ephraim Leßings theologischer Nachlaß*, Berlin, 1784, pp. 219-226.

29　ibid., § 5.

30　ibid., § 6.

31　Lessing, *Das Christenthum der Vernunft*, § 8. 傍点は引用者による。

32　Lessing, *Die Erziehung des Menschengeschlechts*, § 73, in: *Lessings Werke*, Bd. 2, 1982, pp. 289-314. 傍点は原文強調。

33　ibid. 傍点は原文強調。

34　以下を参照。工藤「メンデルスゾーンのスピノザ主義解釈」、5頁。なお、この第73節に関しては、ヤコービの側に立った解釈として以下を挙げることができる。栗原隆『ドイツ観念論からヘーゲルへ』未来社、2011年、48-58頁。

35　この点については別に論じた。論争の争点はスピノザ解釈にあるのではない。「汎神論論争とは何であったか？」『大学院年報』立正大学大学院文学研究科、32号、2015年。

36　この箇所、原文は次のようである。Das Bewußtseyn meiner selbst verbunden mit völliger Unkunde alles dessen, so nicht in meinen Denkungskreis fällt,… この一文については、次のように指摘されている。「この文章の主語は、verbundenの意味合いからして少なくとも二通りの仕方で読むことができる。私の読みでは、verbundenをbound up withの意味で解して、consciousness of one's limited consciousnessとした。しかし、この主語はまたconsciousness of oneself combined with lack of informationと、或いは単純にlimited consciousness of oneselfと読むこともできよう」。Dahlstrom, Verbal Disputes in Mendelssohn's Morgenstunden, p. 13 (n. 20), in: Munk (ed.), *Moses Mendelssohn's Metaphysics and Aesthetics*, pp. 3-20.

37　*JubA*, Bd. 3-2, pp. 117-118.

38　ibid., p. 118.

39　拙論を参照。「ヴォルフの存在論のために」『紀要』立正大学哲学会、9号、2014年。

40 「ヘムスターホイスの書簡」は、エリーゼを通してヤコビがメンデルスゾーンに送ったものだが、そのドイツ語訳が『スピノザの教説について』には対訳として付されている。『レッシングの友人たちへ』において、メンデルスゾーンは La pensée considerée dans son essence n'est que le sentiment de l'etre という一節をヤコビが Das Denken, in seinem Wesen betrachtet, ist nishts anders als das Seyn, das sich fühlet と訳した（72 頁）ことに疑義を呈して、むしろ als Selbstbewußtseyn, daß man da sey とすべきではないか、と言っている。また、この「意識」という訳語をヤコビがカントの『純粋理性批判』の 107 頁を引いて説明していることも、メンデルスゾーンにとっては疑問を残すことであった。cf. *JubA*, Bd. 3-2, pp. 209 f. なお、この「書簡」について、同書の増補版に付された注でヤコビは次のように断っているが、この新版では先の一節に oder das Bewußtseyn と加筆されていることに注意。「私はこの本の第一版においてフランス語の原文を掲載しました。なぜなら私がメンデルスゾーンに送ったのはこの原文ですから。そしてドイツ語の翻訳はこの本の出版の機会にはじめて作られました。私はこの原文を現在も保持しています。というのも私は本来、フランス語の作品のドイツ語訳の翻訳を、原文からその文章の本来の価値を多少なりとも奪うことなくドイツ語の原文に変えることはできませんから。この原文はここでも絶対に保持されるべきでしょう」。「ヤコビ「スピノザの学説に関するモーゼス・メンデルスゾーン宛の書簡」(7)」田中光訳（『モルフォロギア』27 号、2005 年、120 頁）。

41 *JubA*, Bd. 3-2, p. 119. 傍点は原文強調。
42 ibid. 傍点は引用者による。
43 ibid. 傍点は引用者による。
44 ibid. 傍点は引用者による。
45 ibid., p. 120. 傍点は原文強調。
46 Altmann, *Moses Mendelssohn*, p. 867（n. 35）.
47 Strauss, *Einleitungen*, p. LXXII, in: *JubA*, Bd. 3-2, pp. XI-XCV. 傍点は原文強調。
48 ibid., p. LXXIV.
49 スピノザ『エチカ』工藤喜作、斉藤博訳、174 頁。（『スピノザ・ライプニッツ』下村寅太郎編、中央公論社、1980 年。）なお、引用に際しては一部の仮名表記を漢字表記に改めた。
50 *JubA*, Bd. 3-2, p. 121. 傍点は原文強調。
51 ibid. 傍点は原文強調。
52 ibid., pp. 121-122.
53 ibid., p. 123.
54 ibid.
55 1753 年の秋とする説もある。cf. E. Engel, *The Emergence of Moses Mendelssohn as Literary Critic*, in: *Year Book*, Leo Baeck Institute, XXIV, 1979.
56 Von Lessing an J. D. Michaelis, Oct. 16, 1754. 傍点は引用者による。なお、レッシングがスピノザの名に言及したのはこの時が最初のようである。レッシングがスピノザに関心を持ったのはそもそもメンデルスゾーンの影響によるものであった。
57 *JubA*, Bd. 3-2, p. 125. cf. Von Mendelssohn an Hennings, Mai 8, 1781.
58 レッシングは 1755 年の 10 月にベルリンを離れた。しかし、何も言わずに彼はまた 5 年後の 11 月にベルリンを離れることになる。「君がいなくなって以来、

僕はまるで隠棲地にいるような気持ちでこの大きな街に暮らしている」。Von Mendelssohn an Lessing, Dec. 19, 1766.
59 Von Mendelssohn an Lessinng, Jan. 10, 1756.
60 cf. Altmann, *Moses Mendelssohn*, pp. 585-587.
61 cf. Von Jacobi an Mendelssohn, Nov. 4, 1783.
62 Von Mendelssohn an Nicolai, Feb. 20, 1781.
63 Von Mendelssohn an K. W. Ferdinand, Feb. 20, 1781.
64 *JubA*, Bd. 3-2, p. 133.
65 工藤喜作『近代哲学研究序説』八千代出版、1980 年、ii 頁。傍点は原文強調。
66 Von Lessing an Mendelssohn, Dec. 18, 1756.

第九章
『朝の時間』第十六講～第十七講

　フォアレンダーの『哲学史』(1903 年)には次のようにある。
　「メンデルスゾーンは『朝の時間』(1785 年)においても人格神の現存在を存在論的な証明によって確かなものとすることができると信じていた[1]」。或いは、「この慎み深い男は、1763 年には形而上学の明証性についての論文でカントとの争いを制したのだが、≫すべてを破砕する≪カントの批判が現れては、哲学史における自身の役割は終わったと感じた[2]」。
　しかし、単純に考えて、この二点は矛盾するのである。
　これでは、メンデルスゾーンはカントの批判が「すべてを破砕する」ものであることを認めながらも、自身の考えを変えることはなかった、ということになる。
　これと似たようなことはヘンリッヒの著書『神の存在論的な証明』においても言われている。
　ヘンリッヒの探究は、デカルトからカントへ至るまでの近代哲学における神の存在証明の発展史を対象としたものである。ところが、この探究において、メンデルスゾーンは不思議なことに重要な位置を占めている。それは、ヘンリッヒの論述が、メンデルスゾーンによって終わっている、ということなのであるが、或る意味では、メンデルスゾーンから始まっている、ということでもあるからである。
　例えば、ヘンリッヒは次のように述べている。「メンデルスゾーンは、単に論述方法に関してのみではあるが、存在論的な神の証明の理論に関して、いくらかの寄与をなした最後の人物である[3]」。
　この一文は、ヘンリッヒによる近代における「存在神学」の歴史の叙述を締め括るものである。もちろん、ヘンリッヒの論述自体は、この後に、存在証

明を批判した哲学者たちの主張を検討し、最終的にはカントによる批判を検討して終わるものである。しかし、それらは主として、神の存在証明に対する批判の歴史の叙述であって、デカルト以後の近代的な神の存在証明の発展史的な論述そのものは、まさしくメンデルスゾーンによって締め括られているのである。

その一方で、ヘンリッヒの論述はまた次のようにして始まっている。

「存在論的な論証においては、単なる概念規定から実在的な認識への移行が、直接的に、それも全くア・プリオリに可能であるように思われる。この証明のためには、何らかのものが現存するということが、それどころか、私は考えるということですらも前提されてはならない。この点において、モーゼス・メンデルスゾーンは、1785年に至っても、デカルト的な論証の成果を褒め称えていたのである[4]」。

その証拠として、ヘンリッヒは『朝の時間』の第十七講から次のような箇所を挙げている。

「この大いなる歩みは、大胆にして前例のないものであった。人間的な認識の全領域において、このような仕方で推理することには、例が全くないのである。到る所で、可能性から可能性へと、或いは現実性から現実性へと推理されている。心の外の実在的な現存は、心のうちの観念的な現存と同様の結合のうちに存している。(中略)しかし、概念から直に事象が、観念的な現存から直接に実在的かつ客観的な現存が推理されるという例は、どこにも見出されないのである[5]」。

これに対して、ヘンリッヒは次のように言う。「しかし、こうした方法上の優位性は、新しい存在論的な神の存在証明の明証性や確証力を説明することはなく、ただそれがしきりに用いられているという事実を説明するだけである。近代において存在神学が再び息を吹き返したということは、大いなる形而上学の体系におけるその役割からは理解されないのである。それは、存在論的な証明の上部構造の事象的な諸根拠そのものであった、ということでなければならない。つまり、数世紀にわたり、初期のキリスト教の哲学──未熟なものではあったが──における古典的な証明形式として看做されてきたものが、再び

一般的な名声を博した、ということの理由でなければならない[6]」。

　いずれにせよ、ヘンリッヒによる近代における神の存在証明の発展史的な叙述は、メンデルスゾーンに始まり、メンデルスゾーンに終わっているのである。とはいえ、残念なことに、ヘンリッヒにおいて、メンデルスゾーンは、「1785年に至っても」、神の現存在の存在論的な証明を疑っていない人物としてしか捉えられていないのである。

　しかし、ヘンリッヒの言うように、「1785年に至っても」、神の存在証明を試みていたメンデルスゾーンは、やはりヘンリッヒの言うように「単に論述方法に関してのみ」、試行錯誤を繰り返していたに過ぎないのであろうか？ヘンリッヒは『朝の時間』の第十七講を引いているが、メンデルスゾーン自身による神の存在証明が展開されている箇所は第十六講であることに注意しておこう。

第一節　第十六講

　第十六講からは、いよいよ神の現存在の証明が主題化される。
　まずは、そのための基本前提として、これまでに言われてきたことを踏まえて次のように言われる。「今や、〈我々自身の現存在は最高度の明証性を伴っている〉、或いは〈我々の制限性についての意識は否定し難い明証性を伴っている〉以上、偶然的かつ依存的な存在者は現存する、ということが認められるであろう。さらに、依存的なものは、非依存的な或る物なくしては思考され得ないし、従ってまた現存し得ないのであるから、それなくしては我々、偶然的かつ依存的な存在者が現存し得ないところの、必然的かつ非依存的な存在者の現実性を認めざるを得ない、ということである[7]」。

　この後半部で言われていることは、つまりは「自存的なもの」と「依存的なもの」という対概念に関して言われていることは、ヴォルフより言われてきたことと同じである。ただし、あくまでもその前半部において言われていることからして、つまり「我々自身の現存在は最高度の明証性を伴っている」ということ、或いは「我々の制限性についての意識は否定し難い明証性を伴っている」ということからして、「依存的なものは、非依存的な或る物なくしては思

考され得ないし、従ってまた現存し得ない」と言われているわけである。

そこで、神の現存在の証明も、改めて次のような仕方で定式化されることになる。

「必然的な存在者は可能的なものであるのか？これについては、我々が、我々自身の現存在についての直観的な確信に基づいて、正しい推理過程によって、そうした存在者の現存在へと導かれた後では、もはや問われることはないだろう[8]」。

もちろん、問題となるのは、この「正しい推理過程」である。そして、それが「依存的なもの」から「自存的なもの」を導き出す過程であることは間違いないのである。しかし、この推理は、言われているように「自身の現存在についての直観的な確信」に基づいて進められる。この「直観的な確信」とは、上で言われていたことからすると、「最高度の明証性」に匹敵するものである。

今や、「依存的なもの」の現存在は、第十四講の表現で言えば、「私自身の意識」を徴表とした「私の原像的な現存在」である。この「私」によって神の存在が思考される——、ここからしてメンデルスゾーンは神の存在証明を導き出すのである。そこで、この新しい証明は「懸賞論文」における証明のように「偶然的な現存在」から「必然的な存在者」の存在を導き出すものではない。

もちろん、「必然的な存在者」が「可能的なもの」と言われるのであれば、それはやはり「概念」であろう。すると、その「思考可能」性はやはり概念の「思考可能」性ということになる。

しかし、この場合の「思考可能」性とは、概念の無矛盾性ではなく、その主観的な「思考可能」性のことである。つまり、この証明は、概念から存在を導き出すものではない。それは、我々「思考する存在者」からして、高次の「何らかの思考する存在者」の存在を導き出す証明なのである。

こうした新しい証明が構想された原因は、一つにはカントの『証明根拠』の書評にあり、また一つには、ヘルツとの議論を間に挟みながらも、それに対する実質的な応答としての1778年の「ア・プリオリに論証された神の現存在」にあった。ランベルト（或いはクルージウス）から「思考可能性」という概念を批判的に受容したこともまた無視できない要因の一つである。

こうした過程を踏まえつつ、『朝の時間』における神の存在証明は構想されているのである。

そう考えれば、メンデルスゾーンの次のような宣言も理解されよう。

「私は、こうした証明を、私が知っている限り、まだどの哲学者によっても言及されたことのない仕方に則って導き出すことを試みよう[9]」。

これは、「懸賞論文」において言われていたこととは対照的である。

1762年に執筆されたこの論文において、メンデルスゾーンは次のように言っていた。

「私が意図していることは、無神論者に対して、その主張が無根拠であることを確信させることではなく、真の哲学者たちの集まりを前にして、我々が神の現存在とその諸属性を理性に基づいて認識する際の確実性を見積もることである。従って、自然神学におけるあらゆる証明方法を既知のものとして前提した上で、それについて一般的な考察を加える、ということにしたい」。

それに対して、この『朝の時間』において提出されている証明は、言われているように「私が知っている限り、まだどの哲学者によっても言及されたことのない仕方」で導かれる証明であるから、新しい証明なのである。

もっとも、その基礎となる「我々自身の現存在についての直観的な確信」は、「私自身の現存在の直接的な感覚[10]」とも言い換えられるものであり、もとを辿れば、「懸賞論文」において「内的な確信」と言われていた「私は考えるという唯一の内的な感覚」であるに違いない。しかし、この「内的な確信」とされる単数形の「感覚」が、「意識」における「直観的な確信」として捉えられていく過程においてこそ、メンデルスゾーンの思想展開は見られるのである。そもそも、「意識」という道具立てからして「懸賞論文」にはなかった。

メンデルスゾーンは、『朝の時間』において、この「意識」概念のもとに「現存在」や「主観性」、「思考可能」性といった概念を再定義していったのである。

では、この「意識」概念はどこから来たのかと言えば、それは、前講までの議論にあったように、「スピノザ主義」批判から、それもレッシングの「純化されたスピノザ主義」との対決からである。この意味において、『朝の時間』の第十三講から第十五講までの一見して同書の主題から外れているように思え

た一連の議論こそが、新しい「神の存在証明」を打ち出すという同書の構想における核心をなすものであったと言えよう。

第二節　神の現存在のための「新しい証明」

　さて、第十六講の冒頭では次のように言われていた。
　「我々自身の現存在は最高度の明証性を伴っている、或いは我々の制限性についての意識は否定し難い明証性を伴っている以上、偶然的かつ依存的な存在者は現存する」。
　メンデルスゾーンによる新しい証明は、これを前提としたものである。
　そこで、まずはこのことが次のようにして説明し直される。
　「私自身の現存在の直接的な意識はどんな疑いも斥ける、ということの他に、次のようなこともまた疑い得ないこととして前提されよう。つまり、私は、単に私が私について判明に認識するもの、それもその限りにおけるものではない。私の現存在には、私が意識的に（mit Bewußtseyn）私について洞察することよりも以上のことが属しているのであり、従って、私が私について認識することには、それ自体として、私がそれに与えることができることよりも以上の展開や、判明性、完璧性があり得るのだ、と[11]」。
　ここで言われていることは、冒頭で言われていたことと基本的に同じことであるが、とりわけ、その後者「我々の制限性についての意識は否定し難い明証性を伴っている」ということが敷衍されているわけである。
　では、これは具体的にはどういうことかと言えば、いくつか例が挙げられているが、そのうちの一つは次のようなものである。つまり、「実際のところ、もしも心と体が、我々がそれらについて判明に洞察するところのものでしかないとすれば、どちらも現存し得ないであろう[12]」。
　しかし、具体例というよりも、むしろその形而上学的な前提が問われるべきである。
　それは、実に第一講において既に言われていたことなのである。
　メンデルスゾーンは次のように言っていた。「諸概念は、我々、思考する存

在者の諸変様であり、そのような変様としての諸概念には観念的な現実性が帰され得る。しかし、この諸概念は、そうした変様の主体である我々自身と同じように、必然的な存在者ではなく、偶然的で可変的な存在者である。諸概念は必然的に思考可能であるが、我々にとって必然的に思考されるわけではない。それは、我々自身が不変的に思考可能な存在者であるが、不変的に現実的な存在者ではないのと同様である。つまり、現実的なものの領域は、思考可能なものの領域よりも狭く制限されているのである。あらゆる現実的なものは思考可能でなければならないだろう。しかし、決して現実性が帰されることのない非常に多くのものが思考可能であることだろう」。

　以下の議論においては、「現実的なもの」は「事象」と、「思考可能な」ものは「可能的なもの」、或いは「概念」と言われている。しかし、「現実的なもの」が「事象」とされているのであって、客体としての「実在的なもの」ではないことに注意しなくてはならない。つまり、ここでメンデルスゾーンは、「思考する存在者」にとって現実的に思考されるものと、思考可能なものという区別を立てているのである。

　メンデルスゾーンは、概念と存在という対概念を「思考する存在者」において「思考可能な」ものと実際に「思考される」ものという仕方でパラフレーズしたのである。

　「さて」、メンデルスゾーンは言う。「あらゆる可能的なものは可能的なものとして、それもまたあらゆる現実的なものは現実的なものとして、何らかの思考する存在者によって思考されなければならない[13]」。つまり、「可能的なもの」であれ「現実的なもの」であれ、それらはあくまでも、そのようなものとして——1778年の論文における表現を用いれば——「主観的に思考される」のでなければならない。

　裏返せば、「いかなる思考する存在者によっても可能的なものとして表象されないものは、実際にも不可能であるし、同様に、いかなる思考する存在者によっても現実的なものとして思考されないものは、実際にも現実的に現存し得ない[14]」。

なぜなら、「あらゆる可能的な概念は、主体の変様として、つまりは思考する存在者における思考として思考される。従って、概念は少なくとも観念的な現存在を持っていなければならない。つまり、概念は何らかの思考する存在者にとっての真なる概念でなければならないのである。これが我々の命題の前半分、あらゆる可能性は可能性として思考されなければならない、ということである[15]」。

　しかし、「あらゆる現実性もまた、それが真なるものであるならば、何らかの存在者によって真理として認識され理解されなくてはならない。事象には概念が対応していなければならないのである。つまり、あらゆる客体は、何らかの主体において描写されるのでなければならない。あらゆる予像は、何らかの鏡において模像化 (nachbilden) されなくてはならないのである[16]」。

　さて、「こうした命題が認められれば、容易に次のようなことが帰結する。つまり、私の現存在に属しているものを全て最も判明な仕方で、それも最も純粋な、最も詳細な仕方で表象している存在者が現存していなければならない、と。何であれ制限された認識は、私の現実的な現存在に属していることを全て含んではいないであろうから[17]」。

　つまり、「一言で言えば、偶然的な存在者によっては、いかなる真理も最高度の認識でもって可能的なものとして思考され得ないし、いかなる現実性も最も完全な認識に基づいて現実的なものとして思考され得ないのである。従って、あらゆる可能性の総括を可能的なものとして、あらゆる現実性の総括を現実的なものとして最も完全な仕方で思考する、つまりはそれらを最も可能的な展開のうちで最も明らかな仕方で、それも最も完全かつ詳細な仕方で表象する知性を与えられた思考する存在者が存在しなければならない[18]」以上、「無限の知性が存在する、云々[19]」と推理される。

　これが、メンデルスゾーンによる「新しい証明」である。

　しかし、こうした推理には、次のような疑問が生じるであろう。
　「この推理過程において、いまだ不明瞭な点は、あらゆる現実的なものは思考する存在者によって思考されなくてはならない、という命題です。確かに、

あらゆる現実的なものは思考可能なものに他ならない、と多くの人は言うかもしれません。しかし、だからと言って、それは何らかの存在者によって実際に思考されるのでなければならない、ということがどうして帰結するのでしょう？[20]」。

つまり、「現実的なもの」は、「思考可能な」ものであるばかりか、何らかの存在者において現実的に「思考される」ものでもあるのだから、そうした存在者が存在する、という推理の小前提がなぜ言えるのか、ということである。言い換えれば、この推理は、「思考可能な」もの（概念）から「思考される」もの（事象）を導き出すものなのではないか、ということである。

この疑問は重要である。

もしも、この疑問が当たっているとすれば、メンデルスゾーンの証明はカントの言うところの「存在論的な証明」ということになる。実際に、当時、「可能」性とその「思考可能」性は違うという観点からしてこの証明を批判した者もいる[21]。

そこで、メンデルスゾーンはこの質問に丁寧に答えている。

メンデルスゾーンの主張は、或る意味では、デカルトにおけるように「表現的な実在性」と「形相的な実在性」という区分に基づいたものであるように思える。しかし、このデカルトの区分は、あくまでも「観念」の実在性の度合いに関して言われていることである。この点、メンデルスゾーンにおける「思考可能な」ものと「思考される」ものという区分は、あくまでもその思考する主体、つまりは「思考する存在者」において意味を持ち得るものである。

この点を踏まえた上で、次のようなメンデルスゾーンの主張は理解されなくてはならない。

「単なる可能性は、それが同時に現実的に現存する——もっともこれは明らかに不合理なことである——というのでなければ、客観的な性質、或いは述語として事物に帰されることはできない。しかし、事物の現在の状態なり現実的な性質からは、思考する主体において、別の状況においてはこの事物にはまた別の性質が適合するであろうし、もちろんこの別の性質もまた思考可能なものであろう、という思考が生じ得るのである。かくして、あらゆる可

能性はその観念的な現存在を思考する主体のうちに持つのであり、この主体にとって、それは思考可能なものとして対象に帰されるものなのである。思考されない可能性とは、真の非物である[22]」。

要するに、「思考可能な」ものとは、「思考する存在者」において、「現実的なもの」について「思考可能な」ものである。可能性とは、「思考する存在者」における「現実的なもの」についての「思考」なのである。そこで、まずは「現実的なもの」が「思考可能な」ものであることが確認された。

そこからして——あくまでもこの点が重要なのであるが——、「あらゆる現実的なものは、ただ思考可能なものであるばかりではなく、何らかの存在者によって思考されるものでもなければならない。あらゆる実在的な現存には、何らかの主体における観念的な現存在が対応している。つまり、あらゆる事象には表象が対応している。認識されることなくしては、認識可能なものは何もないし、注意されることなくしては、いかなる徴表もない。概念なくしては、いかなる対象も現実的に現存しないのである[23]」。

「現実的なもの」は、何らかの主体において「思考される」ものである。そこで、「実在的な現存」には、この何らかの主体において「観念的な現存在」が対応している。つまり、「認識されることなくしては、認識可能なものは何もない」ということである。

これは、先の比喩で言えば、「あらゆる予像は、何らかの鏡において模像化されなくてはならない」ということである。「現実的なもの」とは、言い換えれば「原像」のことである。「思考可能な」ものとは、もちろんその「模像」である。しかし、「原像」とは、あくまでも像の像であるから「何らかの鏡において」、つまりは何らかの主体において現像されるものでなければならない。それがなければ、どんな像も像としての身分を失うことになる。

要するに、メンデルスゾーンにおける像とは、「思考する主体」における像なのである。像が「観念」として実在しているのではない。或いは、その「原型」が原像として実在しているのでもない。像は実在する「思考する主体」においてその観念性を得る。では、その現実性はどこにあるのかと問えば、それもまた「思考する主体」においてある、ということである。

つまり、あくまでもこうした像が写しまた写し出されるという現象は主体において生起するのである。そして、この主体において像は「見方によるもの」として、しかしそれはまた「真なるもの」を「原像的なもの」として含むものとして認識されるのである。そこで、「認識されることなくしては、認識可能なものは何もない」とは、「原像」が認識されることなくしては、そもそもいかなる「模像」も認識され得ないということである。

そこで、「こうした事象と概念の一致にはいかなる例外もない。事象のあらゆる徴表や特徴は、それらが事象のうちに見出されるような仕方で、何らかの思考する存在者によって、その全き真理性のうちで、それも最も可能的な判明性、完璧性、完足性を伴って思考されるのでなければならない。依然として、誰にも注意されない徴表が残っている限り、或いは何らかの識別されるべきものが識別されず、展開の度合いが未展開なままに留まっている限り、つまり、一言で言えば、事象と概念の一致が少なからず欠如している場合、我々は、単に可能的な或る物を現実的なものの客観的な述語と看做すという不合理に陥る[24]」。

この場合、「或る物」とは何であろうか？

それは「単に可能的なもの」という存在論の概念を引きずりながらも、やはり「現実的なもの」についての「思考可能な」もののことであろう。しかし、「現実的なもの」とはいえ、それが思考する存在者によって現実的に思考されるものである以上、それが「原像的なもの」として現象の後景に退く或る物の現象態に過ぎないことは否定できないことであろう。先の引用箇所における、「概念なくしては、いかなる対象も現実的に現存しない」とは、そうした事態を言っているのだろう。

それに、我々「思考する存在者」においてもまた、次のようなことが認められなければならない。「私自身の現存は、私には疑い得ないものである。それと同様に、私の現実的な現存在には、私が意識的に認識することのない徴表や性質が属しているということ、そして、私に意識されるものでさえも、私の概念においては、それ以上に、そうしたものが事象のうちで得ているところの完全性を持つことはない、ということもまた否定し難いことである[25]」。

この場合、「事象」から「概念」への「展開」は、未展開のままである。これが先に言われていた「我々の制限性についての意識」ということである。しかし、その展開はあくまでも「思考する存在者」において起こるものである。「概念なくしては、いかなる対象も現実的に現存しない」とは、そうした意味でなければならない。従って――、

「必然的に、或る思考する存在者が、或る知性が存在しなければならない。この知性は、単に私のあらゆる性質や徴表、特徴のみならず、あらゆる可能性の総括を可能的なものとして、そして、あらゆる現実性の総括を現実的なものとして、一言で言えば、あらゆる真理の総括、或いは集合を、その最も可能的な展開のうちで、それも最も判明な、最も完全かつ最も詳細な仕方で表象しているのである。無限の知性が存在する[26]」。

かくして、「我々は、こうした仕方で、我々の自己認識（Selbsterkenntniß）の不完全性から神の現存在のための新しい学的な証明を手にしたのである[27]」。

この証明は、まず「新しい証明」である。そして、それは「学的な証明」である。実に、それは学としての形而上学における新しい証明なのである。

第三節 「新しい学的な証明」の検討

最後に、第十七講である。この講は、「最も完全にして、必然的かつ非依存的な存在者の現存在のア・プリオリな証明諸根拠」と題されている。これは、前講が「自己認識の不完全性から導かれる、神の現存在のための新しい証明」と題されていたことに対応している。

つまり、前講における証明が、メンデルスゾーンによる「新しい証明」であるならば、この第十七講における「証明諸根拠（Beweisgründe）」とは、デカルト以来の存在論的な証明のことである。しかし、そうした「諸根拠」には、カントの「唯一可能な証明根拠（Einzig möglicher Beweisgrund）」もその一つとして含まれている。

従って、以下において検討されている諸証明は、必ずしもメンデルスゾーン自身のものではない。

この点はよく注意されなくてはならない。なぜなら、次のように指摘されることがあるからである。例えば、「メンデルスゾーンは、この第十七講において、『〔純粋理性〕批判』におけるカントの論難を後にしながらも、果敢にも存在論的な証明を救おうと試みている。1763 年の「懸賞論文」において、メンデルスゾーンは、新しい存在論的な証明を提示した。それは、現存という概念を避け、その代わりに非存在や依存性という概念を用いるものであった。メンデルスゾーンは、この証明に問題があるとはさほど思っていなかったのである。彼の同時代の者たちは、とりわけカントやヤコービは、1763 年の段階において、この証明の妥当性に疑問を感じていたのであるが、メンデルスゾーンは、1785 年の段階においても、依然としてこの証明が妥当すると思っていたのである[28]」。

　違うのである。メンデルスゾーンの「新しい証明」は第十六講で出されている。そして、それは「懸賞論文」における「存在論的な証明」とは異なったものである。従って、メンデルスゾーンは、1785 年の段階においてもこの証明が妥当すると考えていたわけではない。それどころか、以下において、メンデルスゾーンはデカルト以後の存在論的な神の存在証明を哲学史的な観点を交えながら批判しているのである。

　ヤーコプなどは、カントに宛てた書簡において、「メンデルスゾーンの著作を通読しましても、古くからの証明をより強化したり支持したりすることは少しも見当たりませんでした[29]」と述べているが、それも当然のことである。それどころか、メンデルスゾーンの「新しい証明」が、そうした「古くからの証明」に対するカントの批判を踏まえた上で構想されたものであること、その点を見逃してしまっては、『朝の時間』が『純粋理性批判』の後に出版されていることの哲学史的な意義もまた測り難いこととなろう。

　さて、まずはデカルトについて次のように言われている。
　「前講で展開されたような必然的なものという概念は、デカルトのような大胆な思想家の手に掛かれば、容易に、そのような存在者の現存在のためのア・プリオリな証明を発見させてしまうようなものなのである[30]」。

では、このア・プリオリな証明とはどのようなものであるか？
　メンデルスゾーンは言っている。「何らかの現実的な現存在を、それも自分自身の現存在すらも、それが懐疑に付される限りにおいて、前提することなくしても、または、外的な、或いは内的な感官のあらゆる経験命題を前提することなくしても、人間は、定義から始めて、神は存在する！という真理への確実な歩みを進めることだろう[31]」。
　そうであるからして、「人間的な認識の全領域において、このような仕方で推理することには、例が全くないのである。到る所で、可能性から可能性へと、或いは現実性から現実性へと推理されている。心の外の実在的な現存は、心のうちの観念的な現存と同様の結合のうちに存している。つまり、諸事物は諸概念と同じような仕方で相互に対応している。概念が他の概念を必然的なものとすれば、事物もまた他の事物を〔その〕帰結として持つのである。そのため、観念的な存在者同士の必然的な結合は、我々が理性によって発見するものであるが、我々の外の現実的な存在者にも適応され得るのである。しかし、概念から直に事象が、観念的な現存在から直接に実在的かつ客観的な現存が推理されるというような、ここで必然的な存在者に関して起こっているような例は、どこにも見出されないのである[32]」。
　この箇所は、既に述べたように、ヘンリッヒによって批判された箇所である。これを例証として、ヘンリッヒは、次のように言ったのであった。「存在論的な論証においては、単なる概念規定から実在的な認識への移行が、直接的に、それも全くア・プリオリに可能であるように思われる。この証明のためには、何らかのものが現存するということが、それどころか、私は考えるということですらも前提されてはならない。この点において、モーゼス・メンデルスゾーンは、1785年に至っても、デカルト的な論証の成果を褒め称えていたのである」。
　しかし、メンデルスゾーンが言うところの「ア・プリオリな証明」とは、メンデルスゾーン自身によって新しいと言われている証明なのである。それは、概念から実在をア・プリオリに導く存在論的な証明ではない。この点を見過ごしてしまってはならない。
　さて、「デカルトは、こうした方法を見出すために、等価的な概念を置き換

えることを試みた。必然的なものに代えて、デカルトは無限なものを、つまりは最も完全な存在者を置いたのである。必然的な存在者はいかなる可変的な制限をも持ってはいないのであるから、あらゆる完全性を最高度に所有していなければならない、ということは明らかである。そこで、必然的な存在者という観念には、一つの存在者に適合し得るところのあらゆる完全な属性の総括が存している。さて、デカルトはさらに続けて、現存は明らかに事物の完全な属性の一つなのであるから、必然的なものという概念は現存という完全性もそれ自体のうちに含んでいる。かくして、必然的なものはまた現実的に現存していなければならない、と推理されたのである[33]」。

これに続いたのがライプニッツであった。

ライプニッツによれば、「必然的なものの現存在がその可能性から導き出されるのであれば、この可能性が前もって証明されていなければならない。つまり、必然的な存在者、或いは無限的な、最も完全な存在者という概念は真理を含んでおり、互いに打ち消し合うような徴表と結び付いてはいない、ということが、前もって他の諸根拠から論証されていなければならないのである[34]」。

そこで、ライプニッツは次のように考えた。「あらゆる完全性が事物の肯定的な徴表であるのと同様に、その反対に、事物のあらゆる肯定的な述語は完全性である。そこで、あらゆる肯定的な規定、或いは完全性の合一は、思考不可能なことではない。また、あらゆる完全性の総括には明らかに現存が共属している。従って、無限なもの、或いは、最も完全なものという概念から現存を切り離すことはできない、という結論は正しいものである[35]」と。

ここで言われているようなことは、今でも哲学史の定説として認められることであろう。

ライプニッツによれば、概念の可能性からその現実性が導き出される前に、その当の可能性がまず証明されなくてはならない、ということなのであった[36]。

しかし、こうした「存在論的な証明」に対しては、次のように反論されよう。「君は恣意的に概念を抽象して、それにただ虚構されたに過ぎない諸属性

を付している。そのようなことをする自由を君から奪うわけにはいかないから、そうした概念もまた認めることにしよう。しかし、君は勇み早に現存に手を伸ばして、〔諸属性の〕結び付きを完全なものとするためには、この属性も認めなくてはいけない、この概念には現実的な現存在を含めなくてはいけない、などと言う。そうしたやり口は揺すり（sycophantisch）ではないか？[37]」。（これを「第一反論」とする[38]。）

これに対して、メンデルスゾーンは次のように答えている。

「まず、抽象的な諸概念は、単に恣意的なものなのではない。それらは、少なくとも真理を含んでいなければならないし、その真理は我々の恣意に依存してはいないのである。そうした諸概念は、我々、思考する存在者の諸変様として観念的な現存在を持っていなければならず、思考されるために思考可能なものでなければならないのである[39]」。

そして、「無限なものという概念が思考可能なものであることは、既に上でライプニッツによって説明されたことである[40]」。

とはいえ、或る概念の「思考可能」性がどのような仕方で説明されようと構わないはずである。むしろ、その前提となっていること、つまり、「諸概念は、我々、思考する存在者の諸変様として観念的な現存在を持っていなければならず、思考されるために思考可能なものでなけれならない」という概念の主観的な「思考可能」性こそが重要なのである。

その点、上の反論は概念の「思考可能」性に向けられたものである。そこで、メンデルスゾーンは「また別のよりわかりやすい仕方で、その思考可能性を示すことができると思う[41]」と言って、ひとまずはこの反論に答えるために、ライプニッツとは別の仕方で「無限なもの」という概念の思考可能性を説明している。

まず、「あらゆる真理は認識可能なものでなければならない。純粋な真理であればあるほど、それを把握し理解する知性もより大きなものであり、完全な認識であればあるほど、認識する存在者もより完全なものでなければならない[42]」。

そして、「最も純粋な真理は、最も完全な知性によってのみ把握され理解さ

れ得る。高度の認識には最高度の認識力が必要である。無限の力のみが、真理をその全き無雑さにおいて包摂するのである[43]」。

　従って、「最も純粋な真理は間違いなく思考可能な・概・念・であるから、唯一それを把握できる知性が存在するのでなければならない。従って、最高度な知性、或いは無限の思考力は決して思考し得ない概念ではない。こうした概念の諸徴表が互いに打ち消し合うとすれば、最も純粋な真理は、何か自己矛盾したものとなってしまう。しかし、それは不合理である[44]」。

　ともあれ、こうしたことはあくまでも「概念」について言われていることである。それも、結局は、「現存」を述語として自らのうちに含むものとしての概念について、である。すると、それはまさしくカントによって批判されたことである。メンデルスゾーンが次のように自問するとき、念頭にあるのはカントの主張であろう。つまり、「最も完全なものという概念は、現存という完全性なくしても思考可能なのではないか？あらゆる実在性の総括は現実的な現存在という完全性なくしても思考され得るのではないか？[45]」と。

　概・念・の「思考可能」性からして、その現存を推理すること、つまり存在論的な証明は、メンデルスゾーン自身によって疑問視されているのである。

　そこで、これを受けて今度は次のような反論が出される。

　論者は言う、「君は現存在を、君の学問的な定義（Schuldefinition）に従って、本質の補完（complementum essentiae）であると、いわば事物の可能性に付け加わるもの（Zusatz）と看做している。なぜなら、我々は現存在を事物の諸属性と同じような仕方で語るからである。つまり、数は偶数である、とか、形は丸い、と言うように、事物は現実的である、と言うからである。そのために、君は、現存は事物のその他の諸々の属性や徴表と等しい性質のものであると仮定するわけだ。君の推理も、この仮定の上に成り立っている。しかし、この仮定そのものが認められ得るものではないのだ。現存は、単なる属性でもなければ、付け加わるもの、補完でもない。それは、むしろ事物のあらゆる属性や徴表の定立であって、それなくしては、それらが単なる抽象的な諸概念に留まってしまうようなものなのだ[46]」。（これを、「第二反論」とする。）

「だから」、論者は続ける、「現存とはむしろ、——47」。

「しかし」、メンデルスゾーンは言う、「現存は定義されないままに残ることだろう48」。

まず、この反論は、『純粋理性批判』ではなく、明らかに『証明根拠』におけるカントの主張を踏まえて言われていることである。それは、「補完」や「付け加わるもの」というヴォルフ派の用語が使われていることからも明らかだろう。

そして、その最後に言われている、「現存は定義されないままに残ることだろう」という付け足しは、『証明根拠』の書評におけるあの否定的な結論を思い起こさせるものである。書評では、「確かに、現存在とは事象についてのいかなる述語でもない。それは、事物全体が関わるところの或る物である。しかし、この或る物とは本来的に何であるのかということは、いかにして事物は自らの現存在を得るのか、ということに関して、我々がさらに検討を重ねるまでは、確かなことが言えないようなことであろう」と言われていた。

メンデルスゾーンが、大枠においてカントの主張を認めていたことは確かである。

1778年の小論においては、次のように言われていた。

「付言すれば、現存については、それが一つの実在性であるとも一つの完全性であるとも認められない。確かに、現存は一つの実定的な規定である。とはいえ、それは言葉では語れないものであるから、諸述語の定立となってしまうだろう、ということは否定されない」。

しかし、『朝の時間』においては、ここからしてさらに次のように言われている。「現実的な現存在は事物の属性ではなく、そのあらゆる属性の定立であるか、さもなくば、我々皆に知られてはいるが、定義され得ない或る物 (etwas unerklärbares) であるのかもしれない。ともあれ、私は偶然的なものをこうした定立なくしても思考できるのである。私は、偶然的なものの観念から、その観念そのものを棄却することなく、現存在を取り去ることができる。この観念は、事象なき概念として残るのである。しかし、必然的な存在については事情が異なる。私は、この観念から、この観念を無化することなく、現存在を切り離すことはできない49」。

この引用箇所の後半部において言われていることは、デカルトの言い分と同じである。デカルトも、「必然的な存在者」という概念を擁護して、繰り返し同じようなことを述べているのである。カントの反論を前にしても、デカルトの存在論的な証明は成り立つことだろう[50]。

　メンデルスゾーンとしても、「定義され得ない現存在に今なお気を揉む者は、私が初期の著作においてなしたように、言葉を換えて、非存在から始めれば良い。その方が困難は少ないように思われる[51]」と述べて、かつての「懸賞論文」から次のような一文を長々と引用している。「存在しないものは、・・・（既に引いた箇所であるため、以下略す）」。

　しかし、これは20年以上も前に言われたことであって、メンデルスゾーンの主張も、その頃とは変わってしまっている。それよりも、第一反論に対して「完全性」でもって答えたように、第二反論に対して今度は「必然性」をもって答えたところで、どちらも存在論的な証明を擁護していることに変わりはない。メンデルスゾーンとしては、そのどちらでもない「新しい証明」を提起したいのであった。

　そこで、メンデルスゾーンとしても、論者をして最後は次のように言わせているのである。

　「しかし、君は結局のところ、君の思考から現実性を、つまりは君の概念化する能力、或いは無能力から事物の本性を推理しているのではないか？必然的な存在者は現実的に現存しているのでなければならない。なぜなら、人間はそうした存在者をそうしたものとしてしか思考し得ないからである、と。それで、こうした推理は我々の近視眼に遺ったことなのか？我々が現実的なものとして思考せざるを得ないものは、また現実的に現存している、ということを誰が保証できるのか？[52]」。（これを、「第三反論」とする。）

　この反論は、いかなるものであれ、神の存在を証明するという試みを無効にするものである。なぜなら、どんな仕方による証明であれ、突き詰めれば、それは「人間はそうした存在者をそうしたものとしてしか思考し得ない」と言っているに過ぎないからである。

　つまり、この反論は、神の存在を証明するという試みそのものを問うてい

るのである。

　では、この反論に対して、メンデルスゾーンはどのように答えるのか？

　メンデルスゾーンは次のように言っている。「論者が、人間は神性を現実的に現存するものとして思考せざるを得ない、ということを認めるのであれば、それだけで十分なのである[53]」。

　これは、論者による反論を逆手に取ったものである。「現実的に現存するものとして思考せざるを得ない」ということさえ認められるのであれば、そこからして、そうしたものはまた「現実的に現存している」ということが帰結される——それがア・プリオリな証明なのであるから、と。

　ともあれ、これでは答えにならない。

　そこで、いったんは、「現実的に現存するものとして思考せざるを得ない」ということが、つまりはその主観的な「思考可能」性が、あの七つの公理を用いて説明される。なぜなら、それはまた学的な証明でなければならないからである。

　それによれば、「それ自らを打ち消し無化するような矛盾した或る物は、いかなる思考する存在者によっても思考され得ない。Aは現実的ではない、という命題が思考不可能で、従って真ではないとしたら、それは、主語Aが思考可能ではないからか、Aは現実的に現存している、という反対命題が認められなければならず、従って真であるからかのどちらかである。さて、必然的な存在者は現実的ではない、という否定命題は思考不可能である。この場合、否定的な述語は、主語と端的に矛盾している。従って、この命題は我々によって真と思考され得るか、何らかの思考する存在者によって思考され得るかのどちらかである。その反対は、つまり、必然的な存在者は現実的に現存する、という肯定命題は、あらゆる思考する存在者によって認められなければならず、具わった思考力の帰結なのであり、従って真理である[54]」。（これは、公理Ⅰから公理Ⅳを用いて言われていることである。）

　まさしく、「我々が現実的なものとして思考せざるを得ないものは、また現実的に現存している」ということである。言われていることは、概念の「思考可能」性ではなく、概念の主観的な「思考可能」性である。そして、この思考

可能性は公理によって裏打ちされているのである。

とはいえ、それは結局のところ主観的な「思考可能」性に過ぎないのではないか？

この点を突いたのが第三反論であった。

ここにあるのはアポリアである。論者が、「人間はそうした存在者をそうしたものとしてしか思考し得ない」ということを疑うのであれば、メンデルスゾーンは、さりとてそのように「思考せざるを得ない」ということに変わりはないだろう、と言うわけである。

つまり、第三反論は、「必然的な存在者は現実的に現存しているのでなければならない。なぜなら、人間はそうした存在者をそうしたものとしてしか思考し得ないからである」ということをそもそも問うているのであるから、しかしあらゆる思考する存在者によってそのように思考せざるを得ないではないか、と言ってみたところで、反論は有効なのである。

とまれ、メンデルスゾーンによればこの反論は成り立たない。

なぜか？

その理由は次のようである。「最も完全な存在者は現実的に現存している、という命題が我々に具わった思考力の帰結であり、従って単に主観的な真理であるだけではなく、客観的な反駁し得ない真理でもあることを証明すること以上に、いったい何が望まれようか？あらゆる思考する存在者が、その思考力によって一つの理性命題において一致する、という確信は、その真理性に最高度の確証を与える。あらゆる理性的な存在者が、そのようにそれもそのようにしか思考し得ないことは、真でしかないのである。こうした確信よりも以上のことを求める者は、それについてのいかなる概念をも、それも一つの概念とて持ち得ないような或る物を探究しているのである[55]」。

【註】

1. K. Vorländer, *Geschichte der Philosophie*, neu bearbeitet von H. Knittermeyer, Bd. 2, Hamburg, 1955, p. 304.
2. ibid., pp. 304-305.
3. Henrich, *Der ontologische Gottesbeweis*, p. 72.
4. ibid., p. 2.
5. *JubA*, Bd. 3-2, p. 148.
6. Henrich, *Der ontologische Gottesbeweis*, p. 2.
7. *JubA*, Bd. 3-2, p. 138.〈　〉と傍点は引用者による。
8. ibid., p. 141.
9. ibid. 傍点は引用者による。
10. ibid.
11. ibid.
12. ibid., p. 142.
13. ibid. 傍点は引用者による。
14. ibid. おそらく、この箇所のことであろうが、ガルヴェはそれを、「あらゆる現存する事物は何らかの存在者によって認識され表象されるのでなければならない」とまとめて、それが自身によるキケロの『義務について』の翻訳に付した注を参考にしたものと想定している。確かに、同書は朝の時間の講義においてテキストとして使われていたものである。cf. Garve an G. J. Zallikofer, Jan. 8, 1786.
15. *JubA*, Bd. 3-2, p. 142. 傍点は引用者による。
16. ibid. 傍点は引用者による。
17. ibid.
18. ibid., p. 143. 傍点は引用者による。
19. ibid. 傍点は原文強調。
20. ibid. 傍点は引用者による。文中、「実際に」とは「現実的に」と同じ意味である。事情はランベルトにおけるのと同様である。
21. cf. L. H. Jakob, *Prüfung der Mendelssohnschen Morgenstunden*, Leipzig, 1786, pp. 232. f
22. *JubA*, Bd. 3-2, p. 145. 傍点は引用者による。引用文中、「非物 (Unding)」とは当時の用語法では aliquid と違って概念が対応しない nihilum を指す。例えば、ヴォルフ『第一哲学、存在論』(1730年) の 57 節、及び 58 節を参照。
23. ibid. 傍点は原文強調。
24. ibid., pp. 145-146. 傍点は引用者による。
25. ibid., p. 146.
26. ibid. 傍点は原文強調。
27. ibid., p. 147.
28. Beiser, *The Fate of Reason*, pp. 106-207. 傍点は引用者による。なお、同様の誤解は既にエルトマンにおいて見られる。cf. J. E. Erdmann, *Versuch einer wissenschaftlichen Darstellung der Geschichte der neuern Philosophie*, Bd. 2, 2te Ab., Leipzig, 1842, pp. 483-484.
29. Von L. H. Jakob an Kant, März 26, 1786.

30　*JubA*, Bd. 3-2, p. 148. プラトナーが次のように言っている。「アンセルムスというあまり重要ではない (unbedeutend) 人物を除けば、ア・プリオリな証明を提示した最初の哲学者はデカルトである」。E. Platner, Ein Gespräch über den Atheismus, p. 282. in: *Gespräche über natürliche Religion von David Hume. Nach der zweyten Englischen Ausgabe*, Leipzig, 1781, pp. 259-396.
31　ibid.
32　ibid.
33　ibid., p. 149.
34　ibid.
35　ibid., p. 150. 傍点は引用者による。
36　第六章の第七節で述べたように、メンデルスゾーンはニコライと一緒にライプニッツの『人間知性新論』(1765年) を読んでいる。この時、二人はロックの『人間知性論』のドイツ語訳 (1755年) を参考にしていた。cf. Nicolai, *Über meine gelehrte Bildung*, p. 34.
37　*JubA*, Bd. 3-2, p. 150.
38　なお、この反論に関して、アルトマンは『純粋理性批判』(A 593-597) との関連を指摘している。
39　*JubA*, Bd. 3-2, p. 150.
40　ibid., p. 151.
41　ibid.
42　ibid.
43　ibid.
44　ibid. 傍点は引用者による。
45　ibid.
46　ibid., p. 152.
47　ibid.
48　ibid.
49　ibid., pp. 152-153.
50　この点に関しては以下を参考にした。山田弘明「カントとデカルト的証明」『名古屋大学文学部研究論集 哲学編』52号、2006年。
51　*JubA*, Bd. 3-2, p. 153.
52　ibid., p. 154. 傍点は原文強調。
53　ibid., pp. 154-155. 傍点は原文強調。
54　ibid., p. 155. 傍点は原文強調。
55　ibid. 傍点は引用者による。

結　論

　本書は、冒頭において、安藤孝行の『神の存在証明』を引用して始まったが、同書に収録された「神について」(1967年発表) という対話篇においては、次のような対話がなされている。

アーネスト「もし神の存在を支えるものが人間の信仰だとしたら、神を信じている人に向かって、われわれがそれを否定する権利はないはずだ。しかし神の存在というものは、神の人気のようなものだろうか。実際とほうもない悪漢を神さまにまつりあげるようなたくらみは昔からあとをたたないのだがね。マックス、おねがいだから言ってくれないか。なぜ君は神の存在を否定しようというのだい。それは神の観念が人生に有害だからかい。」

マックス「時には有害だね。」

アーネスト「だが存在しないものが人生に害をおよぼすことがどうして可能なんだ。」

マックス「そりゃ、害をなすのは神自身ではなくて、神の観念さ。存在しないものについての存在する観念さ。」

アーネスト「じゃ、君は本当に神の観念は存在すると言うのかい。観念というようなものがどのようにか存在することが出来るのだろうか。」

マックス「そう、それはわれわれの心の中に存在しうる。」

アーネスト「それは考えられているということとちがうかい。」

マックス「いや、同じことだ。心の中に存在するというのは考えられているということと同じだ。」

アーネスト「それじゃ、どうして同じ種類の存在を神自身にはこばむのだ。神は全く観念じゃないか。それなら神が考えられるというだけでその存在は保証されているじゃないか。存在しないものについての存在する観念とはどう

いうことなんだ[1]。」

　この対話は神の存在証明の核心を突いているように思われる。まさしく、「存在しないものについての存在する観念とはどういうことなんだ」ということである。そこで、「心の中に存在するというのは考えられているということと同じ」なのであれば、「神が考えられるというだけでその存在は保証されている」ということになる。

　しかし、ここで問題とされていることは「観念」と「存在」である。それは、まさにカントによって「存在論的な証明」と言われた証明の道具立てに他ならない。「存在しないものについての観念」が「心の中に存在する」としても、それはやはり心の中の存在であろう、と反駁される。もちろん、そこで「存在しないものについての存在する観念とはどういうことなんだ」と切り返すのが証明の醍醐味なのであるが、それは結局のところ「心の中の存在であろう」と言われればそれまでのことである。

　メンデルスゾーンによる神の存在証明の独自性は、ここで「思考する存在者」を登場させるところにある。それは、「最も完全な存在者」という概念から、それに含まれているところの実定的な規定としての現存を、その概念の無矛盾性からして導き出す「存在論的な証明」ではない。そうではなく、メンデルスゾーンによる「新しい証明」は、「あらゆる現実的なものは、ただ思考可能なものであるばかりではなく、何らかの存在者によって思考されるものでもなければならない」ということからして、その存在性を導き出すものなのである。これは、観念から存在を導き出す存在論的な証明ではなく、むしろ、そうした証明を遂行している主体を証明そのもののうちに引き込んでしまう主体的な存在証明とでも言うべきものである。そこで、この証明の基礎は、「最も完全な存在者」の完全性でもなければ、「最も必然的な存在者」の必然性でもなくして、そうした存在者を「現実的なものとして思考せざるを得ない」という「思考する主体」にとっての主観性なのである。

　メンデルスゾーンの遺作『レッシングの友人たちへ』には、ヤコービの『スピノザの教説について』にあるレッシングとの対話が引かれている。それによ

ると、ヤコービは「メンデルスゾーンのような聡明な人が、明証性についての論文におけるように、観念からする神の現存在の証明を熱心に行っているなんてことは驚きです[2]」というようなことをレッシングに言った。

その場にいたはずのグライムがなぜか一言も発しないこの対話が実際になされたものであるのか[3]、メンデルスゾーンもそれを「形而上学的な喜劇[4]」と揶揄しているわけであるが——ここで問いたいことは、この一節を引いた後で、メンデルスゾーンが「ア・プリオリな形而上学的証明[5]」とこれを言い換えていることの意味である。いや、正確に言えば、メンデルスゾーン自身がそのような認識を持っていたことの哲学史的な意味である。

この証明が、批判哲学の側から見られた場合に「形而上学的な偽証(Scheinbeweis)[6]」とでも言われるようなものであるとしても、それがメンデルスゾーン自身にとって「存在論的な証明」ではないものとして認識されていたということは事実である。それを独断的として批判的な哲学の形成を見る哲学史観とは別に、この点においてこそ、「前批判期」ならぬ批判期以前のカントの影響を見ることで、また一つの哲学史観を形成することも可能である。いや、そのような事実を「史実」として認める史観こそがドイツ哲学史を形成すべきなのではないか？

アプトがハレ大学の数学教授の座に就かずに野に下ったことについては第一章で述べたが、彼の来歴を少し振り返ると、1756年、ハレ大学に入学し、二年後に学士号を取得、フランクフルト大学の員外教授となったのが1760年のことで、その翌年にはリンテルン大学の数学教授の座に就く。しかし、アプトがリンテルンに着いたのは年の暮れのことである。その年の五月、アプトはベルリンにいた。半年ほど滞在したようだが、オイラー親子やニコライ、そしてメンデルスゾーンなどと知り合ったのはこの時である。

なぜ、アプトはベルリンに立ち寄ったのか？

ニコライの著したアプトの伝記には次のようにある。

「彼が名残惜しくもベルリンを去り、しぶしぶとリンテルンへと向かったことは確かである。大学での生活は彼にとってそもそもあまり刺激的なもので

はなかった[7]」。

しかし、これはアプトがベルリンを離れる場面である。

なぜアプトはベルリンを訪れたのか？

その理由をニコライは次のように述べているが、これは必ずしも客観的な記述とは言えないのかもしれない。「大学教授の境遇というものは、長くそこに留まっていると、世間を多角的に学ぶということができなくなる、ということを少ない経験からではあるが彼は学んでいたのである。(中略)ベルリンは、大衆的な街で、学芸が栄え、いろいろな人がいて、人間のやることなすことを知ろうと街を訪れる人には実に多様な劇を演じて見せる[8]」。

アプトがヴェストファーレン行きをためらっていたことは事実のようだ[9]。しかし、ニコライにしてみれば、エーベルハルトだって大学での生活にはあまり気乗りしないままにハレ大学へと赴いたことになる[10]。

ニコライは書籍商であったが、その徒弟修業時代をフランクフルトで過ごしている。大学にもぐり込んだニコライは、バウムガルテンの講義を扉の外で聴いた。教室の中に入ることはできなかったようだが、そのうち学生たちとも仲良くなり、ノートを見せてもらうこともあった。後年、フィヒテとの間に論争を生じたとき、彼は自伝を書いて、このように自分の教養というものが「学識」を欠くものではないと主張したのである。

そのニコライやメンデルスゾーンを中心として、ベルリン啓蒙という運動はあった。

1740 年、プロイセン王に即位したフリードリヒ二世は、アカデミーの再編に着手する。この時、ベルリンに招かれたのはモーペルテュイとヴォルフである。戦争による紆余曲折を経ながらも、1746 年、モーペルテュイが総裁の座に就くことでその再編は完了する。

では、ヴォルフはどうしたのか？

大王の呼びかけに応じなかったヴォルフであるが、自分をハレ大学に呼び戻すように頼んだのであった。この頼みは直ちに聞き入れ、ヴォルフはハレの街を凱旋する。ハレ大学がヴォルフ派の牙城となるのはこの時である。

アカデミー再編の結末は、フランス系のフィロゾーフがその主要なメンバー

となって「ライプニッツ＝ヴォルフ学派」に対する反動が形成されたということだけではない。それはまた、ヴォルフという大学人がベルリンという大学のない街を選ばなかったということでもある。

ヴォルフ哲学の再興と学問の通俗化という一見して矛盾した出来事がベルリンを中心として起こり、それもメンデルスゾーンのような在野の教養人を中心としてそれが起こったということは、こうした事情を背景として理解されることである。

ヴォルフ派の「決起した年」は1735年とされるし[11]、ベルリンのヴォルフ主義者たちの間ではやや遅れて1736年のことであるが[12]、モーペルテュイとヴォルフが袂を分かった1740年こそが思想史上に刻まれるべき象徴的な年である。アカデミーの再編は1744-46年の出来事だが、思弁哲学部門が新設されたのもこの時である。一人のユダヤ人が王立アカデミーで表彰されるという出来事の事件性は、独断的形而上学から批判哲学へ、という従来の哲学史においては確認されない。それは、ドイツ語で書かれた論文が思弁哲学部門の懸賞を制した最初の時であった。

メンデルスゾーンの友人であったグンペルツはモーペルテュイの秘書をしていた。彼の紹介もあってか、メンデルスゾーンがモーペルテュイのもとを訪れたのは1755年の10月10日のことである。当日、メンデルスゾーンはレッシングに手紙を書いている。

「朝の十時頃、ズルツァー教授たちとモーペルテュイの所へ行きます。彼が何を言うのか楽しみですが、僕は何も話せないと思います。僕が臆病者だってことは君も知っているでしょう[13]」。

レッシングは、「君とモーペルテュイが何か大事なことを話し合ったとしたらいかにも滑稽だね[14]」と返しているが、メンデルスゾーンがモーペルテュイのもとを訪ねることはもう二度となかった[15]。

マイモンの自伝は有名だが、グンペルツも自伝を書いている。しかし、それはヘブライ語で書かれている。ヘブライ文字でドイツ語の文章を書くという習慣もあった当時、メンデルスゾーンがドイツ語で哲学書を著したことの

意義は、ヴォルフがドイツ語で哲学書を著したこととはまた違った角度から評価されなくてはならない。

序論において述べたように、メンデルスゾーンの初期の著作は全て匿名で出版されている。『ゲッティンゲン学報』(1755年5月29日号) に掲載された『哲学対話』の書評において、ミヒャエーリスはそれがレッシングの著作ではないかと疑っている。9月7日、メンデルスゾーンはミヒャエーリスに手紙を書いて、著者が自分であること、そして『感情について』という本も出版する予定であるから見本を送りましょうか、と言っている。『ゲッティンゲン学報』の10月2日号において、ミヒャエーリスは著者が「ユダヤ人[16]」であることを告示する。メンデルスゾーンはプレモンヴァルに宛てた手紙においても同じようなことを言っている。

そこで、メンデルスゾーンがアカデミーにおいて表彰される以前から、彼が『哲学対話』と『感情について』の著者であり——いや、「ユダヤ人」であることは識者の間で広く知られていたようである。グライムの手紙には、この二冊の本の著者は「まだとても若いユダヤ人」とある[17]。ツィンマーマンの『孤独の考察』(1756年) でも、『哲学対話』は「ユダヤ人」の著作とされているのである[18]。

ベルリンを舞台に繰り広げられたメンデルスゾーンとラーファターとの論争は有名である。これについては日本語で読める先行研究も多い。しかし、思想史の上からすると、メンデルスゾーンの『イェルサレム』が宗教界に巻き起こした反響の方が重要である。寛容は確かに啓蒙主義の重要なトピックスの一つであるが、ベルリン啓蒙という一時代をドイツ観念論へと展開する思想史の上に位置づけた場合、彼がユダヤ人であることに対する周囲の不寛容な態度こそが歴史的な原動力として働いていたと言える。

ところが、そのユダヤ人においてこそ、「ライプニッツ=ヴォルフ学派」の哲学はドイツ哲学として出来したのである。それをライプニッツ哲学の通俗化とする後代の恣意は、それがベルリンという大学のない街で起きた出来事であったことの意味を逸している。ライプニッツやヴォルフがメンデルスゾーンにとって「ドイツ人」であったことの意味は、当時のベルリンにおける状況

に目を向けなくては理解されない。理性批判を理解したとかしなかったとか、そんなことを問題とする哲学史は「歴史の精神」を欠いている。哲学史とはむしろ誤読の歴史である。「すべてを破砕するカント」という文言に引きずられて、批判を理解しなかった独断的形而上学者による遺産と『朝の時間』を誤読した時、ドイツ観念論という新時代は始まるのだ。

＊　＊　＊

　本書は博士論文「メンデルスゾーンの形而上学——神の存在の「新しい学的な証明」——」に修正を加えた上、加筆したものである。平成26年度、立正大学大学院文学研究科、文博（甲）第68号、主査は湯浅正彦教授、副査は松永澄夫教授と村田純一教授である。出版に際しては副題を変えているが、論文ほど主題を明らかにする必要はないと考えた。それに合わせて、結論の後半部も変えてある。安藤孝行の引用に違和感を抱く向きもあろうが、少なくとも我が国において最初にヴォルフ哲学を評価したのは安藤であり、それもデカルトやカントを差し押さえて、「可能性の補完」というヴォルフの現存在概念を「独創」として評価したのが安藤であることは記憶されるべきであろう。形而上学に限って言えば、本書はメンデルスゾーンに関する最初の研究書となろうが、美学や宗教学などに関して言えば、先行研究として評価されるべき論文は多数ある。主として本文中に引用したものに関しては参考文献として巻末に挙げておいたが、全てを網羅したものではないことをお断りしておく。筆者が形而上学に主題を限定することができたのも、そうした先行研究があってのことである。

　本論は、もともと批判期前期のカントとの関係を明らかにするために起こされたものである。しかし、論を進めるに際して、意外にもランベルトやレッシングの影響が大きいことがわかった。しかも、博士論文として提出後、ハーマンが貴重な証言を多く残していること、またアプトとの関係についても無視できない事柄が多いことに気づき、大幅に加筆することとなった。その分、論としての一貫性は失われたかもしれないが、後学のためにも書いておくべ

き価値のあることと信じている。

　私がドイツ語を習い始めたのは修士課程の二年目に入ってからのことである。当時の指導教官と長ければ三時間にわたる個人指導を受けながら、ブーバーとかフィヒテを読んでいた。夏が明けると、山口修二先生のもとでカントの原典講読を受ける機会を得た。その時、三人の後輩たちと授業が終わっても何時間と復習していたことは楽しい思い出である。グンペルツを始めとして、レッシングやニコライ、アプトといった学友たちがいなければメンデルスゾーンという哲学者はいなかった。小学校くらいしか学校という学校に通わなかった私にとって、彼らとの時間は授業らしい授業を受けながら学んだ短いひと時であった。彼ら後輩に捧ぐ。

【註】

1　安藤『神の存在証明』、165-166 頁。
2　Jacobi, *Über die Lehre des Spinoza in Briefen an den Herrn Moses Mendelssohn*, 1785, p. 3.
3　cf. W. Schröder, *Spinoza in der deutschen Frühaufklärung*, Würzburg, 1987, p. 237（n. 171）.
4　*JubA*, Bd. 3-2, p. 195.
5　ibid., p. 193.
6　C. L. Reinhold, *Briefe über die Kantische Philosophie*, Bd. 1, Leipzig, 1790, p. 142.
7　F. Nicolai, *Ehrengedächtniß Herrn Thomas Abbt*, Berlin-Stettin, 1767, p. 15.
8　ibid., p. 14.
9　cf. Von Abbt an Segner, Apr. 3, 1761.
10　cf. F. Nicolai, *Gedächtnißschrift auf Johann August Eberhard,* Berlin-Stettin, 1810, p. 28.
11　cf. G. Mühlphordt, Radikaler Wolffianismus. Zur Differenzierung und Wirkung der Wolffschen Schule ab 1735, in: W. Schneiders (hg.), *Christian Wolff 1679-1754*, Hamburg, 2te Auf., 1986.
12　S. Carboncini, Wolffianismus in Berlin, p. 93, in: W. Förster (hg.), *Aufklärung in Berlin*, Berin, 1989, pp. 73-101.
13　Von Mendelssohn an Lessing, Oct. 10, 1755.
14　Von Lessing an Mendelssohn, Dec. 8, 1755.
15　Von Mendelssohn an Lessing, Mai, 1756.
16　*Göttingische Anzeigen von gelerhten Sachen*, Bd. 2, Göttingen, 1755, p. 1107.
17　Von J. W. L. Gleim an J. P. Uz, Feb. 12, 1756.
18　J. G. Zimmermann, *Betrachtungen über die Einsamkeit*, Zürich, 1756, p. 67.

参考文献一覧

≪一次文献≫

メンデルスゾーンの著作、及びその訳書

M. Mendelssohn（1786）, *Abhandlung über die Evidenz in metaphysischen Wissenschaften,* neue Auf, Berlin.
―― （1786）, *Verzeichniß der auserlesenen Büchersammlung des seeligen Herrn Moses Mendelssohn,* H. Meyer（hg.）, Berlin.
―― （1789）, *Moses Mendelssohns kleine philosophische Schriften. Mit einer Skizze seines Lehres und Charakters,* D. Jenisch（hg.）, Berlin.
―― （1843-45）, *Gesammelte Schriften,* G. B. Mendelssohn（hg.）, 7 Bde., Leipzig.
―― （1929-）, *Gesammelte Schriften, Jubiläumsausgabe* [= *JubA*], Berlin, 1929-1932, Breslau, 1938; fortgesetzt von A. Altmann in Gemeinschaft mit H. Bar-Dayan, E. J.Engel, L. Strauß, W. Weinberg, Stuttgart-Bad Cannstatt, 1974 f.
―― （1979）, *Morgenstunden,* D. Bourel（hg.）, Stuttgart.
―― （1989）, *Schriften über Religion und Aufklärung,* M. Thom（hg.）, Berlin.
―― （1997）, *Philosophical Writings,* D. O. Dahlstrom（trans.）, Cambridge.
―― （2011）, *Morning Hours, Lectures on God's Existence,* D. O. Dahlstrom, C. W. Dyck（trans.）, Dordrecht.

同時代の諸著作、及びその訳書

T. Abbt（1765）, *Alexander Gottlieb Baumgartens Leben und Character,* Halle.
―― （1781）, *Vermischte Werke. Sechster Theil welcher Briefe und Fragmente enthält,* Berlin-Stettin.
―― （1782）, *Freudschaftliche Correspondenz,* neue u. mit Anm. von Moses Menedelssohn vermehrte Auf., Frankfurt-Leipzig.
J. B. Basedow（1771）, *Das Methodenbuch für Väter und Mütter der Familien und Völker,* 2te Auf., Leipzig.
A. G. Baumgarten（1757）, *Metaphysica,* 4te Auf., Halle.
―― （1766）, *Metaphysik,* G. F. Meier（übers.）, Halle.
P. Bayle（1744）, *Herrn Peter Baylens Historisches und Kritisches Wörterbuch, nach der neuesten Auflage 1740 ins Deutsche übersetzt; mit des berühmten Freyherrn von Leibnitz, auch versviedenen andern Anmerkungen, sonderlich bey anstößigen Stellen wie auch einigen Zugaben versehen, von Johann Christoph Gottscheden,* 4ter Theil, O bis Z, Leipzig.
I. Beausobre（1753）, *Dissertations philosophiques,* Paris.
G. Berkeley（1756）, *Samlung der vornehmsten Schriftsteller die Würklichkeit ihres eignen Körpers und der ganzen Körperwelt läugnen. Enthaltend des Berkeleys Gespräche zwischen Hylas und Philonous…, Uebersetzt und mit wiederlegenden Anmerkungen versehen nebst einem Anhang, worin die Würklichkeit der Körper erwiesen*

wird von Joh. Christ. Eschenbash, Rostock.
— (1781), *Philosophische Werke*, 1ster Theil, Leipzig.
J. G. Buhle (1805), *Geschichte der neuern Philosophie für der Epoche der Wiederherstellung der Wissenschaften*, Bd. 6, 2te Hälfte, Göttingen.
C. Bonnet (1755), *Essai de Psychologie, ou considerations sur les operations de l'ame, sur l'habitude et sur l'education etc.*, Londres.
—— (1769), *Herrn Carl Bonnets, verschidener Akademieen Mitglieds, philosophische Untersuchung der Beweise für das Christenthum. Samt desselben Ideen von der künftigen Glückseligkeit des Menschen, aus dem Französischen übersetzt, und mit Anmerkungen herausgegeben von Johann Caspar Lavater*, Zürich.
C. A. Crusius (1747), *Weg zur Gewißheit und Zuverläßigkeit der menschlichen Erkenntniß*, Leipzig.
—— (1766), *Entwurf der nothwendigen Vernunft=Wahrheiten, wiefern sie den zufälligen entgegen gesetzet werden*, 3te Auf., Leipzig.
J. A. Eberhard (1781), *Vorbereitung zur natürlichen Theologie*, Halle.
—— (1782), *Amyntor. Eine Geschichte in Briefen*, Berlin-Stettin.
—— (1794), *Versuch einer Geschichte der Logik und Metaphysik*, Bd. 1, Halle.
W. L. G. F. v. Eberstein (1794) *Versuch einer Geschichte der Logik und Metaphysik bey den Deutschen von Leibnitz bis auf gegenwärtige Zeit*, Bd. 1, Halle.
J. J. Engel (1786), *Moses Mendelssohns letzten Lebenstäge*, Prag.
J. G. H. Feder (1783), *Logik und Metaphysik*, 3te Auf., Göttingen-Gotha.
J. H. S. Formey (1754), *Mélanges Philosophiques*, 1er Tome, Leide.
D. Friedländer (1805), Kant und Herz. An Bibliotheker Biester, in: *Neue Berlinische Monatschrift*, Bd. 13, Berlin-Stettin.
—— (1819), *Moses Mendelssohn. Fragmente von ihm und über ihm*, Berlin.
C. Garve (1796), Von der Popularität des Vortrages, in: his *Vermischte Aufsätze*, 1ster Theil, Breslau.
—— (1804), *Christian Garve und Georg Joachim Zollikofer, nebst einigen Briefe des erstern an andere Freude*, Breslau.
J. W. L. Gleim und J. P. Uz (1899), *Briefwechsel*, C. Schüddekopf (hg.), Tübingen.
J. G. Gottsched (1756), *Erste Gründe der gesammten Weltweisheit, darinn alle philosophische Wissenschaften, in ihrer natürlichen Verknüpfung, in zwenen Theilen abgehandelt werden*, 6te Auf., Leipzig.
J. G. Hamann (1758), *Gedanken über meine Lebenslauf*, London.
—— (1784), *Golgatha und Scheblimini!*, Riga.
—— (1955-1979), *Briefwechsel*, W. Ziesemer, A. Henkel (hgg.), 7 Bde., Wiesbaden.
A. Hennings (1779), *Philosophische Versuche*, 2 Bde., Copenhagen.
J. G. Herder (1984-2001), *Briefe. Gesamtausgabe*, 10 Bde., Weimar.
M. Herz (1771), *Betrachtungen aus der spekulativen Weltweisheit*, Königsberg.
D. Hume (1755), *Philosophische Versuche über die Menschliche Erkenntniss, von David Hume, Ritter. als dessen vermischter Schrifte zweyter Theil., nach der zweyten vermehnten Ausgabe aus dem Englischen übersetzt, und mit Anmerkungen des Herausgebers begleitet*, Hamburg-Leipzig.
—— (1781), *Gespräche über natürliche Religion. Nebst einem Gespräch über den Athe-*

ismus von Ernst Platners, Leipzig.
F. H. Jacobi (1782), *Etwas das Leßing gesagt hat. Ein Commentar zu den Reisen der Päpste nebst Betrachtungen von einem Dritten*, Berlin.
——— (1785), *Über die Lehre des Spinoza in Briefen an den Herrn Moses Mendelssohn*, Breslau.
——— (1786), *Wider Mendelssohns Beschuldigungen betreffend die Briefe über die Lehre des Spinoza*, Leipzig.
——— (1787), *David Hume über den Glauben, oder Idealismus und Realismus. Ein Gespräch*, Breslau.
L. H. Jakob (1786), *Prüfung der Mendelssohnschen Morgenstunden*, Leipzig.
I. Kant (1763), *Der einzig mögliche Beweisgrund zu einer Demonstration des Dasein Gottes*, in: *Werke*, Bd. 2, Königlich Preußischen Akademie der Wissenschaften, Berlin, 1912.
——— (1963), *Der einzig mögliche Beweisgrund zu einer Demonstration des Dasein Gottes*, K. Reich (hg.), Hamburg.
——— (1979), *The one possible Basis for a Demonstration of God*, G. Treash (trans.), New York.
——— (1992), *Theoretical Philosophy, 1755-1770*, D. Walford (trans., ed.), Cambridge UP.
——— (2011), *Der einzig mögliche Beweisgrund zu einer Demonstration des Dasein Gottes*, L. Kreimendahl, M. Oberhausen (hgg.), Hamburg.
J. H. Lambert (1761), *Cosmologische Briefe über die Einrichtung des Weltbaues*, Augsburg.
——— (1762), Über die Methode die Metaphysik, Theologie und Moral richtiger zu beweisen, in: *Kantstudien-Ergänzungshefte*, Nr. 42, K. Bopp (hg.), 1918.
——— (1764), *Neues Organon oder Gedanken über die Erforschung und Bezeichnung des Wahren und dessen Unterscheidung vom Irrthum und Schein*, 2 Bde., Leipzig.
——— (1771), *Anlage zur Archtectonic, oder Theorie des Einfachen und des Ersten in der philosophischen und mathematischen Erkenntniß*, Riga.
——— (1782), *Logische und philosophische Abhandlungen*, Bd. 1, Berlin.
——— (1782), *Deutscher gelehrter Briefwechsel*, J. Bernoulli (hg.), Bd. 2, Berlin.
——— (1988), *Texte zur Systematologie und zur Theorie der wissenschaftlichen Erkenntnis*, Siegwart (hg.), Hamburg.
——— (1990), *Neues Organon oder Gedanken über die Erforschung und Bezeichnung des Wahren und dessen Unterscheidung vom Irrthum und Schein*, P. Heyl (hg), G. Schenk (bearb.), 2 Bde., Berlin.
G. W. Leibniz (1720), *Recuel de diverses pieces, sur la philosophie, la religion, naturelle, l'histoire, les mathematiques, &c, par Mrs. Leibniz, Clarke, Newton, & autres Autheurs célèbres*, tome 2, Amsterdam.
——— (1740), *Des Freyherrn von Leibnitz Kleinere Philosophishe Schriften usw.,mit einer Vorrede Herrn Christian Wolffs usw., ehedem von dem Jenaischen Philosophen Herrn Heinrich Köhler teutsch übersetzet nun auf das neue übersehen von M. Caspar Jacob Huth usw*, Jena.
——— (1763), *Herrn Gottfried Wilhelms, Freyherrn von Leibnitz, Theodicee, das ist,*

Versuch von der Güte Gottes, Freyheit des Menschen, und vom Ursprunge des Bösen, bey dieser fünften Ausgabe durchgehends verbessert, auch mit neuen Zusätzen und Anmerkungen vermehret, von Johann Christoph Gottscheden, Hannover-Leipzig.

—— (1765), *Oeuvre Philosophiques Latine & Françoises de feu Mr. de Leibniz. tirées de ses manuscrits qui se conservent dans la Bibliotheque royale à Hanovre, et publiées par Mr. Rud. Eric Raspe*, Amsterdam et Leipzig.

G. E. Lessing (1763), *Durch Spinoza ist Leibnitz nur auf die Spur der vorherbestimmten Harmonie gekommen.*

—— (c. 1763), *Über die Wirklichkeit der Dinge außer Gott.*

—— (1778), *Eine Duplik*, Brannschweig.

—— (1780), *Die Erziehung des Menschengeschlechts*, Berlin.

—— (1784), *Gotthold Ephraim Leßings theologischer Nachlaß*, Berlin.

—— (1794), *G. E. Lessings Briefwechsel mit Karl Wilhelm Ramler, Johann Joachim Eschenburg, und Friedrich Nicolai*, Nicolai (ed.), Berlin-Stettin.

—— (1987-1994), *Briefe von und an Lessing*, H. Kiesel (hg.), 3 Bde., Frankfurt am Main.

J. Locke (1757), *Herrn Johann Lockens Versuch vom Menschlichen Verstande. Aus dem Englichen übersetzt und mit Anmerkungen versehen von H. E. Poleyen*, Altenburg.

S. Maimon (1793), *Lebensgeschichte*, K. P. Moritz (hg.), 2ter Theil, Berlin.

L. M. Maupertuis (1751), *Essai de Cosmologie*, Leide.

—— (1758), Examen Philosophique de la Prevue de l'Existence de Dieu employée dans l'Essai de Cosmologie, in: *Histoire de l'Academie Royale des Sciences et Belles Lettres, année MDCCLVI*, Berlin.

G. F. Meier (1755-59), *Metaphysik*, 4 Bde., Halle.

—— (1758), *Versuch einer Erklärung des Nachtwandelns*, Halle.

C. Meiners (1789), *Grundriß der Geschichte der Weltweisheit*, 2te verbesserte Auf., Lemgo.

J. Mendelssohn (1843), Moses Mendelssohns Lebensgeschichte, in: G. B. Mendelssohn (hg.), *Moses Mendelssohns gesammelte Schriften*, Bd. 1, Leipzig.

M. Merian (1763), Précis du discours, qui a rempoté le Prix, in: *Dissertation qui a remporté le prix proposé par l'académie royale des sciences et des belles lettres de Prusse sur la nature, les espèces et les degrés de l'évidence*, Berlin, 1764.

F. Nicolai (1767), *Ehrengedächtniß Herrn Thomas Abbt*, Berlin-Stettin.

—— (1786), Etwas über den Töd Moses Mendelssohns, in: *Allgemeine deutsche Bibliothek*, Bd. 65, 2tes Stück, Berlin-Stettin.

—— (1786), *Beschreibung der Königlichen der Residenzstädte Berlin und Potsdam*, 3te völlig umgearbeitete Auf., Bd. 2, Berlin.

—— (1799), *Über meine gelehrte Bildung*, Berin-Stettin.

—— (1800), Etwas über den verstorbenen Rektor Damm und Moses Mendelssohn, in: *Neue Berlinische Monatsschrift*, Bd. 3, Berlin-Stettin.

—— (1810), *Gedächtnißschrift auf Johann August Eberhard*, Berlin-Stettin.

H. S. Reimarus (1760), *Allgemeinen Betrachtungen über die Triebe der Thiere, hauptsächlich über ihre Kunsttriebe. Zum Erkenntniß des Zusammenhanges der Welt, des Schöpfers und unser selbst*, Hamburg.

―― (1781), *Abhandlungen von den vornehmsten Wahrheiten der natürlichen Religion*, 5te Auf., durchgesehen, u. mit einigen Anm. begleitet von Joh. Alb. Hinr. Reimarus, Hamburg.
J. A. H. Reimarus (1787), *Ueber die Gründe der menschlichen Erkentniß*, Hamburg.
C. L. Reinhold (1790-92), *Briefe über die Kantische Philosophie*, 2 Bde., Leipzig.
F. W. J. Schelling (1812), *Denkmal der Schrift von den göttlichen Dingen etc.*, Tübingen.
J. H. Schulz (1784), *Philosophische Betrachtung über Theologie und Religion überhaupt und über die jüdische insonderheit*, Frankfurt am Main.
G. J. 'sGravesande (1755), *Einleiting in die Weltweisheit worinn die Grundlehre samt der Vernunftlehre vorgetragen wird*, aus der zweyten Leydenschen Auf., Halle.
J. N. Tetens (1777), *Philosophosche Versuche über die menschliche Natur und ihre Entwickelung*, Bd. 1, Leipzig.
J. C. F. Vornfräger (1788), *Ueber das Daseyn Gottes in Beziehung auf Kantische und Mendelssohnsche Philosophie*, Hannover.
C. Wolff (1733), *Ausführliche Nachricht von seine eigenen Schrifften, die er in deutscher Sprache von den verschiedenen Theilen der Welt=Weißheit heraus gegeben*, vermehrte Auf, Franckfurt am Mayn.
―― (1733), *Vernünfftigen Gedancken von der Menschen Thun und Lassen*, Franckfurt-Leipzig.
―― (1733), *Vernünfftigen Gedancken von Gott, der Welt, und der Seele des Menschen, auch allen Dingen überhaupt, anderer Theil*, 3te Auf., Halle.
―― (1736), *Gesammlete kleine philosophische Schriften*, Bd. 1, Halle.
―― (1744a), *B. v. S. Sittenlehre widerleget von dem berühmten Weltweisen unserer Zeit Herrn Christian Wolf*, Frankfurt-Leipzig.
―― (1744b), *Natürliche Gottesgelahrheit nach beweisender Lehrhart abgefasset. Zweyter Theil, darin die Wircklichkeit und Eigenschaften Gottes aus dem Begriff des vollkommensten Wesens und der Natur der Seele bewiesen, wie auch die Gründe der Gottesverleugnung Deisterey, Fatalisterey, Spinozisterey und andern schädlichen Irrthümer von GOTT über den Hausen gestossen werden. Aus der lateinischen Urkunde übersetzt*, Halle.
―― (1752), *Vernünfftigen Gedancken von Gott, der Welt, und der Seele des Menschen, auch allen Dingen überhaupt*, neue Auf., Halle.
―― (1754), *Vernünfftigen Gedancken von den Kräfften des menschlichen Verstandes*, vermehrte Auf., Halle.
J. G. Zimmermann (1756), *Betrachtungen über die Einsamkeit*, Zürich.

≪二次文献≫

論文集

F. Grunert, F. Vollhardt (hgg.), *Aufklärung als praktische Philosophie*, Tübingen, 1998.
M. Awerbuch, S. J-Wenzel (hgg), *Bild und Selbstbild der Juden Berlins zwischen Aufklärung und Romantik*, Berlin, 1992.
W. Schneiders (hg.), *Christian Wolff 1679-1754*, Hamburg, 2te Auf., 1986.

N. Hinske (hg.), *Ich handle mit Vernunft... Moses Mendelssohn und die europäische Aufklärung*, Hamburg, 1981.
G. Schulz (hg.), *Lessing und der Kreis seiner Freude*, Heidelberg, 1985.
M. Albrecht, E. J. Engel (hgg.), *Moses Mendelssohn im Spannungsfeld der Aufklärung*, Stuttgard-Bad Cannstatt, 2000.
M. Albrecht, E. J. Engel, N. Hinske (hgg.), *Moses Mendelssohn und die Kreise seiner Wirksamkeit*, Tübingen, 1994
R. Munk (ed.), *Moses Mendelssohn's Metaphysics and Aesthetics*, Dordrecht, 2011.
F. Schlichtegroll (hg.), *Nekloge der Teutschen für das neunzehnte Jahrhundert*, Bd. 3, Gotha, 1805.
H. Heimsoeth, D. Henrich, G. Tonelli (hgg.), *Studien zu Kants philosophischer Entwicklung*, Hildesheim, 1967.

研究書、及び研究論文（欧文）

M. Albrecht (1986), *Moses Mendelssohn 1729-1786*, Wolfenbüttel.
—— (1994), *Eklektik*, Stuttgart-Bad Cannstatt.
—— (1998), Moses Mendelssohn über Vorurteile, in: *Aufklärung als praktische Philosophie*.
H. E. Allison (1973), Kant's Critique of Berkeley, in: *Journal of the History of Philosophy*, XI/1.
—— (1982), Lessing's Spinozistic Exercises, in: *Lessing Yearbook Supplement. Humanität und Dialog*, Wayne State UP.
A. Altmann (1969), *Moses Mendelssohns Frühschriften zur Metaphysik*, Tübingen.
—— (1969), Briefe Karl Gotthelf Lessings an Moses Mendelssohn, in: *Lessing Yearbook*, I.
—— (1966), Moses Mendelssohn on Leibniz and Spinoza, in: his *Die trostvolle Aufklärung*.
—— (1971), Lessing und Jacobi, das Gespräch über den Spinozismus, in: his *Die trostvolle Aufklärung*.
—— (1973), *Moses Mendelssohn. A biographical Study*, Alabama UP.
—— (1975), Moses Mendelssohn's Proofs for the Existence of God, in: his *Essays in Jewish Intellectual History*, New England UP, 1981.
—— (1982), *Die trostvolle Aufklärung*, Stuttgart.
—— (1985), Moses Mendelssohn as the Archetypal German Jew, in: J. Reinharz, W. Schatzberg (eds.), *The Jewish Response to German Culture*, New England UP.
—— (1994), Das Bild MosesMendelssohns im deutschen Idealismus, in: *Moses Mendelssohn und die Kreise seiner Wirksamkeit*.
M. Apel (1904), *Immanuel Kant. Ein Bild seines Lebens und Denkens*, Berlin.
H. W. Arndt (1971), *Methodo scientifica pertractatum. Mos geometricus und Kalkülbegriff in der philosophischen Theorienbildung des 17. und 18. Jahrhunderts*, Berlin.
M. Awerbuch (1992), Moses Mendelssohns Judentum, in: *Bild un Selbstbild der Juden Berlins zwischen Aufklärung und Romantik*.
C. Bartholméss (1851), *Histoire philosophie de l'academie de Prusse depuis Leibniz*

jusqu'a Schelling, Paris, tome 2.
L. W. Beck (1969), *Early German Philosophy*, Harvard UP.
F. C. Beiser (1987), *The Fate of Reason. German philosophy from Kant to Fichte*, Harvard UP.
D. Bell (1984), *Spinoza in Germany from 1670 to the Age of Goethe*, London.
R. Bezold (2002), Baumgartens Tod, in: H-J. Schings et al. (hgg.), *Prägnanter Moment. Studien zur deutschen Literatur der Aufklärung und Klassil*, Würzburg.
P. Boehm (1906), *Die vorkritischen Schriften Kants*, Straßburg.
D. Bourel (1978), Les réserves de Mendelssohn, Rousseau, Voltaire et le juif de Berlin, in: *Revue internationale de Philosophie*, 32e année, 124-125.
―― (1985), Die Kontroverse zwischen Lessing und Mendelssohn um die Ewigkeit der Hollenstrafen bei Leibniz, in: *Lessing und der Kreis seiner Freude*.
―― (1988), Spinoza et Mendelssohn en 1755, in: *Revue de Metaphysique et de Morale*, 93e année, 2.
W. Breidert (1985), Die Rezeption Berkeleys in Deutschland im 18. Jahrhundert, in: *Revue internationale de philosophie*, 39e année, 154.
C. Buschmann (2000), Wie bleibt Metaphysik als Wissenschaft möglish? in: *Moses Mendelssohn im Spannungsfeld der Aufklärung*.
S. Carboncini (1989), Wolffianismus in Berlin, in: W. Förster (hg.), *Aufklärung in Berlin*, Berin.
―― (1991), *Transzendentale Wahrheit und Traum. Christian Wolffs Antwort auf die Herausforderung durch den Cartesianischen Zweifel*, Stuttgard-Bad Cannstatt.
K. Christ (1988), *Jacobi und Mendelssohn. Eine Analyse des Spinozastreits*, Würzburg.
R. Ciafardone (1986), Von der Kritik an Wolff zum vorkritischen Kant, Wolff-Kritik bei Rüdiger und Crusius, in: *Christian Wolff 1679-1754*.
H. Cohen (1873), *Die systematischen Begriffe in Kants vorkritischen Schriften nach ihrem Verhältniss zum kritischen Idealismus*, Berlin.
D. O. Dahlstrom (2011), Verbal Disputes in Mendelssohn's Morgenstunden, in: *Moses Mendelssohn's Metaphysics and Aesthetics*.
T. W. Danzel (1848), *Gottshed und seine Zeit. Auszüge aus seinem Briefwechsel*, Leipzig.
M. L. Davies (2001), Gedanken zu einem ambivalenten Verhältnis. Marcus Herz und Immanuel Kant, in: V. Gerhardt, R-P. Horstmann, R. Schumacher (hgg.), *Kant und die Berliner Aufklärung. Akten des IX. Internationalen Kant-Kongresses, Band V, Sektionen XV-XVIII*, Berlin.
C. W. Dyck (2011), Turning the Game against the Idealist. Mendelssohn's Refutation of Idealism in the Morgenstunden and Kant's Replies, in: *Moses Mendelssohn's Metaphysics and Aesthetics*.
J. École (1983), La Critique wolffienne du Spinozisme, in: *Archives de Philosophie*, 46.
E. Engel (1979), The Emergence of Moses Mendelssohn as Literary Critic, in: *Year Book*, Leo Baeck Institute, XXIV.
―― (1986), Friedrich Nicolai an Johann Peter Uz. Ein frühes Zeugnis zu Moses Mendelssohns ‚Lehrjahren', in: *Mendelssohn Studien*, Bd. 6.
―― (2004), Mendelssohn contra Kant. Ein frühes Zeugnis der Auseinandersetzung mit Kants Lehre von Zeit und Raum in der Sissertation von 1770, in: *Kantstudien*, 95 Jahg.,

Heft 3.

H-J, Engfer (1986), Zur Bedeutung Wolffs für die Methodendiskussion der deutschen Aufklärungsphilosophie, in: *Christian Wolff 1679-1754*.

B. Erdmann (1878), *Kant's Kritizismus in der ersten und in der zweiten Auflage der Kritik der reinen Vernunft. Eine historische Untersuchung*, Leipzig.

J. E. Erdmann (1842), *Versuch einer wissenschaftlichen Darstellung der Geschichte der neuern Philosophie*, Bd. 2, 2te Ab., Leipzig.

K. Fischer (1867), *Geschichte der neuern Philosophie*, Bd. 2, 2te neue Auf., Heidelberg.

P. Franks (2011), Divided by Common Sense. Mendelssohn and Jacobi on Reason and Inferential, in: *Moses Mendelssohn's Metaphysics and Aesthetics*.

G. Giovanni (1998), Hume, Jacobi, and Common Sence, in: *Kantstudien*, 89 Jahrg., Heft 1.

J. Guttmann (1906), *Kants Gottesbegriff in seiner positiven Entwicklung*, Berlin.

A. Harnack (1900), *Geschichte der Königlich Preussischen Akademie der Wissenschaften zu Berlin*, Bd. 2, Berlin.

N. Hammerstein (1985), Über Friedrich Heinrich Jacobis Beziehungen zu Lessing mit dem Streit Spinoza, in: *Lessing und der Kreis seiner Freude*.

—— (1986), Christian Wolff und die Universitäten. Zur Wirkungsgeschichte der Wolffianismus im 18. Jahrhundert, in: *Christian Wolff 1679-1754*.

G. W. F. Hegel (1971), *Werke*, Bd. 20, Frankfurt am Main.

M. Heidegger (1961), Kants These über das Sein, in: his *Gesamtausgabe*, Bd. 9, Frankfurt am Main, 1976.

D. Henrich (1967), Kants Denken 1762/63, in: *Studien zu Kants philosophischer Entwicklung*.

—— (1967), *Der ontologische Gottesbeweis*, 2te unveränderte Auf., Tübingen.

N. Hinske (1983), *Lambert-Index*, 2. Bde, Stuttgart-Bad Cannstatt.

—— (1986), Wolffs Stellung in der deutschen Aufklärung, in: *Christian Wolff 1679-1754*.

—— (1999), Die Philosophie Christian Wolffs und ihre Langfristfolgen, in: H. F. Klemme, B. Ludwig, M. Pauen, W. Stark (hgg.), *Aufklärung und Interpretation, Studien zu Kants Philosophie und ihrem Umkreis. Tagung aus Anlaß des 60. Geburtstags von Reinhard Brandt*, Würzburg.

H. Höffding (1894), Die Kontinuität im philosophischen Entwicklungsgange Kants, in: *Archiv für Geschichte der Philosophie*, Bd. 7.

H. Holzhey (1983), Philosophie als Eklektik, in: *Studia Leibnitiana*, Bd. XV.

—— (1996), Die Berliner Popularphilosophie. Mendelssohn und Sulzer über die Unsterblichkeit der Seele, in: M. Fontius, H. Holzhey (hgg.), *Schweizer im Berlin des 18. Jahrhunderts*, Berlin.

P. Honigmann (1990), Der Einfluß von Moses Mendelssohn auf die Erziehung der Brüder Humbolt, in: *Mendelssohn Studien*, Bd. 7.

D. Huber (1829), *Johann Heinrich Lambert nach seinem Leben und Wirken*, Basel.

W. Hübner (1985), Scientia de Aliquo et Nihilo. Die historischen Voraussetzungen von Leibniz' Ontologiebegriff, in: his *Zum Geist der Prämoderne*, Würzburg.

M. Kayserling (1856), *Moses Mendelssohn's philosophische und religiöse Grundsätze*, Leipzig.

―― (1862), *Moses Mendelssohn. Sein Leben und seine Werke*, Leipzig.
L. Kreimendahl (2003), *Kant-Index*, Bd. 38, Stuttgart-Bad Cannstatt.
M. Kuehn (1987), *Scottish common sense in Germany, 1768-1800*, McGill-Queen's UP.
―― (1995), David Hume and Moses Mendelssohn, in: *Hume Studies*, vol. XXI/2.
―― (2002), *Kant. A Biography*, Cambridge UP.
H. Lausch (2000), Moses Menlssohn und die zeitgenössische Mathematik, in: *Moses Mendelssohn im Spannungsfeld der Aufklärung*.
R. Leicke (1860), *Kantiana. Beiträge zu Immanuel Kants Leben und Schriften*, Königsberg.
J. Lepsius (1881), *Johann Heinrich Lambert*, München.
Z. Levy (1989), *Baruch or Benedict*, New York.
H. Lüthje (1925), Christian Wolffs Philosophiebegriff, in: *Kantstudien*, Bd. 30.
L. C. Madonna (1987), Wahrscheinlichkeit und wahrscheinliches Wissen in der Philosophie von Christian Wolff, in: *Studia Leibnitiana*, Bd. XIX.
H. M. Meyer (1965), *Moses Mendelssohn Bibliographie*, Berlin.
F. Michelis (1871), *Kant vor und nach dem Jahre 1770*, Braunsberg.
H. Möller (1986), *Vernunft und Kritik*, Frankfurt am Main.
G. Mühlphordt (1986), Radikaler Wolffianismus. Zur Differenzierung und Wirkung der Wolffschen Schule ab 1735, in: *Christian Wolff 1679-1754*.
F. Niewöhner (1980), Vorüberlegungen zu einem Stichwort: "Philosophie, Jüdische", in: *Archiv für Begriffsgeschichte*, Bd, XXIV, Heft 2.
―― (1994), ≫ Es hat nicht jeder das Zeug zu einem Spinoza ≪. Mendelssohn als Philosoph des Judentums, in: *Moses Mendelssohn und die Kirise seiner Wirksamkeit*.
E. Navon (1980), The Encounter of German Idealists and Jewish Enlighteners, 1760-1800, in: W. Grab (hg.), *Deutsche Aufklarung und Judenemanzipation*, Tel-Aviv.
F. Paulsen (1875), *Versuch einer Entwicklungsgeschichte der Kantischen Erkenntnisstheorie*, Leipzig.
―― (1920), *Immanuel Kant. Sein Leben und seine Lehre*, 4ten Auf., Stuttgart.
F. Regner (1971), Lessings Spinozismus, in: G. Ebeling (hg.), *Zeitschrift für Theologie und Kirche*, 68 Jahrg.
A. Riehl (1876), *Der Philosophische Kriticismus*, Bd. 1, Leipzig.
W. Röd (1984), *Geschichte der Philosophie*, Bd. 8, München.
K. Rosenkranz (1840), *Geschichte der Kant'schen Philosophie*, Leipzig.
O. Rüdiger (1994), *Studien zur Spinozarezeption in Deutschland im 18. Jahrhundert*, Frankfurt am Main.
G. B. Sala (1990), *Kant und die Frage nach Gott*, Berlin.
―― (1987), Bausteine zur Entstehungsgeschichte der Kritik der reinen Vernunft Kants, in: *Kantstudien*, 78 Jahrg., Heft 2.
―― (1988), Die Transzendentale Logik Kants und die Ontologie der deutschen Schulphilosophie, in: *Philosophisches Jahrbuch*, 95 Jahrg.
J. Schmidt (1864), *Geschichte der geistigen Lebens in Deutschland von Leibnitz bis auf Lessing's Tod 1681-1781*, Bd. 2, Leipzig.
C. Schulte (2001), Kant in der Philosophie der jüdischen Aufklärung, in: V. Gerhardt, R-P. Horstmann, R. Schumacher (hgg.), *Kant und die Berliner Aufklärung. Akten des IX. Internationalen Kant-Kongresses, Band V, Sektionen XV-XVIII*, Berlin.

M. Schönfeld (2000), *The philosophy of the Young Kant*, Oxford UP.

W. Schneiders (1986), Deus est philosophus absolute summus. Über Christian Wolffs Philosophie und Philosophiebegriff, in: *Christian Wolff 1679-1754*.

W. Schröder (1987), *Spinoza in der deutschen Frühaufklärung*, Würzburg.

J. Schmucker (1963), Die Gottesbeweise beim vorkritischen Kant, in: *Kantstudien*, Bd. 54, Heft 1.

—— (1967), Die Frühgestalt des kantischen ontotheologischen Arguments in der Nova Dilucidatio und ihr Verhältnis zum "Einzig möglichen Beweisgrund" von 1762, in: *Studien zu Kants philosophischer Entwicklung*.

—— (1983), *Kants vorkritische Kritik der Gottesbeweise*, Mainz.

C. Schwaiger (2011), *Alexander Gottlieb Baumgarten. Ein intellektuelles Porträt*, Stuttgart-Bad Cannstatt.

D. Sorkin (2001), The early Haskalah, in: S. Feiner, D. Sorkin (eds), *New Perspectives on the Haskalah*, Oxford.

E. D. Sylla (2011), Mendelssohn, Wolff, and Bernoulli on Probability. Moses Mendelssohn's Metaphysics and Aesthetics, in: *Moses Mendelssohn's Metaphysics and Aesthetics*.

F. Tomasoni (2004), Mendelssohn and Kant. A singular alliance in the name of reason, in: *History of European Ideas*, 30.

G. Tonelli (1959), Der Streit über die mathematische Methode in der ersten Hälfte des XVIII. Jahrhunderts, in: *Archiv für Philosophie*, IX.

J. Thomé (1915), Kants Stellung zu den Gottesbeweisen in seiner vorkritischen Periode, in: *Philosophisches Jahrbuch der Görres-Gesellschaft*, Bd. 28, Heft 3.

R. Vierhaus (1994), Moses Mendelssohn und die Popularphilosophie, in: *Moses Mendelssohn und die Kreise seiner Wirksamkeit*.

W. Vogt (2005), *Moses Mendelssohns Beschreibung der Wirklichkeit menschlichen Erkennens*, Würzburg.

A. Warda (1922), *Immanuel Kants Bücher*, Berlin.

W. Windelband (1878), *Die Geschichte der neueren Philosophie*, Leipzig.

—— (1898), Kuno Fischer und sein Kant, in: *Kantstudien*, Bd. 2.

A. W. Wood (1978), *Kant's rational Theology*, Cornell UP.

J-H. Wulf (2012), *Spinoza in der jüdischen Aufklärung*, Berlin.

F. Wunderlich (2005), *Kant und die Bewußtseinstheorien des 18. Jahrhunderts*, Berlin.

M. Wunt (1945), *Die deutsche Schulphilosophie im Zeitalter der Aufklärung*, Tübingen (reprinted, Hildesheim, 1964).

M. D. Yaffe (2006), *Interpreting Spinoza's Ethics as a 'System'*, Academy of Jewish Philosophy/American Philosophical Association Eastern Division, Dec. 28.

G. Zart (1881), *Einfluss der englischen Philosophgen seit Bacon auf der deutsche Philosophie des 18. Jahrhunderts*, Berlin.

E. Zeller (1873), *Geschichte der deutschen Philosophie seit Leibniz*, München.

G. Zingari (1980), Die Philosophie von Leibniz und die "Deutsche Logik" von Christian Wolff, in: *Studia Leibnitiana*, Bd. XII/2.

E. Zirngiebl (1861), *Der Jacobi-Mendelssohn'sche Streit über Lessing's Spinozismus*, München.

研究書、及び研究論文（邦文）

安藤孝行『形而上学』勁草書房、増補版、1965 年。
――『神の存在証明』公論社、1979 年。
――『存在の忘却』白雲山房、1986 年。
磯江景孜『ハーマンの理性批判―十八世紀ドイツ哲学の転換―』世界思想社、1999 年。
内田俊一「モーゼス・メンデルスゾーンという悲劇」『法政大学教養部紀要 外国語学・外国文学編』89 号、法政大学教養部、1994 年。
――「モーゼス・メンデルスゾーンの生涯」『法政大学教養部紀要 人文科学編』109 号、法政大学教養部、1999 年。
――「ドイツ文学におけるモーゼス・メンデルスゾーンあるいはモーゼス・メンデルスゾーンにおけるドイツ文学」『ドイツ文学』117 号、日本独文学会、2004 年。
石川文康「カントとメンデルスゾーン」『東北学院大学論集 一般教育』68 号、東北学院大学文経法学会、1979 年。
香川豊『超越論的な問いと批判』行路社、1989 年。
桂壽一『スピノザの哲学』東京大学出版会、1956 年。
工藤喜作『スピノザ哲学研究』東海大学出版会、1972 年。
――『近代哲学研究序説』八千代出版、1980 年。
――「ヘムスターホイスについて（特にスピノザとの関連において）」『哲学・思想論集』13 号、筑波大学、1987 年。
――「メンデルスゾーンのスピノザ主義解釈」『筑波哲学』6 号、筑波大学哲学・思想研究会、1995 年。
桑木嚴翼「モーゼス・メンデルスゾーン」『哲学体系及其他』新生堂、1924 年。
――「ランベルトとカント」『哲学乃至哲学史研究』岩波書店、1936 年。
――『カントとその周辺の哲学』『桑木嚴翼著作集』第三巻、春秋社、1949 年。
高坂正顕「若きカントとその時代」『高坂正顕著作集』第二巻、理想社、1964 年。
後藤正英「宗教と啓蒙主義―モーゼス・メンデルスゾーンとユダヤ啓蒙主義の場合―」『宗教哲学研究』24 号、京都宗教哲学会、2007 年。
――「トーマス・ヴィーツェンマンと汎神論論争（1）」『佐賀大学文化教育学部研究論文集』18 巻 2 号、2014 年。
坂部恵「啓蒙哲学と非合理主義の間―メンデルスゾーン―ヤコービ―カント―」『哲学雑誌』81 巻 753 号、753 号、有斐閣、1966 年。
坂本賢三「J・H・ランベルトとその論理学」『人文学報』第 45 号、京都大学人文科学研究所、1978 年。
手島佑朗『出エジプト記』ぎょうせい、1992 年。
手代木陽『ドイツ啓蒙主義哲学研究―「蓋然性」概念を中心として―』ナカニシヤ出版、2013 年。
戸叶勝也『ドイツ啓蒙主義の巨人―フリードリヒ・ニコライ―』朝文社、2001 年。
中井真之「F・H・ヤコービとゲーテにおけるスピノザの受容―スピノザ論争の時期を中心に―」『上智大学ドイツ文学論集』44 号、上智大学ドイツ文学会、2007 年）。
中川明才「ヤコービのスピノザ主義批判」『人文学』178 号、同志社大学人文学会、2005 年。
西村稔『文士と官僚―ドイツ教養官僚の淵源―』木鐸社、1998 年。
春名純人「カントの神存在論証について―特に批判前期の「唯一の証明根拠」（一七六三年）を中心とする―」『哲学研究』43 巻 12 冊、京都哲学会、1967 年。

檜垣良成『カント理論哲学形成の研究』渓水社、1998年。
平尾昌宏「啓蒙期ドイツのスピノザ主義」『スピノザーナ』5号、2004年。
── 「ドイツにおけるスピノザ主義の基本構図」『大阪産業大学論集 人文科学編』121号、2007年。
── 「メンデルスゾーンとスピノザ主義の水脈」『スピノザーナ』11号、2010年。
藤本忠「ランベルトとカント」『龍谷哲学論集』23号、龍谷哲学会、2009年。
山田晶『在りて在る者』創文社、1979年。
山本道雄「C. A. クルージウスの哲学」『文化学年報』9号、神戸大学大学院文化学研究科、1990年。
── 「ヴォルフの哲学方法論についてのノート─『ドイツ語論理学』を中心に─」『紀要』19号、神戸大学文学部、1992年。
── 「ヒュームのデザイン論証─カントとの比較において─」『文化学年報』22号、神戸大学大学院文化学研究科、2003年。
渡邉直樹「モーゼス・メンデルスゾーンのユダヤ啓蒙主義─人間の権利と宗教的権力との対立─」『芸文研究』91-2号、慶應義塾大学芸文学会、2006年。
E. ヴァイグル『啓蒙の都市周遊』三島憲一、三島敦子訳、岩波書店、1997年。
E. A. フェルマン『オイラー─その生涯と業績─』山本敦之訳、シュプリンガー、2002年。

人名索引

【ア行】

アディケス 93
アプト 14, 25, 26, 27, 54, 56, 173, 174, 186, 305, 306, 310
アリストテレス 176
アルトマン 11, 23, 99, 101, 102, 105, 117, 186, 189, 190, 267, 268, 301
アンセルムス 301
アンダラ 118
イスラエル（マナッセ・ベン）19, 52
ヴァッサー 23
ヴィーツェンマン 225, 249
ヴィーラント 23
ヴィンデルバント 124, 228, 234
ウェッセリ 139, 169
ヴォルテール 14
ヴォルフ 10, 12, 14, 15, 16, 17, 24, 28, 41, 47, 56, 60, 66, 86, 94, 100, 117, 124, 130, 156, 176, 189, 190, 203, 220, 241, 254, 260, 264, 274, 275, 281, 300, 306, 307, 308
エーベルハルト 22, 86, 87, 97, 108, 241, 249, 306
エッシェンバッハ 190, 194
エピクロス 240, 241, 243
エルヴェシウス 14, 240
エルトマン 300
エンゲル 135, 223
オイヒェル 52, 137
オイラー（父）5, 25, 154, 174, 191
オイラー（息子）25, 154
オイラー親子 305

【カ行】

カッシーラー 93
カドワース 14, 23

ガリレイ 158
ガルヴェ 13, 136, 137, 169, 223, 300
カンペ 223
キケロ 300
クセノファネス 187
グライム 23, 305
クラウス 96
クルージウス 14, 30, 41, 44, 55, 70, 124, 188, 191, 228, 240, 249, 282
グンペルツ 4, 5, 154, 187, 189, 270, 307, 310
ゲーテ 130
ゲッツェ 139
コペルニクス 158
コーヘン 6
ゴットシェート 125
コペルニクス 157, 164, 175
コンディヤック 14

【サ行】

シャフツベリー 14, 119
シューマン 100, 101, 109
シュッツ 247
シュトラウス 234, 267
シュパルディング 14
シュムッカー 95
シュルツ 134
ジョルダーノ・ブルーノ 30
スウェーデンボルク 7, 94
スタンレー 118
スピノザ 5, 15, 16, 17, 18, 20, 28, 47, 117, 118, 119, 120, 121, 122, 123, 125, 127, 128, 129, 130, 134, 241, 251, 253, 254, 255, 256, 257, 258, 259, 265, 266, 268, 270, 273, 275, 276

スフラフェサンデ 54, 156
ズルツァー 14, 25, 27, 28, 82, 154, 174, 191, 307
ソクラテス 36

【タ行】
ダルイェース 194
ツィンマーマン 186, 308
ツェラー 125
ディーツ 241
テーテンス 14, 135, 186, 234, 248
デカルト 28, 31, 32, 45, 117, 118, 121, 130, 146, 185, 194, 195, 279, 287, 291, 292, 293, 297, 301
デモクリトス 204, 220
テユーミッヒ 241
トマジウス 13
ドゥジェランド 118
ドーム 174, 186
ドルバック 240

【ナ行】
ニコライ 7, 12, 24, 93, 118, 135, 136, 139, 154, 173, 186, 187, 189, 193, 194, 224, 249, 305, 306, 310

【ハ行】
バークリ(バークレイ) 14, 115, 136, 167, 190, 194, 214
ハートリー 214
ハーマン 8, 14, 17, 22, 51, 60, 94, 118, 124, 133, 134, 138, 154, 186, 221, 234, 248, 274
ハイデガー 94
ハイニウス 5, 21, 187
バウムガルテン 12, 14, 26, 27, 41, 47, 51, 54, 56, 57, 60, 86, 97, 99, 108, 109, 124, 260, 306

バウムガルテン(兄) 92
バゼドー 100, 101, 109, 113, 224, 240
ハチソン 14
ハリス 14, 221
ビースター 258
ビーティ 14, 234
ヒスマン 241
ヒューム 14, 134, 186, 223, 232, 241
ビルフィンガー 14
ファーガソン 14, 23
フィッシャー 21, 123, 124, 125, 131
フィヒテ 306, 310
ブーバー 310
ブーレ 59, 227, 229
フェーダー 14, 135, 136, 187, 193
フェルディナント侯 272
フォアレンダー 279
フォース 137
フォーメイ 25, 54
プトレイマイオス 157
プラーテン 126, 127
プラトナー 14, 135, 187, 301
プラトン 36, 131, 187
プリーストリー 14
フリードリヒ大王(二世) 25, 55, 306
フリートレンダー 13, 52
プルケー 54, 96
プルターク 220
ブルッカー 118
プレッシング 134, 186
プレモンヴァル 14, 308
ブレンデル(ドロテーア) 191
プロチノス 127
フンボルト兄弟 191
ヘーゲル 124
ベーコン 32, 176, 177
ベール 119

ベック 191
ヘニングス 138, 139, 140
ヘムスターホイス 258
ヘラクレイトス 220
ヘルダー（ヘルデル） 14, 59, 93, 117, 126, 130, 186
ヘルツ 11, 50, 51, 52, 57, 99, 108, 109, 110, 111, 112, 115, 169, 282
ベルヌイ（ニコラ） 190
ベルヌイ（ヤコブ） 156, 190
ヘンリッヒ 8, 11, 20, 23, 108, 279, 280, 281, 292
ボネ 14, 199, 219, 225, 240, 241
ボロウスキー 22

【マ行】

マイモニデス 260
マイモン 22, 51, 57, 307
マイヤー 14, 56, 97, 203
マルブランシュ 9, 47, 57
ミヒェーリス 21, 270, 308
メリアン 14, 27
モーペルテュイ 16, 23, 26, 154, 306, 307
モーリッツ 225, 247

【ヤ行】

ヤーコプ 217, 291
ヤコービ 5, 15, 16, 20, 23, 26, 54, 96, 117, 125, 130, 133, 137, 138, 186, 187, 188, 195, 218, 224, 233, 237, 242, 247, 248, 249, 251, 252, 253, 257, 258, 261, 263, 266, 270, 272, 274, 275, 276, 304, 305
ヤコービ（兄） 23
ヤコービ（数学者） 54
ユスティ 23
ヨゼフ 169

【ラ行】

ラーファター 19, 24, 193, 219, 225, 249, 308
ライプニッツ 12, 14, 15, 16, 17, 18, 28, 37, 45, 47, 48, 56, 57, 117, 118, 119, 121, 122, 123, 130, 155, 157, 159, 175, 176, 182, 185, 191, 241, 266, 293, 301, 308
ライマールス（父） 22, 100, 139, 189, 223, 240
ライマールス（兄） 223, 241
ライマールス（娘） 133, 135, 137, 276
ライマールス親子 14
ラインハルト 23, 54
ラファエル・レヴィ 37
ラ・メトリ 214, 240
ランゲ 15
ランベルト 14, 17, 25, 30, 82, 135, 141, 156, 157, 160, 173, 174, 191, 194, 195, 208, 227, 228, 247, 282, 300
リッペ侯 27
リード 14, 234
リューディガー 30
ルソー 14, 17, 18, 22
レーヴェ 137
レーゼヴィッツ 59, 93, 94, 154
レッシング 5, 12, 17, 23, 24, 26, 115, 117, 118, 119, 129, 130, 137, 138, 139, 154, 189, 208, 225, 251, 253, 257, 258, 259, 260, 262, 263, 264, 266, 267, 270, 272, 274, 275, 276, 283, 304, 305, 307, 308, 310
レッシング（弟） 261, 272
ローゼンクランツ 97
ロック 14, 176, 301

【あ行】
安藤孝行 3, 303, 310
石川文康 56

【か行】
桂壽一 130
香川豊 96
工藤喜作 274, 275, 277
栗原隆 275
小泉義之 57

【さ行】
坂部恵 136

【た行】
手代木陽 192

【は行】
春名純人 95
檜垣良成 96
平尾昌宏 118

【や行】
山田晶 21
山田弘明 301

【わ行】
渡邉直樹 57

著者紹介

藤井 良彦（フジイ ヨシヒコ）

1984年生。文学博士。
共著に『在野学の冒険』（山本義隆、芹沢俊介他、批評社、2016年）、論文に「独学者たちの啓蒙主義」（『立正大学哲学会紀要』10号、2015年）、「ベルリン自由学校について―最初のフリースクール―」（『ユダヤ・イスラエル研究』29号、2015年）、「すべてを粉砕するカント―メンデルスゾーンにとってのカント「前批判期」の意義について―」（『日本カント研究』17号、2016年）など。

立正大学大学院文学研究科研究叢書

メンデルスゾーンの形而上学―また一つの哲学史―

2017年 1月31日　初版 第1刷発行　　　　　　　　　　〔検印省略〕
定価はカバーに表示してあります。

著者ⓒ藤井良彦／発行者：下田勝司　　　　　印刷・製本／中央精版印刷

東京都文京区向丘1-20-6　郵便振替00110-6-37828　　　　発　行　所
〒113-0023　TEL(03)3818-5521　FAX(03)3818-5514　　株式会社 東信堂

Published by TOSHINDO PUBLISHING CO., LTD.
1-20-6, Mukougaoka, Bunkyo-ku, Tokyo, 113-0023, Japan
E-mail: tk203444@fsinet.or.jp　http://www.toshindo-pub.com

ISBN978-4-7989-1408-4 C3010　Ⓒ Yoshihiko Fujii

東信堂

感情と意味世界——体の感覚と物象の	松永澄夫	二八〇〇円
経験のエレメント——知覚・質と空間規定	松永澄夫	四六〇〇円
価値・意味・秩序——もう一つの哲学概論:哲学が考えるべきこと	松永澄夫	三九〇〇円
哲学史を読むⅠ・Ⅱ	松永澄夫	各三八〇〇円
メンデルスゾーンの形而上学——また一つの哲学史	藤井良彦	四二〇〇円
概念と個別性——スピノザ哲学研究	朝倉友海	四六四〇円
〈現われ〉とその秩序——メーヌ・ド・ビラン研究	村松正隆	三八〇〇円
省みることの哲学——ジャン・ナベール研究	越門勝彦	三二〇〇円
ミシェル・フーコー——批判的実証主義と主体性の哲学	手塚博	三三〇〇円
メルロ゠ポンティとレヴィナス——他者への覚醒	屋良朝彦	三八〇〇円
堕天使の倫理——スピノザとサド	佐藤拓司	二八〇〇円
画像と知覚の哲学——現象学と分析哲学からの接近	清塚邦彦編著	三九〇〇円
〈哲学への誘い——新しい形を求めて 全5巻〉	小熊正人	
自己	松永澄夫	二九〇〇円
世界経験の枠組み	鈴木泉編	三三〇〇円
社会の中の哲学	村松正隆編	三〇〇〇円
哲学の振る舞い	高橋克也編	三三〇〇円
哲学の立ち位置	伊佐敷隆弘編	三三〇〇円
音の経験——言葉はどのようにして可能となるのか（音の経験・言葉の力第Ⅰ部）	浅田淳一編・松永澄夫	三三〇〇円
言葉の力（音の経験・言葉の力第Ⅱ部）	松永澄夫	二八〇〇円
食を料理する——哲学的考察	松永澄夫	二五〇〇円
言葉は社会を動かすか	松永澄夫編	二〇〇〇円
言葉の働く場所	松永澄夫編	三三〇〇円
言葉の歓び・哀しみ	松永澄夫編	三三〇〇円
環境安全という価値は…	松永澄夫編	二〇〇〇円
環境設計の思想	松永澄夫編	三三〇〇円
環境文化と政策	松永澄夫編	二三〇〇円

〒113-0023 東京都文京区向丘1-20-6　TEL 03-3818-5521　FAX 03-3818-5514　振替 00110-6-37828
Email tk203444@fsinet.or.jp　URL:http://www.toshindo-pub.com/
※定価：表示価格（本体）＋税

東信堂

責任という原理——科学技術文明のための倫理学の試み〔新装版〕 ハンス・ヨナス	H・ヨナス／加藤尚武監訳	四八〇〇円
主観性の復権——心身問題から「責任という原理」へ	H・ヨナス／H・ヨナス／宇佐美・滝口訳	二〇〇〇円
ハンス・ヨナス「回想記」	H・ヨナス／盛永・木下・馬渕・山本訳	四八〇〇円
生命の神聖性説批判	H・クーゼ／飯田・石川・小野谷・片桐・水野訳	四六〇〇円
生命科学とバイオセキュリティ	四ノ宮成祥編著	二四〇〇円
医学の歴史	河原直人編著	四六〇〇円
安楽死法：ベネルクス3国の比較と資料	今井道夫監修	二七〇〇円
死の質——エンド・オブ・ライフケア世界ランキング	石渡勇一郎監修	四六〇〇円
バイオエシックス入門〔第3版〕	丸祐一・小野谷・飯田・小出訳	二三八〇円
バイオエシックスの展望	加奈惠・今井・昭知道夫編	三三〇〇円
生命の淵——バイオシックスの歴史・哲学・課題	松坂香今・浦井川道・悦昭知宏晶夫編著	三三〇〇円
今問い直す脳死と臓器移植〔第2版〕	大林雅之編著	二〇〇〇円
キリスト教から見た生命と死の医療倫理	澤田愛子	二三八一〇円
動物実験の生命倫理——個体倫理から分子倫理へ	浜口吉隆	四〇〇〇円
医療・看護倫理の要点	大上泰弘	二〇〇〇円
テクノシステム時代の人間の責任と良心	水野俊誠	二〇〇〇円
原子力と倫理——原子力時代の自己理解	山本・盛永訳	三五〇〇円
科学の公的責任——科学者と私たちに問われていること	小Th笠原・野平編訳	一八〇〇円
歴史と責任——科学者は歴史にどう責任をとるか	小Th笠原・リット・野平編訳	一八〇〇円
原因・原理・一者について	小Th笠原・原リット・野平訳	一八〇〇円
傲れる野獣の追放	加藤守通訳	三二〇〇円
英雄的狂気	加藤守通訳	四八〇〇円
カンデライオ	加藤守通訳	三二〇〇円
（ジョルダーノ・ブルーノ著作集）より	加藤守通訳	三六〇〇円
ロバのカバラ——ジョルダーノ・ブルーノにおける文学と哲学	N・オルディネ／加藤守通監訳	三六〇〇円

〒113-0023 東京都文京区向丘1-20-6
TEL 03-3818-5521 FAX 03-3818-5514 振替 00110-6-37828
Email tk203444@fsinet.or.jp URL:http://www.toshindo-pub.com/

※定価：表示価格（本体）＋税

東信堂

オックスフォード キリスト教美術・建築事典	P&L・マレー著 中森義宗監訳	三〇〇〇〇円
イタリア・ルネサンス事典	J・R・ヘイル編 中森義宗監訳	七八〇〇円
美術史の辞典	P・デューロ他 中森義宗・清水忠訳	三六〇〇円
涙と眼の文化史――中世ヨーロッパの標章と恋愛思想	徳井淑子訳	三六〇〇円
青を着る人びと	伊藤亜紀	三五〇〇円
社会表象としての服飾――近代フランスにおける異性装の研究	新實五穂	三六〇〇円
書に想い 時代を讀む	河田悌一	一八〇〇円
日本人画工 牧野義雄――平治ロンドン日記	ますこひろしげ	五四〇〇円
美を究め美に遊ぶ――芸術と社会のあわい	荻江中野厚佳志編著 藤田光紀	二八〇〇円
バロックの魅力	小穴晶子編	二六〇〇円
新版 ジャクソン・ポロック	藤枝晃雄	二六〇〇円
美学と現代美術の距離――アメリカにおけるその乖離と接近をめぐって	金悠美	三八〇〇円
ロジャー・フライの批評理論――知性と感受性の間で	要真理子	四二〇〇円
レオノール・フィニ――境界を侵犯する新しい種	尾形希和子	二八〇〇円
〈世界美術双書〉		
バルビゾン派	井出洋一郎	二二〇〇円
キリスト教シンボル図典	中森義宗	二〇〇〇円
パルテノンとギリシア陶器	関隆志	二二〇〇円
中国の版画――唐代から清代まで	小林宏光	二二〇〇円
象徴主義――モダニズムへの警鐘	中村隆夫	二二〇〇円
中国の仏教美術――後漢代から元代まで	久野美樹	二二〇〇円
セザンヌとその時代	浅野春男	二二〇〇円
日本の南画	武田光一	二二〇〇円
画家とふるさと	小林忠	二二〇〇円
ドイツの国民記念碑――一八一三年	大原まゆみ	二二〇〇円
日本・アジア美術探索	永井信一	二二〇〇円
インド・チョーラ朝の美術	袋井由布子	二二〇〇円
古代ギリシアのブロンズ彫刻	羽田康一	二二〇〇円

〒113-0023 東京都文京区向丘1-20-6　TEL 03-3818-5521　FAX 03-3818-5514　振替 00110-6-37828
Email tk203444@fsinet.or.jp　URL:http://www.toshindo-pub.com/

※定価：表示価格（本体）＋税

東信堂

歴史認識と民主主義深化の社会学	庄司興吉編著	四二〇〇円
主権者の社会認識——自分自身と向き合う	庄司興吉	二六〇〇円
主権者の協同社会へ——新時代の大学教育と大学生協	庄司興吉	二四〇〇円
現代日本の地域分化——センサス等の市町村別集計に見る地域変動のダイナミックス	蓮見音彦	三八〇〇円
現代日本の地域格差——二〇一〇年・全国の市町村の経済的・社会的ちらばり	蓮見音彦	二三〇〇円
社会的自我論の現代的展開	船津衛	二四〇〇円
社会的健康論	園田恭一	二五〇〇円
組織の存立構造論と両義性論——社会学理論の重層的探究	舩橋晴俊	二五〇〇円
日本コミュニティ政策の検証——自治体内分権と地域自治へ向けて〈コミュニティ政策叢書1〉	山崎仁朗編著	四六〇〇円
豊田とトヨタ——産業グローバル化先進地域の現在	山口博史・丹辺宣彦・岡村徹也編著	四六〇〇円

〈シリーズ 社会学のアクチュアリティ：批判と創造 全12巻〉

クリティークとしての社会学——現代を批判的に見る眼	西原和久・宇都宮京子編	一八〇〇円
都市社会とリスク——豊かな生活をもとめて	浦野正樹・藤田弘夫編	二〇〇〇円
言説分析の可能性——社会学的方法の迷宮から	佐藤俊樹・友枝敏雄編	二〇〇〇円
グローバル化とアジア社会——ポストコロニアルの地平	新原道信・重川原津一編	二三〇〇円
公共政策の社会学——社会的現実との格闘	三重野卓・川野英吉編	二一〇〇円
社会学のアリーナへ——21世紀社会を読み解く	厚東洋輔・庄司興吉編	二三〇〇円
モダニティと空間の物語——社会学のフロンティア	斉藤日出治編	二六〇〇円
戦後日本社会学のリアリティ——せめぎあうパラダイム	西原和久・池岡義孝編	二六〇〇円

〒113-0023 東京都文京区向丘 1-20-6
TEL 03-3818-5521 FAX03-3818-5514 振替 00110-6-37828
Email tk203444@fsinet.or.jp URL:http://www.toshindo-pub.com/

※定価：表示価格（本体）＋税

東信堂

国際法新講〔上〕〔下〕	田畑茂二郎	〔上〕二七〇〇円／〔下〕二九〇〇円
ベーシック条約集（二〇一六年版）	代表編集 薬師寺・坂元・浅田	三八〇〇円
ハンディ条約集〔第2版〕	代表編集 薬師寺・坂元・浅田	二六〇〇円
国際環境条約・資料集〔第2版〕	代表編集 松井・富岡・薬師寺・西村	一五〇〇円
国際環境条約資料集	代表編集 松井・高村・小畑・徳川	八六〇〇円
国際人権条約・宣言集〔第3版〕	編集 松井・薬師寺・坂元	三八〇〇円
国際機構条約・資料集〔第2版〕	編集 香西・安藤・坂元	三三〇〇円
判例国際法〔第2版〕	代表 松井芳郎	三八〇〇円
日中戦後賠償と国際法	浅田正彦	五二〇〇円
国際法〔第3版〕	浅田正彦編著	二九〇〇円
国際環境法の基本原則	松井芳郎編著	三八〇〇円
国際民事訴訟法・国際私法論集	松井芳郎	六五〇〇円
国際機構法の研究	高桑昭	八六〇〇円
21世紀の国際法と海洋法の課題	編集 薬師寺・富岡・坂元・西村	七八〇〇円
国際海洋法の現代的形成	田中則夫	六八〇〇円
国際海峡	坂元茂樹編著	四六〇〇円
条約法の理論と実際	坂元茂樹	六八〇〇円
国際立法——国際法の法源論	村瀬信也	六八〇〇円
小田滋・回想の海洋法	小田滋	七六〇〇円
小田滋・回想の法学研究	小田滋	四八〇〇円
国際法と共に歩んだ六〇年——学者として裁判官として	小田滋	六八〇〇円
21世紀の国際法秩序——ポスト・ウェストファリアの展望	R・フォーク／川崎孝子訳	三八〇〇円
国際法から世界を見る——市民のための国際法入門〔第3版〕	松井芳郎	二八〇〇円
プレリュード国際関係学——はじめて学ぶ人のための〔新訂版〕	大沼保昭	三六〇〇円
核兵器のない世界へ——理想への現実的アプローチ	黒澤満編	二四〇〇円
軍縮問題入門〔第4版〕	黒澤満編著	二三〇〇円
〈国際共生研究所叢書〉		
国際関係入門——共生の観点から	黒澤満編	二五〇〇円
国際社会への日本教育の新次元	関根秀和編	一二〇〇円
国際関係入門——共生の観点から	黒澤満編	一八〇〇円
国際共生とは何か——平和で公正な社会へ	黒澤満編	二〇〇〇円
国際共生と広義の安全保障	黒澤満編	二〇〇〇円

〒113-0023 東京都文京区向丘1-20-6　TEL 03-3818-5521　FAX 03-3818-5514　振替 00110-6-37828
Email tk203444@fsinet.or.jp　URL http://www.toshindo-pub.com/

※定価：表示価格（本体）＋税